웰빙과 웰다잉을 위한

노인돌봄과 노인상담

Elderly Care and Elderly Counseling

이미나 · 김희영 · 김동일 · 김재욱 · 김병남

KNOWLEDGE COMMUNITY 공동체

머리말

웰빙(well-being)하면 웰다잉(well-dying)한다.

웰빙(well-being)은 '복지, 안녕, 행복'이라는 의미로 심신의 조화, 내면의 건강을 중요시한다. 웰빙은 의식주 전반의 몸과 마음이 유기적으로 결합된 풍요롭고 아름다운 인생의 조화와 균형의 라이프스타일을 의미한다. 그리고 웰다잉(well-dying)은 웰빙하는 삶의 과정 중의 하나이다.

살아온 날을 아름답게 정리하는, 평안한 삶의 마무리를 의미로 삶의 마지막이자 가장 중요한 길이라 할 수 있는 죽음을 미리 준비하는 것은 인생을 뜻깊게 보낼 뿐 아니라 남아 있는 가족들을 위한 길이기도 한다. 이런 관점에서 한국죽음학회에서는 "당하는 죽음이 아니라 맞이하는 죽음"이어야 한다고 하였다. 최근 고령화로 인해 사회적 이슈가 되고 있는 웰다잉은 웰다잉 10계명을 이야기할 정도로 우리 사회의 관심이 되고 있다.

기독교에서 웰빙은 하나님이 주신 사명을 이 땅에서 잘 감당하고 웰다잉으로 천국에서 다시 사는 것이다. 이 땅에서 사명을 잘 마치면 천국에서의 삶을 확신하는 것이다. "죽음이 두려워서 평생 매여 있는 종들을 해방하려는 것이다(히 2:15)". "나의 가죽, 이것이 썩은 후에 나는 육체로부터 하나님을 볼 것이다(욥 19:26)". "내가 하늘에서 나는 음성을 들었는데 … 지금부터 주 안에서 죽는 자들은 복이 있다. 그들은 수고를 끝내고 안식할 것이다(계 14:13)". 인간은 하나님의 명령을 어기고 죄를 지어 사망에 이르게 되었으나 예수님은 십자가에서 죽으심으로 인간의 죄를 대속한다.

즉, 신과 인간의 관계, 인간과 인간의 관계를 회복하고자 하는 것이다. 회복을 통하여 이 땅에서 후폐한 걸 사람의 생명이 다하면 죽음과 동시에 영혼은 천국으로 옮겨가서 사는 것이 기독교에서의 웰다잉이다.

이 책은 노년기의 삶과 죽음이란 무엇인지를 알아보고 기본적인 정보와 지식을 담고자 노력하였다. 또한 노인상담에서 상담자는 노년기의 신체적・정신적・심리적 변화에 대하여 충분히 이해하고 있어야 하며 병리적 노화, 보편적 노화, 성공적 노화의 차이를 숙지해야 한다. 노화는 정상적으로 일어나는 발달과정이라는 것을 이해하도록 환경을 조성하고, 반드시 상담이 필요한 것은 아니지만 주호소문제와 심리적 어려움에 따른 상담적 지원이 필요할 것이다.

특히 인간발달의 후반부인 노년기의 건강한 삶을 위한 노인복지적 돌봄과 간호적 돌봄을 살펴보았으며, 몸과 마음이 쇠퇴해짐에 따른 노인가족상담과 매체를 활용한 노인상담 실제를 기술하였다. 마지막으로는 생을 마무리하는 죽음과 장례절차를 기술하였다.

이 책에서 다루고자 하는 노인돌봄과 상담은 총 15장으로 구성되었다. 제1장에서는 초고령사회와 우리나라 노인인구의 특성에 대해 탐구하였다. 제2장은 노년기의 삶의 신체적・심리적・사회적 변화뿐만 아니라 암에 대한 이해와 통증관리에 대해 살펴보았다. 제3장은 웰에이징(well aging)을 위한 건강・경제・정서・일・이별에 대해 살펴보고 웰다잉을 위한 참살이가 무엇인지 탐구하였다. 제4장은 노인돌봄의 서비스에 대하여 살펴보았다. 제5장에서는 호스피스 완화의료와 존엄사, 연명의료에 대하여 살펴보았으며, 제6장에서는 치매의 정의 및 치매의 종류와 치매진단검사 및 치매환자 돌봄에 대하여 기술하였다. 제7장에서는 노인문제와 상담으로 불안, 우울증, 성문제, 노인학대 그리고 수면장애와 노인자살문제를 기술하였다. 제8장에서는 노인가족의 문제로 가족갈등 문제, 노인가족치료의 접근법을 기술하였다. 제9장에서는 매체를 활용한 노인상담의 실제로 영화, 푸드아트테라피, 미술치료, 모래상자치료, 자서전 쓰기를 다루었다. 제10장에서는 아름다운 삶과 죽음으로 죽음의 준비교육 및 죽음에 대한 다양한 이해 그리고 전통적, 종교적 죽음 이해를 기술하였다. 제11장에서는 아름다운 이별과 애도 그리고 용서과정을 다루었다. 제12장은 남겨진 사람들과 떠나는 사람에 대해서 남은 이의 홀로서기, 떠나가는 사람의 몸의 증상과 정서적 반응 그리고 영원한 이별여행을 살펴보았다. 제13장에서는 식물인간과 여러 가지 죽음으로 뇌사, 안락사, 존엄사, 자살 및 죽음의 도덕성을 살펴보았다. 제14장은 여러 나라의 죽음 이야기로 한국, 서구, 중동 사회에서의 죽음을 탐구하였다. 제15장에서는 장례에 대한 절차 화장, 빈소, 장례법 그리고 시신 유골 운구의 내용을 기술하였다.

이 책을 마무리하면서 여러 차례 교정을 봤지만 아직도 미약하고 수정, 보완할 부분이 많을 것이다. 노인돌봄과 노인상담을 연구하는 다양한 독자들의 기탄없는 비판과 지도를 겸허히 수용하여 더욱더 좋은 저서로 발전을 거듭할 것을 약속한다.

2020년 8월

집필자 일동

목 차

100세

제1장

고령화와 초고령사회

1. 고령화
2. 우리나라 노인인구와 특성

제 1 장 고령화와 초고령사회

1. 고령화

고령화란 전체 인구에서 차지하는 고령자 비율이 높아지는 것을 말한다. 고령화의 동향은 일반적으로 고령화율로 나타낸다. 고령화율이란 총인구 중에 65세 이상의 인구의 비율을 말한다. 고령화사회는 그 비율이 7% 이상을 차지하는 사회를 말한다. 고령이라는 용어에 대한 정의는 보편적으로 일정한 것은 아니다. 한국의 고령자고용법에서는 55세 이상을 고령자, 50~54세를 준고령자(제2조)로 규정하고 있고 UN에서는 65세 이상의 인구가 총인구 대비 7% 이상일 때 고령화사회라고 하고 있다. 고령화 요인은 출생률과 사망률의 저하에 있다. 건강하게 장수하고 행복하게 장수하는 것이 인간의 소망이기도 하지만, 반면 고령에 따르는 질병 · 빈곤 · 고독 · 무직업 등에 대응하는 사회경제적 대책이 고령화사회의 당면 과제이다. 2015년 기준 한국의 65세 이상 노인인구는 662만 명으로 전체 인구의 13.1%에 이르며, 2025년에는 전체 인구의 20%에 이르는 초고령화사회로 돌입할 것으로 추정된다. UN의 보고에 의하면 2025년에는 65세 이상의 인구가 총인구 대비 일본 27.3%, 스위스 23.4%, 덴마크 23.3%, 독일 23.2%, 스웨덴 22.4%, 미국 19.8%, 영국 19.4%로 예측하고 있다(두산백과, 2020. 6. 23).

초고령사회는 통상 65세 이상 연령층이 총인구의 20% 이상을 차지하는 사회를 말한다. UN에서 정한 기준으로 볼 때 '노인'이란 65세 이상을 말하며 UN의 기준에 따르면 고령화사회, 고령사회, 초고령사회는 다음과 같다.

- 고령화사회(aging society) : 65세 이상 인구가 총인구 대비 7% 이상의 사회
- 고령사회(aged society) : 65세 이상 인구가 총인구 대비 14% 이상의 사회
- 초고령사회(post-aged society) : 65세 이상 인구가 총인구 대비 20% 이상인 사회

대부분의 서구 선진국들은 20세기 초를 전후해 고령화사회로 진입했고 영국·독일·프랑스 등은 1970년대에 고령사회가 되었다. 일본의 경우는 1970년에 고령화사회로, 이어 1994년에 고령사회로 진입했다.

한국은 2000년에 노인인구가 전체인구의 7%를 넘어서며 고령화사회에 진입했으며, 2017년에 노인인구 14.2%를 기록하며 고령사회로 진입했다. 그리고 2026년경에는 20%를 넘어 초고령사회에 도달할 것으로 예측되고 있다.

노령화 지수란 15세 미만의 유소년 인구에 대한 65세 이상의 노령인구의 비율이다. 노령화 지수가 높을수록 노령인구가 많다는 것을 의미하며, 통상적으로 노령화 지수가 30을 넘어가면 노령화사회로 분류된다. 우리나라의 2009년 노령화 지수는 63.5로 처음으로 60을 넘었다. 1955년의 노령화 비율인 8.0에서 8배가량 증가한 것으로 2000년의 34.3로 큰 증가세를 보여 2000년 이후 한국의 노령화가 급속히 진행되고 있다는 것을 알 수 있다.

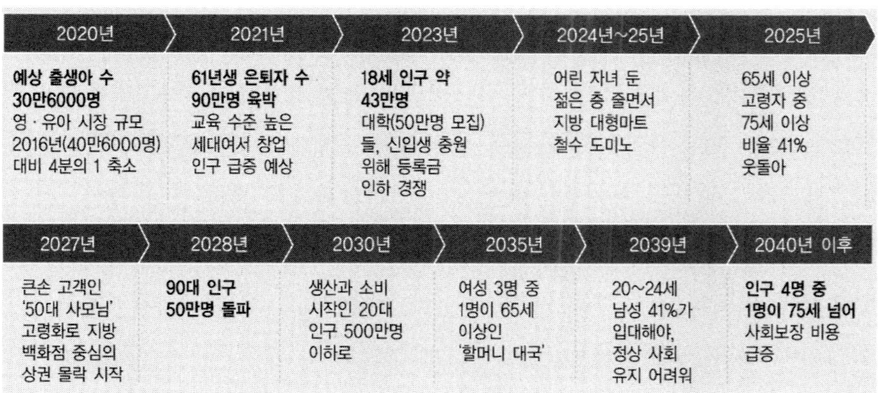

|그림 1-1| **인구학자 조영태 교수의 한국 미래 연표**

출처 : 조선일보(2018. 3. 26).

고령화는 세계 각국에서 나타나는 현상이지만 그 정도나 속도는 나라에 따라 다르다. 고령화의 속도를 비교하기 위해 몇 개 국가의 고령화율이 7%에서 14%에 달하는 데 필요한 기간을 살펴보기로 하자. 미국은 69년(1945년부터 2014년), 영국은 46년(1930년에서 1976년), 독일은 42년(1930년에서 1972년), 프랑스는 114년(1865년에서 1979년), 스웨덴은 82년(1890년에서 1972년)이지만, 이에 비해 일본은 24년(1970년에서 1994년)이라는 단기간에 고령화율 14%에 달하였다.

고령화의 요인으로는 ① 출생률의 저하, ② 평균수명의 증가를 들 수 있다. 즉, 출생률이 계속해서 감소함에 따라 젊은 층이 서서히 감소하고 상대적으로 전체 인구에서 차지하는 고령자 비율이 높아간다. 또한 사망률이 저하되어 결과적으로 평균수명이 신장하면 고령자 인구가 증가하여 고령화가 진행된다. 고령화는 다산다사(多産多死)의 시대에서 소산소사(小産小死)로의 변화라고 할 수 있으며, 인구 피라미드가 '피라미드형'에서 '종형'으로, 더 나아가 '항아리형'으로 이행한다.

고령화에 의해 발생하는 현상으로서는 노동인구의 고령화, 노동인구의 부족, 가족구조의 변화, 보호수요의 증가, 연금이나 의료 등의 사회보장 지출의 증가 등을 들 수 있다. 앞서 고령화를 경험하고 있는 스웨덴에서는 다양한 고령화 대책이 강구되어 왔다. 고령(화)사회에 있어서 부족한 노동력을 보충하기 위해 외국인과 여성이 적극적으로 등용되었다. 외국인이나 여성을 포함한 모든 노동자의 노동환경을 정비함과 동시에, 예를 들면 외국인에 대한 다른 수준에서의 선거권·피선거권을 확보하거나 일하면서 출산·육아가 가능한 제도를 정비하는 등 외국인 환경, 여성환경을 정비하였다. 또한 고령자가 되어도 모든 사람이 안심하고 생활할 수 있도록 사회보장제도가 정비되어 있다. 재택치료나 치매성 고령자를 위한 보호시설과 다양한 치료가 가능한 주택 등 개인의 수요에 맞는 서비스나 치료가 제공되도록 연구되고 있으며 이러한 사회보장은 국민의 세금으로 지원되고 있다.

한편 일본에서는 고령화에 대응하기 위해 '고령자 보건복지 추진 10개년 전략(골드 플랜)'(1989년 12월에 대장성 · 후생성 · 자치대신 합의), '신(新)골드 플랜'(1995년 시작, 골드 플랜을 수정한 것)에 기초하여 각종 재택 서비스나 시설 서비스가 충실히 도모되고 있다. 또한 2000년 4월부터 간호보험이 도입되어 지금까지 가족에 의한 간호를 주체로 한 시스템이 크게 바뀔 것이라고 한다. 연금제도를 비롯한 고령화를 위한 다양한 제도개혁을 서두르고 있다. 또한 일본의 노동구조는 인구 피라미드가 실제로 피라미드형이었던 시대에 구축된 것으로 '종형'이나 '항아리 형'에는 대응할 수 없게 되었다.

2. 우리나라 노인인구와 특성

1) 노인인구 문제

인구문제는 크게 두 가지 측면에서 제기될 수 있는데, 하나는 출생 · 사망 및 이동 등 순수히 인구학적 요인과 관련된 문제이고, 다른 하나는 좀 더 넓은 의미의 인간생활 전반에 걸쳐 제기되는 문제이다.

인간생활과 관련해 제기되는 인구문제로는 경제 · 사회 · 문화 · 환경 등 여러 측면에서 포착할 수 있다. 경제적 측면에서 제기되는 문제로는 ① 식량생산 및 자원개발, ② 인력수급, ③ 소득배분, ④ 경제개발계획 등을 들 수 있으며, 사회 · 문화적인 측면에서는 ① 교육문제, ② 비리 및 범죄 등 사회병리, ③ 국민문화형성, ④ 사회보장 등의 문제가 제기될 수 있다. 그리고 환경적 측면에서는 ① 교통문제, ② 주택문제, ③ 환경오염, ④ 국토공간의 이용 등이 제기될 수 있다.

전국 노인인구 현황을 살펴보면 <표 1-1>과 같다.

<표 1-1> 전국 노인인구 현황(2019년 10월 말 기준, 명)

구분	전체인구			65세 이상 노인인구			노인인구 비율(%)
	계	남	여	계	남	여	
전국	51,850,705	25,867,179	25,983,526	7,964,466	3,426,057	4,538,409	15.36
서울	9,736,289	4,749,055	4,987,234	1,467,259	647,855	819,404	15.07
부산	3,418,871	1,678,363	1,740,508	615,051	267,577	347,474	17.99
대구	2,443,528	1,208,429	1,235,099	376,669	159,264	217,405	15.41
인천	2,956,984	1,482,413	1,474,571	381,118	165,870	215,248	12.89
광주	1,459,360	722,448	736,912	193,969	82,220	111,749	13.29
대전	1,478,436	738,400	740,036	197,039	85,946	111,093	13.33
울산	1,149,409	590,332	559,077	131,141	59,129	72,012	11.41
세종	336,356	167,810	168,546	31,471	13,508	17,963	9.36
경기	13,218,912	6,650,459	6,568,453	1,634,661	714,824	919,837	12.37
강원	1,540,897	774,848	766,049	300,629	128,683	171,946	19.51
충북	1,599,499	809,928	789,571	271,648	116,088	155,560	16.98
충남	2,124,619	1,082,171	1,042,448	384,533	163,769	220,764	18.10
전북	1,821,813	905,592	916,221	368,644	153,501	215,143	20.24
전남	1,865,039	934,993	930,046	420,778	171,256	249,522	22.56
경북	2,666,072	1,342,074	1,323,998	546,419	228,321	318,098	20.50
경남	3,363,883	1,692,582	1,671,301	543,716	226,453	317,263	16.16
제주	670,738	337,282	333,456	99,721	41,793	57,928	14.87

출처 : 통계청(2019).

2019년 10월 말 전국 노인인구 현황을 살펴보면 전국 전체 인구는 51,850,705명으로 남성은 25,867,179명, 여성은 25,983,526명이며, 전국 전체 노인인구는 7,964,466명으로 남성 노인인구는 3,426,057명이고 여성 노인인구는 4,538,409명으로 총 인구대비 노인인구는 15.36%이다.

2) 인구정책

인구정책은 국가가 그 나라의 인구에 관해서 어떠한 바람직스러운 상태를 만들기 위하여 실시하는 의식적이고 계획적인 노력이다. 인구정책은 그 목적 및 대상과 채택되는 수단의 차이에 따라 크게 인구과정에 대한 조절정책과 인간생활의 여러 영역과 관련해서 제기되는 인구문제에 대한 해결책 등 두 가지로 구분된다.

인구조절정책은 출생·사망 및 이동이라는 순수한 인구학적 요인에 의해서 제기되는 것인데, 인구문제 해결책은 이러한 인구학적 요인과 한 사회의 정치·경제·사회·문화 등 넓은 의미의 생활환경적 요인과의 관련 속에서 제기되는 것이다.

이런 점에서 1960년대 이후 우리나라가 추진해 온 순수한 의미의 인구정책은 양의 증대와 관련된 인구억제정책과 인구의 분포상태와 관련된 인구재배분정책으로 요약된다. 인구억제정책은 정부가 급속한 인구성장이 경제성장을 저해하는 주요인임을 인식하여 1961년 국가장기개발계획의 하나로 설정함으로써 시작되었다. 인구억제정책은 크게 출산억제정책과 이출정책(移出政策)으로 나누어진다.

출산억제정책의 경우 보건사회부 주관으로 가족계획사업이 그동안의 적극적인 사업추진과 국민의 폭넓은 수용에 힘입어 많은 성과를 거둠으로써 출생력의 저하와 더불어 인구증가율의 둔화를 가져오는 데 이바지하였다. 그동안(1960~1995년)의 성과를 몇몇 인구학적 지표를 통해 보면, 1960년 초의 연평균인구증가율 3%는 1995년에는 1%로 저하되었고, 가임여성의 평균출생아수(TFR)는 6.3명에서 1.7명으로 많이 축소되어 인구의 대체수준을 밑도는 수순에 이르렀다. 이것은 정부의 노력으로 국민이 폭넓은 소산적(少産的) 태도를 형성함으로써 이루어진 것이며, 정부도 국민의 소자화(小子化)에 따라 인구억제정책보다는 인구의 자질향상정책에 역점을 두기 시작하였다.

이출정책은 그간 이출현상이 인구성장률 저하에 끼치는 영향력이 낮은 데서 크게 정책적 의미를 두지 않았으나, 1980년대에 들어와 이출인구의 재생산에 따른 인구증가분의 성장둔화 효과를 인식하는 데서 강력히 이출정책을 권장하고 나섰다.

인구재분배정책은 경제성장 및 산업화에 따른 격심한 이농향도형 국내인구이동의 흐름이 대도시지역에 대한 인구과밀집중과 다른 한편으로는 농촌지역인구의 절대적 감소현상을 초래하여 인구의 지역 간 분포가 심한 불균형상태를 노출하게 됨으로써 이를 시정하기 위한 정책적 요청이 대두되었다.

인구재분배정책은 대도시지역에 대한 인구집중방지와 이농인구 억제를 통한 국토의 균형적 발전에 그 기본적 목표가 있는 것으로, 정부는 이의 실현을 위하여 인구분산책과 국토개발계획을 종합하여 권역별 개발계획의 수립, 대도시산업의 지방분산, 지역 특성에 맞는 산업입지・편익시설의 확충, 공장의 지역별 균형설치 등 다각적인 대책을 추진하고 있다.

제2장

노년기의 삶

1. 신체적 변화
2. 심리적 변화
3. 사회적 변화
4. 암에 대한 이해와 통증 관리

제 2 장 노년기의 삶

노화(aging)는 "시간이 흐름에 따라 유기체의 세포, 조직, 기관조직 또는 유기체 전체에 일어나는 점진적 변화(Beaver, 1983)"이다. 즉, 출생에서 죽음에 이르는 전반적인 과정으로서 생물학적 과정 중에 퇴행적 과정이다(양옥남 외, 2016). 생물학적 노화는 질병이 없다 하더라도 누구에게나 일어나는 과정이며 다음과 같은 특징으로 나타날 수 있다(Strehler, 1977).

첫째, 보편성이다. 특정 질병처럼 나타나는 것이 아니며 시기나 진행 속도 등 약간의 차이가 있지만 누구에게나 일어난다.

둘째, 신체 내적인 원인에 의해 나타난다.

셋째, 장기적 · 점진적인 특징이 있다. 사고나 질병에 의한 변화는 노화가 아니다.

넷째, 생물학적 노화는 신체의 기능을 약화시키고 결국에는 생명을 마감하게 된다.

다섯째, 개인 혹은 개인의 신체 기관별로 노화의 차이가 있다. 같은 연령일지라도 노화의 정도는 차이가 있고, 개인에게 시력, 청력, 지각능력 등 부문별 노화의 정도가 다르다.

1. 신체적 변화

신체의 주요 구성성분을 지방, 조직, 뼈, 수분으로 나눌 때 나이가 들면서 지방은 늘어나고, 조직은 줄어들고, 뼈는 거의 변화가 없으며, 수분은 상당히 줄어들게 된다(최성재 외, 2003).

신체 내부 기능 중 소화기능은 나이가 들면 치아의 손상, 침과 위액 등 소화효소의 감소, 위의 연동 활동의 약화로 그 기능이 감소한다. 따라서 나이가 들면 씹지 않아도 소화가 잘 되는 유연한 음식물이나 장운동을 돕는 섬유질을 섭취하는 것이 좋다. 폐는 노화와 함께 탄력성이 떨어지고 흉곽이 경직되어 호흡이 불규칙하고 호흡횟수가 증가한다. 따라서 노인들은 저산소증이나 고산소증을 보이는 경우가 있다. 또한 위·식도 하부의 식이장애로 기도흡입이나 역류가 증가한다. 기도나 폐의 방어기능이 저하되면 폐렴 등의 질환에 노출될 가능성이 높아져 이로 인한 기관지 질환이나 호흡기 감염이 많아진다. 또한 순환기능의 저하로 혈관 벽 내의 탄력성 감소와 콜라겐의 증가로 혈관 벽이 두꺼워지고 굳어져 혈관순환을 저해하고 혈압을 상승시킨다. 고혈압은 뇌졸중, 심장병, 근경색, 협심증, 관상동맥경화 등의 위험을 증가시킨다. 신장의 기능 저하는 소변 속에 당과 단백질이 섞여 나오게 되고 방광 용량이 줄어들고 조직이 노쇠하면서 요실금 등을 빈번히 발생시킨다.

노년기에는 근심 걱정, 가족 간의 갈등, 죽음에 대한 공포 등이 쉽게 나타나며 우울증, 신경증 등으로 불면증이 나타나는데, 이때 충분한 숙면은 매우 중요하며 이를 위해서는 낮에 적절한 신체·정신적 활동을 하는 것이 더욱 효과적이다(이해영, 2019).

2. 심리적 변화

1) 지적 측면

(1) 지능

지능(intelligent aspect)은 새로운 것을 학습할 수 있는 능력 또는 환경에 적응하는 능력을 의미한다. 노년기에 지능이 갑자기 감퇴하는 것이 아니라 교육 수준, 세대 간의 차이, 경제적 지위, 건강상태 등의 요인과 더불어 복잡하게 작용하고 있다(김윤재 외, 2017).

지능에는 유동적 지능과 결정적 지능이 있는데 두 가지 지능이 연령에 따라 다른 양상을 보인다. 유동적 지능은 선천적인 지능으로 수에 대한 감각, 정확성, 기억능력, 반응속도 등으로 20~30대에 절정을 이루며 70세 이후부터 급격히 감퇴하고, 결정적 지능은 추론능력, 어휘력 등으로 60세까지 꾸준히 증가한다(Schaie, 1990).

(2) 학습능력 및 기억력

학습능력은 연습이나 경험을 통하여 정보나 기술을 습득하는 것이다. 주어진 과제에 관해 설명을 들은 후 수행하는 결과로서 측정된다. 하지만 노화로 인해 학습능력이 저하되었다고 학습할 수 없는 것은 아니다. 노년기의 학습능력을 증진하기 위해서는 충분한 시간과 구체적인 보상이 주어지도록 제시하여야 하며 즉각적인 피드백을 제공해야 한다.

기억력은 외부에서 들어온 정보를 기록해서 대뇌피질에 저장했다가 어떤 상황이 되면 의식적으로 회상하는 것을 말한다. 노화로 인한 기억력 약화는 형태에 따라 정도의 차이는 있으며 장기기억보다 단기기억과 최근 기억이 크게 약화된다. 또한 기계적인 암기보다 논리적인 기억력이 더 크게 감소하고, 들은 것의 기억이 본 것의 기억보다 더 많이 약화된다.

(3) 창의성

창의성은 동기, 압박감, 노력, 보상, 등에 의해 크게 영향을 받으므로 개인간의 차이가 다양해질 수 있다. 자기실현이나 새롭고 독특한 것을 생각해내고 실행에 옮기는 능력으로 연령과 창의력의 관계는 직업과 관련한 분야에 따라 상당한 변수가 있다.

2) 정서 및 성격 측면

성격은 그 사람의 행동 양식이나 가치 의식을 결정짓는 개인의 욕구와 동기, 태도이다. 나이가 들수록 투사, 공격성 등의 미성숙한 방어기제의 사용

빈도가 줄어드는 반면 승화와 같은 성숙한 방어기제는 더욱 증가는 경향이 있다(Jones, C. J., & Meredigh, 2000). 그러나 노년기의 성격이 연속성과 안정성을 유지한다는 주장과 변화한다는 주장이 동시에 제기되고 있으며 다음과 같은 특징이 있다(윤 진, 1996).

① **우울증** : 노인이 되면 전체적인 스트레스의 양은 줄지만, 대부분 부정적인 스트레스를 받게 되어 우울해진다. 스트레스의 요인으로는 노화현상의 심리적 부담, 불면, 체중감소, 강박 등이 있다.

② **내향성 및 수동성** : 노화로 인해 외부에서 생겨나는 자극이나, 변화 흐름에 반응하는 것보다 자신의 사고나 감정에 의해 사물을 판단하게 된다. 신체 및 인지능력의 감퇴는 능동적인 노력보다 의존적인 수동성이 증가하여 무사안일하게 지내려는 경향(수동성)이 강해진다.

③ **경직성** : 어떤 태도, 의견, 문제해결에 이득이 없음에도 체험했던 방법을 고수, 지속하려는 경향이 있다. 도전보다는 안정성과 체면을 중시하려는 모습이 생각을 경직되게 한다.

④ **조심성** : 노인이 되면 신체적인 퇴화로 인해 조심성을 가지게 되고, 실수하지 않기 위해 세심한 주의를 하게 한다.

⑤ **성 역할** : 그동안 내재하였던 반대 성의 성향이 나타나게 되는데, 여성은 남성 성향이 나타나고 남성은 여성 성향이 나타나게 된다.

⑥ **애착** : 정서적 안정감을 위해 사용해 온 여러 친숙한 물건들에 대한 애착이 생겨난다. 특히 낯선 환경이나 물건에 대해 거부감을 느낀다.

⑦ **유산** : 자신의 자취를 남기고자 하는 갈망에서 유산을 남기고자 하는데, 자손, 작품, 기술, 예술 등 다양하다.

⑧ **의존성** : 경제적 의존성, 신체적 의존성, 정신적 의존성, 사회관계 의존성 등이 있는데, 물질적 의존성보다 심리적 의존성에 대한 욕구가 더 많다.

⑨ **과거에 대한 회상** : 노년기에는 과거회상을 통해 자존감을 높일 수 있고, 과거를 재조명하여 의미를 찾아보며 자신의 흔적들에 대해 긍정적, 부

정적인 해석을 하게 된다.

⑩ **시간 전망** : 40세 이후부터 시간 전망의 변화가 나타나는데, 남아 있는 시간을 계산하고 시간이 얼마 남지 않았다는 사실을 회피하기 위해서 과거를 회상하는 것에 집중하거나 또는 미래지향적으로 된다.

3. 사회적 변화

1) 경제적 빈곤

노인의 빈곤 원인은 낮은 교육에 의한 기술력 낙후, 노령으로 인한 노동력 저하로 새로운 직종에 부적응, 부양의식의 변화를 들 수 있다.

2) 노화와 질병, 장애문제

60세 이상 노인은 만성 환자율과 이환율이 3배 이상 높다. 노인병의 경우 만성적이며 장기적인 치료를 해야 하는 경우가 많아 전체 노인의 86%가 당뇨, 관절염, 고혈압 등 만성 퇴행성질환자로 나타난다.

3) 역할상실과 고독

끊임없이 변화하는 기술과 지식에 적응하는 역량이 떨어지면서 사회의 중심부에서 주변부로 밀려나는 위치로 전락하면서 지위가 상실되는 역할상실은 고독으로 연결된다. 일생을 통해 사회적 지위와 역할의 종류, 수, 중요성이 달라진다고 한다. 로소우(Rosow, 1967)는 노인의 역할에 대하여 다음과 같이 분류한다.

첫째, 제도적 역할이다. 공적인 지위를 맡고 그 지위에 따른 책임과 의무가 부여됨에 따라 나이가 들어갈수록 이러한 제도적 역할 수행은 상실하는 경우가 많다.

둘째, 희박한 역할이다. 지위는 있으나 그 역할이 미비한 경우를 의미하며 희박한 역할이 증대됨에 따라 제도적 역할은 상대적으로 낮아진다.

셋째, 비공식적 역할이다. 공식적인 지위는 없으나 역할만 요구되는 형태이다.

4. 암에 대한 이해와 통증 관리

1) 암에 대한 정의

자연적인 세포주기에 따르지 않고 정상적으로 분화하지 않으며 성장을 멈추지 않고 계속 자라는 것을 종양이라고 한다. 종양은 양성종양과 악성종양으로 나누는데, 암은 악성종양이다. 암의 특성은 무질서한 세포분열로 인해 보기 흉하며 무한 성장하고 죽지 않으며 전이가 빠르다.

암의 증가 원인은 과학의 발달로 세부적인 진간방법으로 확인 가능성이 매우 높아졌고, 평균수명이 연장되어 대상자가 많아졌기 때문이다. 하지만 근본적으로 환경오염과 가중한 정신적 스트레스가 암 발생 증가의 가장 큰 이유라 할 수 있다.

2) 암의 유발 원인

암의 유발 원인은 환경적 요인(80~90%)과 유전적 요인(10~20%)으로 구분할 수 있다. 환경적 요인은 다음과 같다.

① 잘못된 식생활 : 과식, 편식, 불규칙한 식사

② 흡연 : 폐암(10배), 후두암(8배), 구강암(4배), 식도암(3배), 방광암(2배), 췌장암(2배)

③ 음주 : 간암, 구강암, 인후암, 식도암, 후두암, 직장암, 유방암

④ 직업성 발암인자 : Arsennic, Asbestos, Benzene, Benzidine 등의 유해 물질

⑤ 환경오염 : 자동차 배기가스

⑥ 바이러스

⑦ 스트레스

3) 암의 발견 방법(미국암협회)

암의 조기 발견을 위한 증상들은 다음과 같이 나타난다.

① 대변과 소변이 평소와 다르다.

② 부스럼이나 다친 부위가 잘 낫지 않는다.

③ 비정상적인 출혈 또는 분비물이 생긴다.

④ 유방이나 다른 부위에 몽우리가 만져진다.

⑤ 소화불량이나 음식을 삼키는 것이 불편하다.

⑥ 사마귀나 반점이 급히 커지거나 자란다.

⑦ 기침이 계속 나오거나 목소리가 자주 쉰다.

⑧ 이유 없이 체중이 줄어든다.

(단위 : 인구 10만 명당 명)

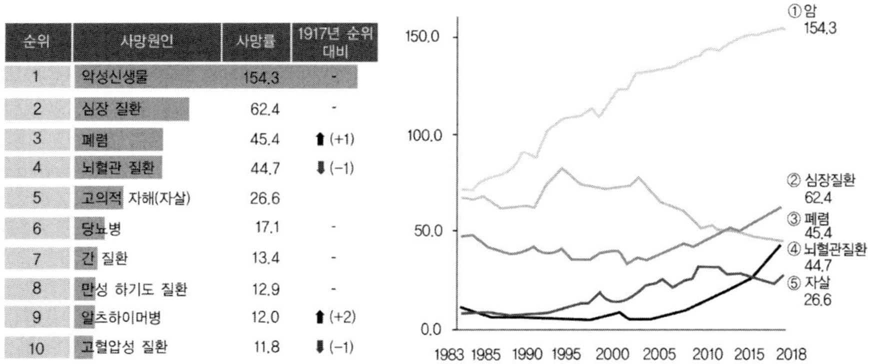

|그림 2-1| **사망원인 순위 추이**

출처 : 통계청(2019). 2018년 사망원인통계. 통계청 보도자료.

한국의 경우 10대 사망원인은 악성신생물(암), 심장 질환, 폐렴, 뇌혈관 질환, 고의적 자해(자살), 당뇨병, 간 질환, 만성 하기도 질환, 알츠하이머병, 고혈압성 질환 순이며, 전년 대비 폐렴(3위)은 1단계, 알츠하이머병(9위)은 2단계 상승한 결과이다.

4) 통증치료

통증치료는 다양한데 대표적으로 의학적 치료와 행동주의 기법을 들 수 있다. 의학적 치료는 약물 치료와 수술이 있으며, 약물 치료는 장점도 있지만 내성과 의존이라는 문제가 있고, 수술은 재발 위험성이 있으며 만성 통증보다 급성 통증에 더 효과적일 수 있다. 통증을 관리하는 행동주의 기법은 이완 훈련, 행동 수정, 인지 치료, 인지 행동 치료 등으로 나뉘며, 통증 행동의 문제를 심리학적 이론에 기초하여 치료한다.

(1) 약물

진통제는 의식 상실 없이 통증을 감소시킨다. 대부분의 진통제는 아편제와 비마취성 진통제 두 가지를 주요한 군으로 구분한다. 두 유형 모두 식물에서 추출되는데 아편제 유형이 더 강력하며 더 오랫동안 사용된다. 아편제는 구조와 작용이 신경전달물질과 유사하며 동일한 방식으로 통증을 감소시킨다. 아편제는 잠재적인 남용 가능성이 있는데, 어쩔 수 없이 처방하는 의사는 남용을 줄이기 위해 용량을 충분히 쓰지 못하고 환자는 충분한 진통 효과를 얻지 못한다. 과소 약물 치료의 문제점을 극복하는 방법은 투약을 스스로 조절하는 것이다. 환자는 자신이 원할 때마다 정맥선에 부착된 펌프를 가동시켜 1회 분량의 투약을 할 수 있다. 이러한 방법은 환자들이 더 적은 약물로도 더 나은 통증 감소를 경험하기 때문에 광범위하게 사용된다(Sri Vengadesh et al., 2005). 다른 방법으로 환자가 통제하는 경피성 투약 방법도 있다(D' Arcy, 2005). 이 방법은 위팔에 부착되어 있는 신용카드 크기의 장치를 통해 스스로 진통제를 투약한다. 이러한 자기 투약 진통제는 과소 약물 치료를 방지한다.

(2) 수술

수술은 통증의 근원을 직접 치료하거나 통증을 줄이기 위해 신경계를 변형시키는 방법이다. 수술은 신경 전달을 변화시키고 통증을 통제하기 위해 차갑거나 뜨거운 고주파 자극을 사용한다(Dillard, 2002). 하지만 통증을 발생시키는 신경초(神經鞘, nerve sheath)를 그대로 두어야 하기 때문에 시간이 지남에 따라 제거된 신경이 다시 자라고 통증이 재발할 수 있다. 신경을 완전하게 파괴하는 방법은 권장하지 않는데, 이로 인해 모든 감각이 상실되고 통증보다 더 큰 고통이 일어날 수 있기 때문이다. 또 다른 방법은 통증 신호를 차단하기 위해 뇌와 척수를 자극하는 것이다(Dillard, 2002). 수술을 통해 전기 자극을 척수나 뇌로 전달할 수 있는 장치를 이식한다. 이로 인해 통증을 차단하는 신경을 활성화하고 신경전달물질을 방출함으로써 통증이 줄어든다. 이 과정은 신경조직을 파괴하지 않으므로 뇌나 척수 조직을 파괴하는 것보다 낫다. 척수 자극은 요통을 통제하는 방법이지만 경피성 전기자극(TENS : Transcutaneous Electrical Nerve Stimulation)은 덜 효과적이다. TENS체계는 전형적으로 피부에 부착하는 전극으로 이루어지는데, 전기 자극을 공급하는 장치에 연결되어 있다. 초기에는 지표가 성공적으로 나타났지만 TENS는 통증을 통제하는 효과가 제한적인 것으로 밝혀졌다(Reeves et al., 2004).

5) 통증을 관리하는 행동주의 기법

(1) 이완 훈련

① 이완

우리 몸은 통증을 경험하면 스트레스를 받고 근육이 매우 긴장한다. 특히 목이나 등의 근육이 경직되어 만성적인 근육 긴장이 생길 수 있다. 평소 신체가 굳어 있으면 스트레스에 의해 약간의 자극으로도 그 효과는 2배가 된다(김정호 · 김선주, 2002). 이완은 긴장 수준과 스트레스 수준을 낮추어 통증을 극복하는 방법이며, 불안하거나 긴장될 때에는 호흡이 가빠지고 안절부절못하는 경우가 많다. 이럴 때 이완법을 사용하면 불안이나 긴장 수준을 낮추는 데 도움이 된다.

일반인도 이완법을 배워 적용할 수 있다. 근육 이완 훈련은 스트레스 상황에서 도움이 되지만, 평소에 꾸준히 연습하여 익숙해지면 통증 예방에도 도움을 준다. 이완하는 방법에는 이완법, 요가, 목욕, 취미 생활(장현갑 · 강성군, 2003), 마사지, 자율 훈련(김정호 · 김선주, 2002), 마음 챙김 명상(mindfulness meditation; Kabat-Zinn, 1990)등 여러 가지가 있다. 다양한 이완법 중에서 가장 효과적인 방법을 선택하여 실시하는 것이 좋다.

- **이완법** : 호흡을 통제하고 근육을 이완시켜 긴장을 완화하는 방법이다.
- **요가** : 인도에서 나온 전통적 심신 수련법의 하나로 신체, 마음, 정서를 이완시킨다.
- **목욕** : 근육에 긴장이 심한 사람은 일과 후 저녁에 목욕을 하면 큰 이완 효과가 있다.
- **취미 생활** : 취미 생활에 몰두하는 것도 이완을 얻는 데 상당한 효과가 있다.
- **마사지** : 근육 긴장을 이완시키고 신체 조직과 근육의 혈액 순환을 돕는 효과가 있다.
- **자율 훈련** : 자기 최면을 통한 이완 기술로 자신의 몸이 이완되어 묵직해지고 따뜻해지는 심상을 통해 신체와 마음을 편안하게 만든다.
- **마음 챙김 명상** : 생각을 객관적으로 주목하여 검열하거나 편집하지 않으면서 세상을 보는 방식과 무엇이 자신을 동기화하는지에 대해 통찰할 수 있다.

② 호흡 훈련 및 명상

호흡을 조절하거나 특별한 방법으로 호흡하는 것을 배워 단 몇 분만이라도 이런 호흡을 실천하면 신체나 마음의 긴장 상태를 이완하는 데 큰 도움이 된다. 호흡 훈련은 주로 동양의 요가나 명상에서 사용하는 호흡법이다. 되도록 천천히 길게 호흡하면서 들이마시는 호흡보다 내쉬는 호흡을 더 길게 하는 것이 이완하는 데 더 효과적이다. 공기를 충분히 들이키면 횡격막이 확장되어 긴장을 야기하지만 숨을 내쉬면 이완되기 때문에 내쉬는 호흡을 들이마시는 호흡보다 길게 하는 것이 이완에 효과적이다.

이러한 호흡법의 정통 호흡법이 단전호흡이다. 누구나 긴장감을 느낄 때는 호흡이 빨라지고 불규칙해지며, 가슴 부위가 중심이 되는 얕은 호흡을 하게 된다. 호흡 훈련을 통해 이러한 얕은 호흡을 느리며, 규칙적이고, 깊어지는 심호흡 방식으로 바꾸도록 훈련하는 것이다. 호흡법은 점진적 근육 이완법이나 심상법과 같은 다른 이완법과 함께 사용할 수도 있고, 단독으로 사용할 수도 있다.

숨을 내쉴 때 '옴(Ohm)', '관세음'과 같은 만트라(mantra)를 반복해서 암송한다거나, 내쉬는 숨을 통해 모든 긴장이 날아간다고 상상하면서 훈련하면 더 효과적이다. 호흡법 훈련은 하루에도 몇 번씩 실시해야 하며 시간적, 일상 활동에도 방해받지 않아 실천이 용이하다. 이런 호흡 훈련을 통해 스트레스 상황에서 자동적으로 이완 반응이 일어날 수 있다(장현갑 · 강성군, 2003).

③ 점진적 근육 이완

점진적 이완법(progressive relaxation)은 에드먼드 제이콥슨(Edmund Jacobson)이 개발하고 발전시켰다. 처음에는 수술 전 환자들의 스트레스와 목과 등의 근육 긴장을 줄이기 위해 사용되다가 1950년대에 조지프 울페(Joseph Wolpe)가 더 간략한 형태의 점진적 이완법으로 발전시켰다(김정호 · 김선주, 2002). 점진적 근육 이완법은 두 가지 목적이 있다. 첫째, 긴장감과 이완감을 구별하고 어떤 근육이 긴장하는지 알게 하며, 둘째, 모든 근육을 이완시키는 방법을 가르치는 것이다. 점진적 이완법이란 모든 중요한 근육을 한 번에 하나씩 이완시켜 궁극적으로 모든 근육을 이완시킨다는 것이다(장현갑 · 강성군, 2003).

점진적 이완은 모든 주요 근육을 이완시키기 위해 사용될 수도 있고, 몇몇 근육만을 이완시키기 위해 사용될 수도 있다. 예컨대 하루에 몇 시간씩 컴퓨터 앞에 앉아 작업하는 사무원은 목이나 어깨가 뻐근할 때 목과 어깨 근육을 풀기 위해 이완법을 실시할 수 있다.

• 팔의 이완(4~5분 소요)

팔의 이완을 위해서는 되도록 편안히 등을 기대고, 최대한 이완 자세를 취하며, 이완이 되었으면 오른손 주먹을 꽉 쥔다. 천천히 점점 더 힘 있게 꽉 쥐면서 오른쪽 주먹, 손목, 팔뚝의 긴장을 느낀다. 그 다음 오른손 손가락을 느슨하게 풀고 긴장했을 때와는 다른 느낌을 살펴본다. 충분히 이완되도록 하고 다시 한번 오른손 주먹을 힘주어 꽉 쥐고 그대로 있으면서 다시 한 번 긴장을 느껴본다. 이번에는 다시 긴장을 풀어 이완시키고 손가락을 펴 긴장했을 때와 이완되었을 때의 차이를 느껴본다. 왼손도 같은 방식으로 진행하고 다음으로 양쪽 주먹을 같은 방식으로 진행하면서 긴장된 상태와 이완된 상태를 충분히 느껴본다.

• 안면과 목, 어깨, 등 위쪽의 이완(4~5분 소요)

안면과 목, 어깨, 등 위쪽의 이완을 위해서는 조용하고 편안하게 등을 기대고 앉아 먼저 이마에 주름을 짓고, 이 주름을 좀 더 팽팽하게 조인 다음 멈추어 이완하면서 부드럽게 주름을 편다. 깊은 이완이 이루어지면서 전체 이마와 두피가 부드러워진다고 상상하며 다시 이마를 찡그려 긴장을 느껴보고 잠시 유지한 다음 긴장을 풀면서 부드럽고 평안하게 눈을 감은 채 이완감을 느껴본다. 다음으로 턱에 힘을 주고 이빨을 앞으로 힘껏 내밀고 긴장감을 살피고 이완한다. 이를 반복한다. 어깨 부분에서는 어깨를 으쓱 올려 긴장을 느낀 다음 떨어뜨리면서 이완감을 느낀다. 이를 반복한다.

④ 심상 훈련

심상 훈련은 이완을 목적으로 한다. 이 훈련은 따뜻한 태양이 내리쬐는 초원에 편안히 누워 있는 자신을 상상하는 것과 같은 일종의 백일몽을 만들면서 이완을 시도하는 훈련이다. 이런 상상 속에서 마치 자신이 부드러운 초원에 실제로 누운 것 같은 아늑한 이완감을 만끽할 수 있다. 심상 훈련을 실시하기에 앞서 3~5분간 이완법을 먼저 실시한 다음에 이 기법으로 들어가는 것이 좋다. 이 훈련이 끝나면 천천히 호흡하면서 자신의 현실 세계를 2~3분간 그려본 후 깨어난다(장현갑 · 강성군, 2003).

1. 나는 맑고 쾌청한 날씨에 따사로운 햇볕이 쏟아지는 해안가 모래사장 위를 천천히 걷고 있다. 내가 밟고 있는 모래는 무척 깨끗하고 부드러운 황금 모래이다. 발에 살포시 다가오는 모래의 따뜻한 느낌이 좋다. 저쪽 멀리서 모래성을 쌓고 있는 아이가 보인다. 아이가 자신의 모래성을 보면서 흡족하게 웃고 있다. 파도가 잔잔히 밀려왔다 밀려간다. 잠깐 시원한 바람이 나를 스친다. 나는 무척 평온하고 안락한 느낌이 든다.

2. 나는 숲 속의 커다란 바위 위에 누워 있다. 더운 날씨이지만 내가 누워 있는 자리는 서늘하고 쾌적하다. 저 멀리 파란색 하늘이 보이고 푸른 나뭇잎들이 바람에 살랑살랑 흔들리는 모습이 평화롭다. 멀리서 경쾌하게 지저귀는 새소리가 들려올 뿐 주위는 고요하다. 어느 누구도 나를 괴롭히지 않아 오직 나만이 이 숲을 가진 것 같은 느낌이 든다. 무척 평온하여 스르르 잠이 온다.

⑤ 마음 챙김 명상

마음 챙김 명상은 사람들이 스트레스, 불안 및 통증을 관리할 수 있도록 돕는 데 이용된다. 마음 챙김은 주의를 기울이는 형태의 마음 수행법의 하나이다. 이것은 초기 불교의 마음 수행 전통에서 기인하는데, 오늘날 미국, 영국, 캐나다 등 스트레스가 극심한 나라들에서 스트레스 관련 질환의 치료에 많이 이용되고 있다(장현갑, 2011). 마음 챙김에는 일곱 가지 태도 요인이 있는데(Kabat-Zinn, 1990), 비판단, 인내, 초심자의 마음, 신뢰, 비쟁취, 수용, 비집착이다.

호흡을 활용한 마음 챙김 명상은 마음 챙김 명상의 특수한 형태로 마음 챙김의 대상을 호흡과 감각으로 고정하는 명상이다(김정호, 2004). 생각과 욕구 없이 주의하는 것이 핵심인데, 그 대상이 호흡 감각에 집중되고 있다. 호흡 감각 자체에만 주의함으로써 깨어 있되 생각과 욕구를 멈추는 측면도 있다. 호흡 마음 챙김 명상은 일반적으로 앉은 자세에서 진행한다. 등을 적절히 펴고 어깨가 충분히 이완되도록 하면 몸과 마음을 안정시키는 데 도움이 된다. 호흡은 자연스럽게 하며, 몸이 호흡하는 대로 그냥 둔다. 의도적으로 통제하지 않아도 호흡에 대한 마음 챙김을 하다 보면 마음이 안정되고, 호흡이 안정된다. 호흡 마음 챙김은 마음의 훈련이지 호흡의 훈련은 아니다. 즉, 호흡 훈련을 하는 것이 아니라 마음의 훈련, 주의 훈련을 하는 것이다(김정호, 2004).

(2) 인지 행동 치료

인지 행동 치료는 행동을 긍정적으로 변화시키기 위해 신념, 태도, 생각을 발달시키려 한다. 인지 치료와 마찬가지로 인지 행동 치료는 생각이 행동의 기초가 된다고 가정하므로 태도를 변화시키는 것으로 시작한다. 또한 행동 수정과 동일하게 환경과 학습되어 관찰 가능한 행동을 변화시키거나 기술을 발전시키는 데 초점을 둔다.

가장 대표적인 방법은 통증 접근 프로그램(Turk, 2001)으로, 통증은 기대와 상황에 의해 영향을 받는 지각 과정이므로 스트레스 접종 기법을 이용하는 치료자는 처음에 내담자들에게 통증 경험의 출처에 대해 다르게 생각해 보도록 권한다.

첫째, 통증 접근의 1단계는 재개념 단계이다. 자신의 통증 가운데 얼마간의 심리적 요인의 중요성을 수용하도록 격려를 받는데, 흔히 통증의 수문

통제 이론에 관한 설명을 듣게 된다. 일단 환자들이 통증 경험의 복잡성과 심리학적 근거가 있는 치료의 잠재적 효과를 수용하면 2단계인 기술 획득 및 시연 단계로 들어간다.

둘째, 이완과 통제된 호흡 기술에서의 이완이란 긴장 및 불안과 양립할 수 없으며, 이완을 배우는 것은 통증을 관리하는 데 유용한 도구가 될 수 있다. 통증 경험에서 벗어나도록 주의를 돌리는 것을 배우는데, 유쾌한 장면에 집중하거나 관심을 초점 바깥에 두는 것(예 최근 행복한 장면을 생각하거나 지나가는 사람을 세어봄)과 같은 심상 활동을 한다. 다음은 3단계인 후속 행동 단계로 간다.

셋째, 배우자와 다른 가족들에게 환자의 통증 행동은 무시하고 더 많은 신체 활동, 더 적은 약물 치료, 더 적은 통증클리닉 방문, 더 많은 근로일수와 같은 건강 행동에 강화를 주라고 알린다. 이를 통해 미래의 통증에 대처하는 치료 후 계획을 세우고, 통증클리닉 밖의 일상 상황에 대처하는 기술을 적용하게 된다.

제3장

웰에이징을 위한 준비

1. 웰에이징
2. 건강과 운동
3. 경제관리
4. 정서관리
5. 일 관리
6. 웰다잉을 위한 참살이(웰빙)

제 3 장 웰에이징을 위한 준비

1. 웰에이징

웰에이징(well aging)은 직업이나 일에서 은퇴하여 유유자적할 생활을 보낼 시간을 적극적으로 재검토하자는 생각에서 붙여진 용어이다. 만숙기, 프로덕티브 에이징 등도 같은 맥락이다. 한 인간이 태어나서 성장하고 사회의 일원으로 설 때까지를 인생의 제1기, 사회인으로서 일하며 자녀를 키우는 시기를 인생의 제2기, 그리고 그 다음은 제3의 인생으로 구분하면서 붙여진 말이다. 이 시기를 '여생'이라고 불렀지만, 최근에는 소극적인 삶이 아닌 적극적인 생활태도로 노령기를 보내자는 의미이다. 이를 실현하기 위하여 세계 각국에서는 고령자의 자기개발, 자기실현을 목적으로 하는 프로그램이 시행되고 있다.

우리 사회가 이렇게 고령화의 급류를 타게 되자 늙음과 노인에 대한 관심이 커지고 있다. 지금은 생산 가능 인구 6.2명이 노인 1명을 부양하고 있다. 그렇지만 저출산이 계속된다면 2050년에는 생산 가능 인구 1.4명이 노인 1명을 부양해야 한다. 이러한 문제는 고용, 투자, 보험과 같은 '돈' 문제에 멈춰서 있다.

우리나라 노인들에게 시간적·경제적 여유가 있을 때 가장 하고 싶은 것이 무엇이냐고 질문하였더니 대부분 여행이라고 하였다. 지금 65세인 남성노인은 앞으로 17.2년, 여성노인은 21.6년이라는 시간이 남아 있다. 그렇지만 현실적으로는 그 방대한 노인들의 여유 시간을 채워주고 있는 것은 여행보다는 미디어다. 노인들은 어떻게 미디어를 벗 삼아 지낼까? 우리나라의 노인과 외국 노인들의 미디어 라이프에는 어떤 공통점과 차이점이 있을까?

고령사회를 위한 노인 커뮤니케이션 미디어 연구(에이징 커뮤니케이션, 2007)에서는 커뮤니케이션이라는 큰 틀보다는 미디어에 관점을 두었기 때문에 면대면 커뮤니케이션에 대한 부분은 다루지 않았지만 노인들의 미디어 라이프를 제대로 알아가려면 간단하게라도 노인, 늙음, 노년기에 나타나는 특성을 알아야 한다.

노년기에 찾아오는 노화로 인한 신체적·감각적 변화는 정도의 차이는 있지만, 시력, 청력, 메시지 전달, 촉각, 반응 속도, 인지 능력, 기억력 등이 쇠퇴하게 마련이다. 이러한 변화는 노인 자신, 노인과 커뮤니케이션을 하는 상대방, 미디어 이용에도 영향을 준다.

첫째, 시력의 쇠퇴는 미디어 이용에 지대한 영향을 미친다. 나이가 들면서 각막, 동공, 수정체의 구조적 변화로 망막에 빛을 전달하고 조정하는 능력이 감소한다. 시야가 좁아지고 빛이나 색에 대한 민감도가 떨어지게 된다. 이로 인해 물체가 흐리게 보이고 작은 글씨를 읽기 어려워진다. 어둠이나 섬광 속에서 사물을 잘 구분하지 못하게 된다. 빠르게 움직이는 텔레비전·영화·게임 화면이나 자막과 숫자 읽기가 어려워지고 책을 읽는 속도도 느려진다. 복잡한 곳에서 무엇을 찾아내는 것이 힘들어진다. 이탤릭체나 장식체, 흘려 쓴 글씨체보다는 크고 선명한 글씨체를 선호하게 된다.

둘째, 청력 감퇴는 30세 이후로 서서히 진행된다. 그래서 시력과는 달리 자신의 청력 손상을 스스로 깨닫지 못하는 경우가 많다. 감각적 난청인 경우에는 고음을 잘 듣지 못한다. 기계적 난청은 모든 음을 듣는 능력이 떨어진다. 신경성 난청은 말소리를 구분하지 못하며, 신진대사형 난청은 큰 소리로 말해야만 알아들을 수 있다. 노인들은 때때로 생활소음이 더욱 강렬하게 전달되는 보청 현상이나 귀 울림 현상으로 고통을 느끼기도 한다. 고음의 여성 목소리보다는 저음의 남성 목소리가 분명하게 전달된다. 청각에 기반을 둔 라디오·전화 등은 청력 감퇴, 보청기 사용 여부 등에 영향을 받게 된다.

셋째, 촉각과 반응 속도도 둔화한다. 나이가 들면서 피부 진동 및 피부 압력에 대한 민감성이 약해져 노인들은 접촉 강도가 높아야 접촉 감각을 느낀다. 촉각은 혈액 순환과 관련이 있다. 노화가 진행되면 모세혈관의 순환 장애가 생기고 피부 표면에 있는 촉각 수용기 혈액이 원활하게 공급되지 않는다. 또한 자극에 대한 반응 속도가 늦어져 행동 둔화로 이어진다. 반응 능력은 26세 이후 점진적으로 감소한다. 단순 반응에 비해, 여러 자극에 각기 다르게 반응해야 하는 선택적 반응이나, 반응을 생각해서 결정해야 하는 복합적인 반응의 경우 시간이 더욱 지연된다. 촉각과 반응은 전통적인 미디어 이용에서는 그다지 동원되지 않았던 감각이다.

그러나 스마트폰 등이 손가락 터치로 작동되면서 해당 미디어를 이용하는 필수적인 감각으로 자리 잡았다. 일반적으로 나이가 들면 시력이 좋아도 빠르게 스쳐 지나가는 자극이나 형태 지각을 잘 인지하지 못하거나, 정보 처리 과정에서 장기간 주의를 집중하는 것이 어려워진다. 어휘력, 일반지식, 이해력은 연령의 영향을 적게 받지만, 속도를 요구하는 능력은 연령 증가와 함께 감퇴하기 때문이다.

이와 더불어 노년기의 정서적 변화, 역할 변화, 연령 효과, 코호트 효과 등을 고루 파악하면 더 좋을 것이다.

2. 건강과 운동

노년기는 아동기, 청소년기 및 장년기와 다르게 운동 시 특별한 주의가 요구된다. 나이가 들면서 인체의 모든 기능이 떨어질 뿐만 아니라 생활을 영위하기 위하여 다른 사람에게 의지해야 하는 경우가 있기 때문이다. 이러한 신체적 퇴보는 심리적으로도 자신감을 떨어뜨려 운동을 수행하고자 하는 동기마저 저하되는 요인이 될 수 있다. 또한 다른 연령대와 비교했을 때 운동 및 일상적인 신체활동 중에 낙상으로 인한 부상이 염려되기 때문에 낙상 방지를 위한 주의도 요구된다.

1) 심혈관계 강화를 위한 운동

노인을 위한 운동 처방은 주로 심혈관 체력, 저항성 트레이닝 및 유연성 요인을 강화할 수 있는 내용을 중점적으로 다루어야 한다. 나이가 들면서 최대산소섭취량은 꾸준히 감소하여 그 수준이 젊은 시절의 절반에도 못 미친다고 한다. 따라서 노인들은 심혈관 체력을 기르기 위해 매일 규칙적으로 30~40분 동안 중・저 강도의 운동 프로그램을 가지고 운동을 하도록 권장한다.

노인들의 운동 형태는 격렬하거나 관절에 무리를 주는 종류는 피하도록 한다. 신체적, 정신적으로 스트레스가 적고 체중부하가 적은 운동이 권장되며, 운동을 위한 접근성이 용이해야 하고, 흥미가 있어야 하며, 다른 노인들과의 유대감을 높일 수 있는 운동이나 단체적인 요인이 가미된 것들이 좋다.

노인의 운동은 스포츠센터나 별도의 프로그램으로 운동을 하는 것보다 기초적인 생활 속의 움직임을 통한 활동 형태가 좋다. 이러한 활동은 노인들의 일상적인 움직임의 능력을 높여주며, 개인의 여가선용과 육체적, 정신적, 사회적 상태에 긍정적인 영향을 줄 수 있기 때문이다.

2) 근력 증강을 위한 운동

노인에게 근력은 심폐지구력만큼 중요한 요인이기 때문에 근력 운동을 통하여 근력 유지 및 근육 단백질의 양적인 감소를 예방해야 한다. 그리고 낙상은 노인들에게서 자주 볼 수 있는 사고인데, 노인들에게 낙상은 치명적이며 또한 완전한 회복이 어려울 수도 있으므로 낙상을 방지하기 위해 근력을 향상시켜야 한다.

근력을 높이기 위해서는 운동 강도, 빈도, 지속시간을 고려한 저항 트레이닝을 실시해야 한다. 먼저 큰 근육을 사용하는 운동들을 선택하여 최소 1세트 정도는 실시하도록 하고, 개인의 운동자각 정도에 따라 10~15회 정도의 반복 횟수로 실시한다. 이러한 운동을 통해서 저항성 운동 트레이닝의 효과가 나타나면 반복횟수와 저항(웨이트)을 증가시켜 전체적으로 조금씩 부하를 늘려가도록 하되, 1회 저항성 운동을 실시하고 나면 다음 운동까지 약 48시간의 휴식을 취하도록 하고, 근력 운동은 일주일에 2회 정도 실시하는 것이 적당하다.

3) 노년기 신체활동

신체활동 중에서 체력을 유지, 향상을 목적으로 하여 계획적이고 의도적으로 실시하는 반복적인 신체 움직임을 말한다. 운동함으로써 얻을 수 있는 효과는 신체적(생리적) 효과, 심리적 효과, 사회적 효과가 있다. 신체적인 효과는 유산소 운동으로 인하여 순환계, 호흡계, 근육계, 골격계에 영향을 주어 노화를 예방하고, 성장과 발달을 촉진한다. 심리적인 효과에는 긴장을 이완시켜 스트레스와 불안을 감소하여 기분 상태를 개선하는 데 효과가 있다. 마지막으로 사회적 효과는 규칙적인 운동을 통하여 사회적 환경에 적극적으로 참여할 가능성이 높아 새로운 인맥 생성과 교류를 촉진한다. 또한 신체활동(운동)을 통하여 사회에서 적극적인 역할을 유지하는 것과 새로운 긍정적인 역할을 맡는 데 필요한 에너지를 제공할 수 있다.

<표 3-1> **노인의 운동**

건강한 노인을 위한 신체활동
• 1일 7,000~8,000보 이상 걷기
• 1일 중강도 활동시간 15~20분 이상(너무 힘들지 않을 정도, 땀이 약간 흐를 정도)
• 좌업생활을 줄이고, 외출이나 사회활동을 통해 일상신체활동을 증진

출처 : 정수봉 외(2019). 에듀윌스포츠지도사 : 노인스포츠지도사. 서울 : 에듀윌, p. 99.

4) 노년기 영양

풍부한 영양가가 균형 있게 들어 있는 음식을 먹어야 한다. 이를테면 백미보다 현미를 섭취하고 열매 맺는 채소와 오염되지 않은 식물을 먹어야 한다.

먹는 방법은 고기와 곡식, 채소의 비율을 정해놓고 1 : 5 : 2의 비율로 섭취하는 것이 좋다. 천천히 씹어서 삼키는 것도 중요하다. 천천히 씹게 되면 침이 분비되어 소화를 돕고 살균작용까지 할 수 있어 약 40회 정도 천천히 씹어 삼키는 것이 좋다. 음식을 절제하면 모든 것을 절제할 수 있다는 말처럼 과식하지 않는 것도 좋은 식사 방법이다.

물에 들어 있는 산소, 효소, 비타민, 미네랄, 전해질은 신진대사를 일으켜 독소를 제거하므로 식후나 잠잘 때를 제외하고는 자주 물을 마셔야 하는데, 하루 2,500cc 정도의 물을 마셔주면 좋다.

노년기는 나이가 들어가면서 각 신체기관들의 노화가 진행되는데, 미각, 후각 및 시각이 둔해지면서 식사를 통해 느끼는 즐거움과 활동이 감소하고, 구강 상태가 불량해져서 치아에 문제가 생길 경우 정상적인 식사는 더욱 힘들어진다. 또한 위산분비 감소, 위내 소화시간 지연, 소장의 효소분비의 감소, 소화관 연동운동의 저하 등에 따라 영양소의 소화와 흡수가 영향을 받는다. 체성분도 변하면서 근육조직은 감소하고 지방조직은 늘어나며 활동량과 운동량이 줄어들게 되는데, 이는 소화기능과 식욕을 떨어뜨려 영양상태를 더욱 나빠지게 만든다. 따라서 건강한 노년기를 보내기 위해서는 영양섭취에 각별한 관심을 가져야 한다. 적절한 식사, 적당하고 규칙적인 운동, 금연, 최소량의 음주, 스트레스 관리 등이 필요하며, 신체 상태를 주기적으로 점검하는 것이 필요하다.

(1) 섭취 열량

하루 섭취 열량은 노인 남성의 경우 2,000kcal 정도, 노인 여성은 1,600kcal 정도로 젊은 성인보다는 칼로리를 줄이고 영양의 질이 좋은 식사가 권장되고 있다.

(2) 단백질 섭취

연령 증가에 따른 근육량 감소, 혈장 단백질인 알부민 합성 감소 등을 고려하면 노년기 단백질 섭취의 중요성은 더 커지며, 단백질 섭취의 부족은 근육량의 감소, 면역기능 저하, 상처회복의 지연 등을 일으킬 수 있다. 따라서 노인에서도 일반 성인과 같이 체중 1kg당 0.8g의 단백질 섭취가 필요하며 노인 남성은 50g 정도, 노인 여성은 45g 정도 섭취하도록 한다.

(3) 비타민 및 영양소 섭취

노인의 다양한 식품섭취 및 섭취량의 감소와 더불어 위장관 흡수의 저하는 B1, B2, B6, B12, C, D 및 칼슘, 철분, 아연 등의 영양소가 결핍을 일으킬 수 있다. 비타민 B12 결핍은 노인 신경계통의 영향을 미칠 수 있으며, 철분과 엽산의 결핍과 함께 노인 빈혈의 원인이 될 수 있다. 엽산은 신선한 녹색 야채와 브로콜리, 오렌지, 아보카도, 간, 콩류, 정백하지 않은 곡물, 견과류에 많으며 비타민 B군과 철분은 대개 동물성 식품에 풍부하다. 칼슘과 비타민 D는 골밀도를 유지하는 데 꼭 필요한 영양소이다. 칼슘은 샐러리, 배추, 케일, 시금치, 브로콜리 등 잎이 푸른 채소와 우유, 요구르트 등 유제품, 멸치 등의 뼈째 먹는 생선, 미역, 다시마 등에 풍부하게 함유되어 있으며, 비타민 D는 달걀 노른자, 정어리, 고등어 등에 풍부하다. 노인의 경우 미각의 소실로 더 짜게 먹는 경향이 있으므로 나트륨 섭취를 줄이기 위해 음식을 싱겁게 먹도록 해야 한다.

(4) 수분 섭취

노화로 인해 체내수분함유량이 감소할 뿐만 아니라 갈증에도 둔감해져 탈수상태가 될 수 있다. 따라서 노년기에는 체중 1kg당 30cc 정도의 수분 섭취가 필요하므로 남성의 경우 2,100cc, 여성은 1,700cc 정도 수분을 섭취하도록 한다.

(5) 기타 생활가이드

노화로 인해 치아가 손상되었을 경우 적절한 영양섭취에 제약을 받게 된다. 평상시 치아 및 구강 위생에 신경을 쓸 뿐만 아니라 손상이 되었을 경우 충치 치료 혹은 틀니 등 치과 치료를 받도록 한다. 치아 상태가 나빠서 어쩔 수 없는 경우에는 음식을 다져서 조리하며, 다양한 형태의 영양 죽으로 영양을 공급하도록 한다.

좋은 영양 상태를 유지할 때 질병의 발생을 낮출 수 있으며 앓고 있는 질병의 빠른 회복에도 도움이 될 수 있다. 따라서 주기적인 체중 점검 및 적절한 영양 섭취를 하고 있는지 평가가 필요하다. 또한 규칙적인 식사시간을 유지하고 적당한 운동과 휴식이 필요하다.

3. 경제관리

노년기에는 퇴직으로 인하여 수입이 줄어들게 되는데, 사회보장제도는 이를 충분히 수용하기 어렵다. 또한 자녀의 양육으로 인해 과다한 지출은 노후를 대비하기 힘들게 하였고, 육체와 함께 정신적인 쇠퇴로 인하여 취업이 어렵거나 불가능해졌다. 육체의 노화는 질병에 쉽게 노출이 되어 취업할 수 없는 이유가 되었다.

이러한 문제를 해결하기 위한 개인의 준비는 노년을 대비한 저축과 개인연금이 있고, 핵가족화로 인한 가족들의 유대관계를 강화해서 가족의 기능을 회복하는 방법이 필요하다. 이와 함께 사회에서는 노인에 대한 인식의 전환이 필요하고 공공부조의 적용 범위를 확대하여 적용해야 한다. 노년에 수령이 시작되는 시점에서 일시금 제도를 지양하고 연금방식으로 전환하도록 하여 노년의 경제를 지속할 수 있도록 하여야 한다.

4. 정서관리

인간은 사회적 존재이기 때문에 자기 자신 이외의 다른 외부 세계와 관계를 지속하며 살아야 안정적인 삶을 살아갈 수 있다. 사회와의 관계를 비롯한 여러 관계 속에서 희로애락을 경험하며 자신의 존재를 확인할 수 있는 의미가 있다. 따라서 긍정적인 생각으로 인한 소망과 기쁨, 용기 등과 같은 감정을 가질 수 있고 부정적인 생각인 분노와 우울, 포기, 불안 등의 감정도 사회적 존재임을 증명하는 이유가 된다. 그러므로 노년의 시기에 더욱 친밀한 관계를 만들고 유지해야 하며, 소중한 친구를 만드는 것도 정서관리에 좋은 방법이 될 수 있다.

5. 일 관리

일 하는 것에 대하여 여러 가지 의미를 부여할 수 있겠으나 무엇보다 감사와 은혜에 관한 의미를 찾는 것이 필요하다. 생에 대한 감사, 가족에 대한 감사, 이웃과 사회에 대하여 감사할 수 있는 이유를 찾게 되면 노년의 일은 더 즐겁고 보람될 수 있다. 단순하게 그동안 일을 해왔기 때문에 계속해서 일해야 한다는 생각은 하지 않는 것이 좋다. 그리고 노년에 할 수 있는 일은 생계에 대한 목적성을 갖는 것도 좋고, 일을 통하여 여가를 즐길 수 있도록 하는 방법을 찾는 것도 괜찮다. 또한 생계와 여가를 즐기는 것 외에 봉사하는 일을 통하여 존재감을 확인하는 것도 노년에 일을 하는 의미를 부여하는 좋은 방법이다.

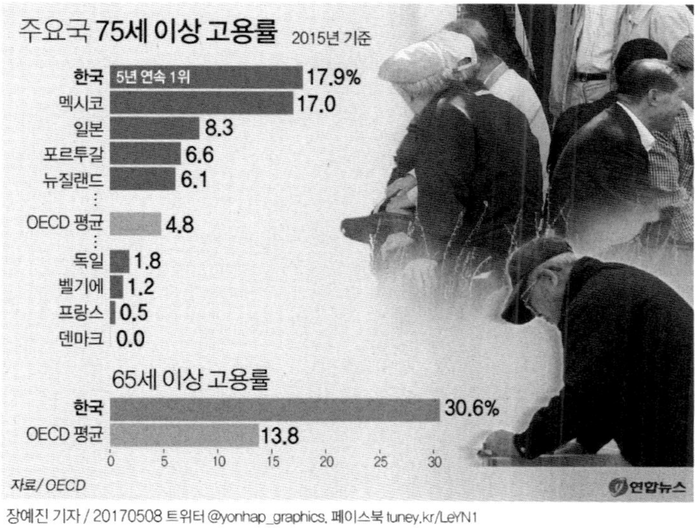

|그림 3-1| **주요국 75세 이상 고용률**

출처 : 연합뉴스(2017. 5. 8).

6. 웰다잉을 위한 참살이(웰빙)

웰빙(well-being)은 몸과 마음이 질적으로 풍요로운 삶을 추구하고자 하는 현대인들의 열망이다. 현대 산업사회에서 사람들은 시간을 대부분 부(富)를 축적하는 데 소비하며 살아왔다. 그러다 보니 물질적 부와 정신 건강의 불균형을 가져와 인간 소외감과 우울증, 심한 경우 정신적 공황을 겪기까지 한다. 웰빙은 이러한 현대사회의 병폐를 인식하고, 육체적·정신적 건강의 조화를 통해 행복하고 아름다운 삶을 영위하는 것을 목적으로 한다.

웰빙(well-being)은 순우리말로 '참살이'라고 한다. 정신적, 육체적인 건강과 행복, 복지와 안녕을 의미하고, 사회적 의미는 물질적 부가 아니라 진정한 삶의 질을 강조하는 생활 방식을 가리킨다.

1980년대는 경제적 풍요와 사회적 성공을 강조하였다. 하지만 물질적 풍요에 비해 정신적 만족을 찾지 못한 사람들이 늘어나면서 1990년대에 들어 정신적 풍요와 행복, 자기만족이 삶의 중요한 척도로 부상하기 시작했다. 이러한 의식과 구체적인 행동 방식을 총체적으로 가리키는 말이 바로 웰빙이다.

웰빙은 미국 중산층이 첨단 문명에 대항해 자연주의, 뉴에이지 문화 등을 받아들이면서 대안으로 선택한 삶의 방식이다. 한국에서도 2003년 이후 건강에 대한 관심이 높아지고 건강과 관련한 소비가 급속히 증가하면서 웰빙 문화가 확산되어 건강·의류·여행 등 각종 상품이 등장했다.

1980년대 중반 유럽에서 시작된 슬로푸드 운동, 1990년대 초 느리게 살자는 가치를 내걸고 등장한 슬로비족, 부르주아의 물질적 실리와 보헤미안의 정신적 풍요를 동시에 추구하는 보보스 등도 웰빙의 한 형태이다. 그러나 웰빙은 2000년 이후에 보다 본격적으로 등장하여 사용하는 용어가 되었다. 즉, 웰빙은 '복지·행복·안녕'을 의미한다.

웰빙은 신체적으로 질병이 없는 건강한 상태뿐 아니라, 직장이나 공동체에서 느끼는 소속감이나 성취감의 정도, 여가생활이나 가족의 유대, 심리적 안정 등 다양한 요소들을 척도로 삼는다. 모든 것이 조화를 이루어 한쪽으로 치우치지 않은 상태가 웰빙이다. 웰빙을 추구하는 사람들을 '웰빙족'으로 부르는데, 그들의 특징은 다음과 같다.

① 고기 대신 생선과 유기농산물을 즐긴다.
② 단전호흡·요가·암벽등반 등 마음을 안정시킬 수 있는 운동을 한다.
③ 외식보다는 가정에서 만든 슬로푸드를 즐겨 먹는다.
④ 여행·등산·독서 등 취미생활을 즐긴다.

한국에서도 2003년 이후 웰빙문화가 확산되어 웰빙족을 겨냥한 의류·건강·여행 등 각종 상품이 등장하고, 인터넷에도 웰빙 관련 사이트가 나타났다.

웰빙 먹거리는 '건강'과 '친환경'에 초점을 맞추어 나타난다. 유기농 야채와 곡물로 신선한 건강식을 추구하고 육류보다 생선을 즐기고 화학조미료와 탄산음료, 술, 담배 등은 지양한다. 대신 몸에 좋은 허브티나 좋은 와인을 마신다.

웰빙은 음식에 대한 컬러의 개념도 바꾸어 놓았다. 이른바 '블랙 푸드'다. 원래 검은색은 식감을 떨어뜨리기 때문에 음식에서는 기피하는 색으로 여겨졌다. 하지만 최근 소비자들이 건강 지향적인 먹거리를 선호하게 되면서 블랙 푸드는 틈새시장을 공략할 수 있는 새로운 아이템으로 주목받고 있다. 블랙 푸드 바람이 가장 활발한 음료 시장에서는 검은콩이나 검은깨를 이용한 검은콩 우유, 검은깨 칼슘 두유 제품들이 등장했다.

웰빙 경향은 화장품에도 나타난다. 화장품은 몸에 직접 바르기 때문에 제2의 먹거리로 인식된다. 웰빙 화장품은 단지 기능성 위주의 화장품이 아니라 천연재료, 오염되지 않은 재료를 사용한 것이다. 무방부제, 무알코올, 무색소, 무향료, 무광물성을 사용하거나 유기농의 친환경 재료를 사용한 화장품을 의미한다.

패션에서는 몸을 구속하지 않는 편안한 실루엣, 천연 소재를 사용하여 자연미를 강조한 스타일이 나타났다. 바지 위에 사롱 스커트를 입거나, 스커트 또는 바지 위에 긴 재킷이나 베스트를 입어 자연스러움을 표현한 디자인이 주를 이룬다. 소재는 대부분 면이나 마 같은 천연 소재를 사용한다.

가구에도 웰빙은 적용된다. 2010년 봄 신제품 발표회에서 BIF보루네오 신응선 연구소장은 "모든 디자인의 끝은 휴머니즘입니다. 가공되지 않은 소박하고 순수한 자연주의, 두드러지지 않은 자연주의를 통해 친숙하고 편안한 자연의 멋을 추구함으로써 궁극적으로는 실사용자의 내면적 안식을 제공하고자 하였습니다"라고 디자인 콘셉트를 설명했다. 이를 위해 친환경 신소재로 개발 완료된 옻도장, 세계 최초로 개발된 녹차 마감재를 옷장, 거실장, 책상 등 전 품목에 걸쳐 적용해 인간의 질적 건강을 강조한다.

고도의 현대 문명과 산업사회의 발달로 편리하고 풍요로운 생활을 누리고 있는 인간은 오늘날 인간성 상실과 기계 중심적 사고 등 많은 문제점에 노출되어 있다. 이에 인간은 진정한 삶의 회복을 원하는 웰빙 경향이 더욱 강해지고 있다. 이는 경제력을 바탕으로 단지 잘 먹고 잘사는 외형적 삶만을 추구하는 것이 아니라 나름의 방식으로 자신의 정신적 만족을 추가하며 행복을 찾고자 하는 현대인의 소망이다.

제4장

노인돌봄 서비스

1. 노인돌봄
2. 노인복지법
3. 노인복지시설
4. 노인장기요양보험

제 4 장 노인돌봄 서비스

1. 노인돌봄

노인돌봄이란 모든 노인이 최저 수준 이상의 생활을 영위하도록 하며, 사회적 욕구 충족과 생활상의 문제를 예방하고 해결하는 것이다. 또한 노후 생활에 대한 적응과 사회 통합을 이루는 데 필요한 급여 및 서비스를 제공하는 공공과 민간 부문의 조직적이고 전문적인 제반 활동을 말한다. 1970년대 이후 지속된 산업화·도시화 등 사회 경제적 변화에 따른 노인 문제가 등장하였다. 이러한 노인 문제 및 복지 욕구 해결을 위한 노인복지 정책과 서비스 시행을 위하여 1981년 노인복지법이 제정되었고, 이후 핵가족화와 고령화가 심해짐에 따라 지속해서 노인복지법 개정이 이루어져 노인복지 확대에 기여하였다.

노인 돌봄 기본 서비스는 요보호 노인을 대상으로 정기적인 안전 확인 및 생활 교육, 서비스 연계 등을 제공하고 있다. 노인 돌봄 종합 서비스는 요양보호사들이 방문 서비스와 주간 보호 서비스, 단기 가사 서비스 등을 지원하고 있다. 이러한 서비스를 제공하는 요양보호사에 대해 살펴보면 다음과 같다.

1) 요양보호사 자격정보

① 요양보호사란 요양보호사를 양성하는 교육기관에서 소정의 교육과정을 이수하고, 국시원에서 시행하는 요양보호사 시험에 합격한 후 시·도지사가 부여하는 요양보호사 자격증을 교부받은 사람을 말한다.

② 요양보호사는 치매・중풍 등 노인성 질환으로 독립적인 일상생활을 수행하기 어려운 노인들을 위해 신체 및 가사 지원 서비스를 전문적으로 제공하는 인력을 말한다.

③ 요양보호사는 노인의료복지시설이나 재가노인복지시설 등에서 의사 또는 간호사의 지시에 따라 장기요양급여수급자에게 신체적, 정신적, 심리적, 정서적 및 사회적 보살핌을 제공한다.

2) 자격 특징

① 2008년 노인장기요양보험 제도가 도입되면서 요양보호사 제도가 시행되었다. 초기에는 일정 기간 소정의 교육과정만 이수하면 요양보호사 자격증을 취득할 수 있었으나 2009년 말 노인복지법이 개정되면서 자격시험에 합격해야 한다.

② 요양보호사 자격등급의 경우, 처음에는 1급과 2급으로 구별되었으나 2010. 4. 26.부터 '요양보호사'로 단일등급화되었다.

3) 자격취득절차

① 요양보호사가 되려면 요양보호사 교육기관에서 교육과정을 이수한 후, 요양보호사 자격시험에 합격해야만 자격증을 취득할 수 있다(노인복지법 제39조의2).

② 합격자는 광역시・도지사에게 자격증 교부 신청을 하고 광역시・도지사는 서류검정 후 자격증을 교부한다.

4) 요양보호사 응시자격

시험시행일 이전까지 요양보호사 교육과정을 정상이수하여야 한다. 단, 합격자 발표 후 서류심사과정에서 응시자격이 없는 것으로 판명될 때는 합격이 취소된다.

① **요양보호사 교육과정 이수자** : 시·도지사로부터 지정받은 요양보호사 교육기관에서 일정 시간의 교육과정을 이수하여야 한다(노인복지법 시행규칙 [별표 10의2]). 교육 내용은 이론, 실기, 실습으로 구성된다.

② **결격사유** : 정신건강복지법 제3조 제1호에 따른 정신질환자(다만, 전문의가 요양보호사로서 적합하다고 인정하는 사람은 그러하지 아니하다), 마약·대마 또는 향정신성의약품 중독자, 피성년후견인, 금고 이상의 형을 선고받고 그 형의 집행이 종료되지 아니하였거나 그 집행을 받지 아니하기로 확정되지 아니한 사람 등은 응시할 수 없다.

③ **요양보호사 자격증 취득과 관계된 업무 – 간호사, 사회복지사, 간호조무사, 물리치료사, 작업치료사** : 요양보호사가 되기 위해서는 240시간의 교육과정을 이수하여야 하지만 간호사는 40시간, 사회복지사, 간호조무사, 물리치료사, 작업치료사는 50시간의 교육과정만을 이수하면 요양보호사 자격증을 취득할 수 있다.

5) 요양보호사의 역할 및 시험과목

요양보호사의 필기시험과목으로는 요양보호론(요양보호개론, 요양보호 관련 기초지식, 기본요양보호각론 및 특수요양보호각론) 35문항, 실기시험과목으로는 요양보호에 관한 것 45문항 객관식 5지선다형으로 출제되며, 합격자는 필기시험과 실기시험에서 각각 만점의 60퍼센트 이상을 득점한 사람으로 한다.

요양보호사는 노인주거복지시설(양로시설, 노인공동생활가정), 노인의료복지시설(요양시설, 노인요양공동생활가정), 재가노인복지시설 등에 배치되어 활동한다. 노인복지법은 노인복지 시설의 설치·운영자는 보건복지부령에 따라 일정한 수의 요양보호사를 두어야 한다고 규정하고 있다.

2. 노인복지법

1) 노인복지

1960년대 말부터 산업화·도시화·핵가족화 현상에 의해 노인 문제가 사회 문제로 등장하면서 1979년 노인복지법의 초안이 마련되었다. 1980년대는 노인복지 제도가 확립된 시기로서 1981년 노인복지법이 제정·공포되었으며, 1983년 노인 요양 사업이, 1987년 한국노인복지회에서 가정 봉사원 파견 사업이 실시되었다. 1991년에는 가정 간호 사업이, 1992년에는 주간보호·단기 보호 사업 등 여러 가지 형태의 재가 노인 복지 사업이 시작되었다. 1993년의 노인복지법 2차 개정으로 민간 기업체나 개인도 유료 노인 시설의 설치·운영이 가능하게 되면서 전국적으로 많은 노인복지시설이 설립되기 시작하였다.

2) 노인복지법

노인복지는 노인복지법(법률 제6124호)에서 규정하고 있다.

노인의 보건복지증진은 노인의 질환을 예방 또는 조기발견하고 질병상태에 따른 적절한 치료·요양으로 심신의 건강을 유지하고, 생활안정을 위하여 필요한 조치를 목적으로 한다(노인복지법 제1조).

노인은 후손의 양육과 국가 및 사회의 발전에 기여하고 존경받으며 건전하고 안정된 생활보장과 능력에 따라 적당한 일과 사회적 활동에 참여할 기회를 보장받고 노령에 따르는 심신의 변화를 자각하여 심신의 건강을 유지하고 그 지식과 경험을 활용하여 사회의 발전에 기여하도록 노력하여야 함을 기본이념으로 한다(노인복지법 제2조).

국가와 국민은 경로효친의 미풍양속에 따른 건전한 가족제도가 유지·발전되도록 노력하여야 하며 노인의 보건 및 복지증진의 책임을 지고 그 시책을 강구하여 추진하여야 한다. 해마다 10월 2일을 노인의 날로, 10월을 경로의 달로 하며, 5월 8일을 어버이날로 한다. 시・군・구에 노인복지상담원을 둔다. 국가 또는 지방자치단체는 65세 이상의 생활보호대상자, 65세 이상의 소득이 기준금액 이하인 자에게 경로연금을 지급한다. 연금수급권은 양도・압류하거나 담보에 제공할 수 없다.

보건복지부장관, 시・도지사, 시장・군수・구청장은 필요한 때에는 노인의 상담・입소 등의 조치를 하여야 한다. 국가 또는 지방자치단체는 치매예방 및 치매퇴치를 위하여 치매연구 및 관리사업을 실시하여야 하며, 노인을 위한 재활요양사업을 실시할 수 있다.

노인복지시설의 종류는 노인주거복지시설, 노인의료복지시설, 노인여가복지시설, 재가노인복지시설로 하며 다시 세분한다. 노인복지시설은 국가 또는 지방자치단체가 설치할 수 있으며, 국가 또는 지방자치단체 이외의 자는 그 설치를 시장・군수・구청장에게 신고하여야 한다. 다만 노인전문병원에 관하여는 의료법의 규정을 준용한다. 가정봉사원교육기관을 설치하고자 하는 자는 시・도지사에게 신고하여야 한다. 7장 61조와 부칙으로 되어 있다.

3) 기초노령연금법

기초노령연금법은 노인의 생활안정과 복지증진을 목적으로 2007년 4월 25일 신규 제정된 법률이다. 시행일은 2008년 1월 1일부터이다. 기초노령연금법은 노인이 후손의 양육과 국가 및 사회의 발전에 이바지하여 온 점을 고려하여 생활이 어려운 하위소득 60% 이내인 노인들에게 매달 일정액의 연금을 지급하도록 한다. 연금 지급대상은 65세 이상인 자로서 소득인정액이 대통령령으로 정하는 금액 이하인 자에게 연금을 지급한다. 연금 수급자는 연금을 신청한 날의 달부터 수급권이 소멸하는 달까지 매월 정기적으로 연금을 지급받는다. 수급자에게 지급해야 할 연금이 아직 남아있는 상태에서 수급자가 사망할 경우, 수급자의 사망 당시 생계를 같이 한 부양의무자(배우자와 직계비속 및 그 배우자를 말한다)는 미지급 연금을 청구할 수 있다. 이 경우 보건복지부장관 또는 지방자치단체의 장은 지체 없이 그 지급 여부를 결정하여야 한다. 미지급 연금의 청구절차와 방법 및 부양의무자의 인정기준과 지급순위 등에 관하여 필요한 사항은 대통령령령으로 정한다.

노령연금은 국민연금에 가입하고 일정 기간 이상 납부한 사람이 60세 이상이 되었을 때, 즉 노령연령에 도달했을 때 지급받게 되는 연금을 말하기도 하며 달리는 기초노령연금으로서 국민연금 가입과 관계없이 65세 이상이 된 노령연령 층에서 생활이 어려운 계층에게 매월 일정액을 지급하는 기초노령연금을 말하기도 한다.

국민연금과 관련하여 조기노령연금제도가 도입되었는데 이는 조기퇴직자가 많아지면서 국민연금지급 개시 기준연령인 60세보다 5세 빠른 55세부터 20년 이상 가입자에 한해 연금을 주기로 한 제도를 말한다. 2017년 9월부터 조기수령자라도 다시 국민연금에 재가입이 가능해진다. 한편 기초노령연금은 65세 이상 노령인구 계층에서 소득 인정액이 선정 기준액 이하의 경우에 지급한다.

4) 사회복지사업법

사회복지사업에 관한 기본적 사항을 규정하기 위한 법률(법률 제15887호)로, 사회복지를 필요로 하는 사람의 인간다운 생활을 할 권리를 보장하고 사회복지의 전문성을 높이며, 사회복지사업의 공정·투명·적정을 기함으로써 사회복지의 증진에 이바지함을 목적으로 한다.

국가와 지방자치단체는 사회복지를 증진할 책임을 지며, 복지업무에 종사하는 사람은 그 업무를 행함에 있어서 사회복지를 필요로 하는 사람을 위하여 차별 없이 최대로 봉사하여야 한다. 특별시·광역시·도에 사회복지위원회를 두고, 특별시장·광역시장·도지사는 읍·면·동단위에 사회복지위원회의 위원을 임명 또는 위촉할 수 있다. 보건복지부장관은 사회복지에 관한 전문지식과 기술을 가진 자에게 1·2·3급의 사회복지사의 자격증을 교부할 수 있다. 사회복지법인 및 사회복지시설을 설치·운영하는 자는 사회복지사를 채용하여야 한다. 시·도, 시·군·구 및 읍·면·동에 사회복지전담공무원을 둘 수 있으며, 복지사무를 전담하는 기구를 설치할 수 있다. 국가는 매년 9월 7일을 사회복지의 날로 하고 사회복지의 날부터 1주간을 사회복지주간으로 한다.

사회복지법인의 설립은 보건복지부장관의 허가를 받아야 한다. 법인은 목적사업의 경비에 충당하기 위하여 법인의 설립목적 수행에 지장이 없는 범위 안에서 수익사업을 할 수 있다. 전국 단위의 한국사회복지협의회와 시·도 단위의 시·도사회복지협의회를 둔다. 국가 또는 지방자치단체는 사회복지시설을 설치·운영할 수 있으며, 국가 또는 지방자치단체 외의 자가 시설을 설치·운영하고자 하는 때에는 시장·군수·구청장에게 신고하여야 한다. 시설의 운영자는 화재로 인한 손해배상책임에 대비하여 책임보험에 가입하여야 한다. 시설의 장은 시설에 대하여 정기 및 수시로 안전점검을 실시하여야 하며, 상근하여야 한다. 각각의 시설은 수용인원이 300인을 초과할 수 없다. 보건복지부장관 및 시·도지사는 시설을 정기적으로 평가하고 필요한 조치를 할 수 있다. 또한 후원금은 수입·지출 내용과 관리에 명확성이 확보되어야 한다.

사회복지사는 법인으로 한국사회복지사협회를 설립한다. 보건복지부장관, 시·도지사 또는 시장·군수·구청장은 사회복지사업을 운영하는 자에 대한 지도·감독을 한다.

5) 노인교육

(1) 노인교육(the olders' education)

노인교육은 노인과 노년기를 준비하는 사람들에게 삶의 질 향상을 위해 제공되는 교육적 노력의 실천과정이다. 국제적으로 통용되는 노인의 연령기준은 65세 이후이다. 오늘날 의학의 발전과 영양보급 등 의식주의 발전으로 인간의 평균수명이 높아짐에 따라 인구의 노령화 현상은 피할 수 없는 세계적인 추세이다. 우리나라에서는 1970년대의 유네스코의 평생교육운동과 더불어 노인도 배움의 필요성에 의해 노인교육이 시작되었지만 아직까지 그 체계나 운영에 많은 문제점을 가지고 있다. 즉, 노인교육 참여기회가 노년층에만 제공된다는 점, 노인교육에 대한 적극적인 정책수립이 미비한 점, 교육내용이 학습자인 노인의 교육적 요구를 수용하지 못하고 교육실시기관의 입장에서 결정되는 경우가 많다는 점 등을 들 수 있다. 외국의 경우 노인을 위한 교육기회와 그에 대한 정책이 만들어지고 있지만 아직까지 이에 대한 포괄적인 관심은 미비한 실정이다.

캐나다의 「뉴 호라이즌 프로그램(New Horizons Program)」은 노인에게 레크리에이션, 취미활동, 역사, 문화 강좌를 제공하는 한편 지역사회활동을 통해 노인의 소외나 고독을 해소시킬 목적으로 정부 주도로 운영된다. 프랑스에서는 50세 이상의 성인들에게 건강하고 생산적인 삶을 영위할 수 있도록 「퇴직준비교육(Preparation for Retirement)」을 운영하고 있다. 미국에서는 노인들에게 얼마간의 훈련을 통해 정신적, 육체적 장애인을 돌보거나 아기를 돌봐주도록 하고 그 대가로 그들에게 다양한 혜택을 제공하는 프로그램을 실시하고 있다.

노인교육은 노인을 사회의 주변인으로 만들어버림으로써 노인의 인격과 능력을 사장시키는 원리를 거부하고 노인에게 자립과 사회적 공헌의 기회를 제공할 수 있어야 한다. 이를 위해서는 노인들의 개인적인 성장 및 자기 발견을 위해 다양한 교육내용을 개발해야 함은 물론 노인인력 활용방안과 연계된 퇴직(준비)교육을 병행해야 할 것이다.

(2) 노인대학

노인대학은 평생교육의 일환으로 노년층의 사회적응을 돕고 노후 생활의 안정을 보장하기 위하여 각종 교육을 실시하는 단체나 기관이다.

① 개설

의료기술의 발달과 생활수준의 향상 등으로 노령인구가 점차 증가되고 산업화・핵가족화에 따른 노인문제가 커짐에 따라, 노인들의 사회적응과 자아개발을 돕기 위한 사회교육의 필요성이 점차 확대되어 가고 있다. 노인학교는 노인들의 사회생활 적응과 안전을 보장하기 위하여 공부할 기회를 제공하는 다양한 학교를 말한다.

② 연원 및 변천

우리나라에서 최초로 노인을 대상으로 하는 교육이 시작된 것은 1965년 4월 부산 범일동에서 '한얼경로교실'이 설립된 때부터였다. 그 뒤 1970년 9월 부산 범일동에서 우리나라 최초의 노인대학인 '한얼노인대학'이 설립되었으며, 1972년 10월 서울 종로 태화관에서 서울평생교육원이 개설되고 '노후생활강좌'가 개시되었다. 이후 1973년 11월 서울 명동 가톨릭여성회 관내에 덕명의숙이라는 명칭의 노인교육기관이 설립되었고, 1974년에는 서울 서대문구 문화촌에 인왕노인학교가 설립되었다.

뒤이어 한국성인교육회・대한노인회・적십자장년봉사회・YMCA・YWCA・한국부인회・새마을봉사단과 일부 초・중・고・대학 등에서 노인학교 설립 열풍이 일어나서 노인교육에 적극적으로 참여하여 오늘에 이르고 있다.

③ 내용

현재 실시하고 있는 노인교육을 담당기관의 유형별로 보면, 노인교육을 전담하는 기관에서 실시하는 교육(서울평생교육원, 연희노인대학 등), 학군 단위 노인교육(대한노인회 노인교실), 대학에서의 노인교육(대구대학교, 수원간호전문대학 등), 사회단체에서의 노인교육(YMCA, YWCA, 한국봉사회 등), 그리고 양로원이나 노인정과 같은 복지시설에서 비정규적으로 이루어지는 특별 강좌 등이 있다.

교육목적은 노인들에게 지역사회에서 존경받는 노인으로서 품위향상과 그들에게 현대사회에 적응하는 능력을 배양하고 노인 각자가 지니는 잠재능력을 재계발하고 노인 건강관리에 관한 지식을 부여함으로써 여생을 보람 있게 보낼 수 있도록 하는 데 그 목적을 두고 있다. 교육내용은 교양과목 30%, 국내외 정세 30%, 기능습득 20%, 건강관리 및 기타 20%로 되어 있다.

④ 현황

2017년도 노인실태조사(보건복지부, 2018b)에서는 한국 노인의 평생교육 참여율이 12.9%인 것으로 나타나 선진국에 비해 평생교육 참여율이 상대적으로 낮은 편이라고 할 수 있다. 평생교육 프로그램에 참여한 노인들을 대상으로 교육받은 기관에 대한 조사 결과에서, 노인복지관 34.8%, 경로당 19.2%, 시・군・구민 회관/ 동・읍・면 주민센터 13.8%, 공공문화센터 10.5% 등의 순으로 나타났으며, 평생교육 내용으로는 건강관리/ 운동(41.9%)과 문화예술(34.9%) 프로그램이 대부분을 차지하여 노인의 평생교육 내용이 주로 취미나 개인관심 및 건강 프로그램에 제한되어 있어서 활동적 노후에 적합한 평생교육이 충분히 이루어지지 못하고 있음을 알 수 있다.

⑤ 의의와 평가

노인교육의 개선을 위해서는 노인학교 운영 재원의 확대, 교육과정의 정비, 그리고 획일적 교수방법의 개선 등이 시급히 이루어져야 한다. 노인의 건강 및 보건, 노인복지, 가족 생활 등을 포함한 교양교육 등과 같이 몇 개 분야로 강좌의 성격을 재구성하고 한 강좌당 시간수를 늘려 노인 학생들이 보다 실제 현실 생활에 필요한 지식과 안목을 넓히는 데 도움이 될 수 있는 교육이 필요하다.

3. 노인복지시설

1) 경로당 및 노인교실

경로당은 노인들이 쉽게 접근하여 여가 활용을 할 수 있는 장소로서 건전한 노인 여가 문화 조성과 지역 특성에 맞는 경로당 활성화를 위해 경로당

광역 지원 센터를 두고, 시 노인 복지관 및 구・군 노인지회에 경로당 순회 프로그램 관리자를 배치하여 노인들의 건전한 여가와 건강 관리를 지도하며 다양한 프로그램을 개발・보급하고 있다. 또한 노인의 사회 활동 참여와 평생 교육 기회를 부여하기 위해 구・군 지회를 중심으로 19개소의 노인 교실을 설치하여 운영 중이다. 이용 인원 및 욕구 증가에 따라 건전한 취미 생활과 여가 활동, 평생 교육 등 다양한 프로그램을 개발・보급하여 효율적인 운영이 될 수 있도록 하고 있다.

경로당은 노인들이 모여 여가를 선용할 수 있도록 마련한 곳으로 사회복지시설의 한 형태이다. 노인들이 동년배의 친구들과 대화를 나누며 새로운 지식을 얻거나 건전한 취미와 오락활동을 할 수 있는 생활의 장으로, 노인정(老人亭)이라고도 한다.

노인여가시설의 기원은 우리나라 전통사회에 스며있던, 누각・정자 등에서 찾을 수 있다. 누각은 양반계급이었던 권세자나 선비들의 향연 장소였으며, 정자는 주로 서민층이 이용하던 여가활용 장소였다.

전통사회의 노인여가시설은 급격한 산업화와 사회변화의 과정에서 자취를 감추거나 기능을 상실하고, 광복 이후 새로운 여가시설로서 경로당, 또는 노인정이 생겨났다.

경로당이 증가하게 된 사회적 배경은 사회가 점점 핵가족화 되면서 가정 내에서의 젊은 세대와의 대화 단절, 노인들이 역할 감소 등으로 노인들은 가정 밖에서 여가시설을 이용할 수밖에 없게 된 것이다.

경로당 시설의 현황을 살펴보면, 건물 전체를 사용하는 경우가 48.1%이고, 나머지는 다른 목적으로 사용하고 있는 건물 일부분을 활용하고 있다. 시설공간은 20평 미만이 전체의 56%, 20~29평이 27%, 30평 이상이 17%로서 대부분 시설이 협소한 편이다.

이용자의 생활수준은 생활정도가 중・하인 노인들이 주로 이용하고 있다. 주된 활동내용은 친구와의 대화, 바둑・장기・화투놀이・건강체조・댄스, 라디오 및 텔레비전 시청 등이며, 조직적이고 계획적인 활동은 제도화되어 있지 않지만 지역에 따라서는 거리질서·휴지줍기·자연보호·봉사활동 등으로 경로당 운영이 활성화되고 있다.

운영경비는 대부분 회원의 회비나 지방유지의 찬조금, 관의 지원으로 충당되며, 극히 일부는 기본재산수입이나 부대사업으로 운영되고 있다.

우리나라의 경로당은 숫자에 있어 세계적으로 첫째이지만, 시설의 협소와 미비, 운영재원의 부족, 조직적인 운영 계획의 결핍, 지역사회주민의 지원과 관심 부족 등으로 현대사회의 노인여가시설로서는 그 기능을 충분히 수행하지 못하고 있다.

우리나라의 경로당과 비슷한 선진국의 노인시설 경우 충분한 시설공간과 다양한 취미, 오락시설 및 운영계획이 마련되어 있는 점에 비추어 볼 때 우리 나라의 경로당은 개선되어야 할 많은 과제를 안고 있다.

또한 운영비의 대부분을 회원들의 회비에 의존하여야 하는 상황에서는 시설의 개선이나 다양하고 효과적인 노인여가선용계획의 개발이 어려우므로 정부 및 민간기관의 적극적인 지원이 요구되고 있다. 현재 우리나라의 경로당은 주민이나 뜻있는 사람들의 힘으로 마련되고, 영리를 목적으로 운영되지 않는 것이 특색이며, 지방자치와 사회복지 차원에서 점차 관의 지원도 늘어가고 있는 실정이다.

2) 노인복지관 및 노인대학

노인 여가 복지 시설로서 무료 또는 저렴한 요금으로 운영된다. 노인의 교양·취미 생활 및 사회 참여 활동 등에 대한 각종 서비스를 제공하고, 건강 검진 등 그 밖에 노인의 복지 증진에 필요한 서비스를 제공한다. 주요 운영 사업으로 평생 교육과 취미 여가, 고용, 건강 생활, 정서 생활, 사회 참여, 경로당 혁신, 가족 통합, 지역 자원 개발, 노인 권익 증진 사업 등의 프로그램을 운영하고 있다.

경제적·정신적·신체적 이유로 독립적인 일상생활을 영위하기 어려운 노인 가정에 필요한 각종 서비스를 제공하기 위하여 방문 요양 사업과 재가 노인 지원 서비스 사업을 분리하여 맞춤형 서비스를 제공하고 있다. 재가 노인 지원 서비스 시설과 재가 장기 요양 기관에서는 방문 요양과 주간 보호, 단기 보호, 방문 목욕, 복지 용구 등을 수급권자에게 지원하고 있다.

3) 재가노인복지시설

노인의 노후 생활 안정 지원 및 복지 증진을 위해 여러 가지 정책을 시행하고 있다. 예를 들면, 노인복지관 운영 지원, 경로 식당 및 거동이 불편한 저소득 재가 노인에 대한 식사 배달 사업 지원, 노인 돌보미 이용권 지원, 노인 보호 전문 기관의 운영과 지원 등이 그것이다.

4. 노인장기요양보험

노인장기요양보험은 건강보험, 국민연금, 고용보험, 산재보험에 이은 제5의 사회보험으로 불리는 사회보장제도이다.

고령이나 노인성 질병 등의 사유로 일상생활을 혼자서 수행하기 어려운 노인 등에게 신체활동 또는 가사활동 지원 등 장기요양급여를 제공하는 사회보험제도다. 그동안 가족에게만 지워진 노인부양이라는 짐을 사회가 나눠 '품앗이'하겠다는 뜻에서 2008년 7월부터 시행되었다. 우리나라의 노인장기요양보험제도는 건강보험제도와는 별개의 제도로 도입·운영되고 있는 한편, 제도 운영의 효율성을 도모하기 위하여 보험자 및 관리운영기관을 국민건강보험공단으로 일원화하여 운영하고 있다.

국민건강보험가입자(피부양자 포함)는 기본적으로 장기요양보험 수급대상이 된다. 또 소득과 상관없이 건강보험가입자 또는 의료급여수급권자 중 혼자서는 일상생활이 곤란한 65세 이상 노인은 물론, 치매와 뇌혈관성 질환 및 파킨슨병 등 노인성 질환을 앓는 65세 미만도 대상이 된다.

복지서비스 등을 받을 수 있는 요양등급은 "일상생활에서 도움(장기요양)이 얼마나 필요한가?"를 지표화한 장기요양인정점수를 기준으로 한다. 등급은 ▷1등급 – 일상생활에서 전적으로 다른 사람의 도움이 필요한 상태(95점 이상) ▷2등급 – 일상생활에서 상당 부분 다른 사람의 도움이 필요한 상태(75점 이상 95점 미만) ▷3등급 – 일상생활에서 부분적으로 다른 사람의 도움이 필요한 상태(60점 이상 75점 미만) ▷4등급 – 심신의 기능상태 장애로 일상생활에서 일정 부분 다른 사람의 도움이 필요한 사람(51점 이상 60점 미만) ▷5등급 – 치매(노인장기요양보험법 제2조에 따른 노인성 질병으로 한정) 환자(45점 이상 51점 미만) 등으로 나뉜다.

1~5등급의 장기요양인정을 받은 자는 장기요양인정서가 도달한 날부터 장기요양급여를 받을 수 있는데, 이 장기요양급여는 크게 재가급여, 시설급여, 특별현금급여로 나뉜다.

재가급여는 방문요양, 방문목욕, 방문간호 등을 받을 수 있으며, 시설급여는 노인의료복지시설(노인전문병원 제외)에 장기간 입소하여 신체활동 지원, 심신기능의 유지와 향상을 위한 교육과 훈련을 제공하는 요양급여를 말한다.

특별현금급여에는 가족요양비, 특례요양비, 요양병원간병비가 있는데 이 중 가족요양비는 장기요양기관이 현저히 부족한 지역(도서, 벽지)에 거주하는 자나 천재지변 등으로 장기요양기관이 실시하는 장기요양급여 이용이 어렵다고 인정되는 자들에게 지급되는 것이다. 한편 특례요양비와 요양병원 간병비는 현재 시행을 유보하고 있다.

제5장

호스피스 완화의료와 연명의료

1. 호스피스 완화의료
2. 호스피스 완화의료의 역사
3. 호스피스 환자의 통증 이해
4. 가정형 호스피스와 자문형 호스피스
5. 외국의 호스피스 완화의료
6. 연명의료제도
7. 존엄사와 무의미한 연명치료

제 5 장

호스피스 완화의료와 연명의료

1. 호스피스 완화의료

1) 호스피스 완화의료의 개념

'호스피스(hospice)'는 라틴어의 '호스피탈리스(hospitalis)'와 '호스피티움(hospitium)'에서 파생되었다. 호스피탈리스는 주인을 뜻하는 '호스페스(hospes)'와 병원을 의미하는 '호스피탈(hospital)'의 복합어로, 주인 및 치료자의 따뜻한 마음과 그 마음을 표현하는 장소의 뜻을 지닌 '호스피티움'이라는 어원으로부터 변천되었다. 그러므로 '호스피스'의 의미는 '따뜻한 마음으로 손님을 환대하는 주인의 마음과 그 마음을 표현하는 환대의 장소'로 이해된다(조유자 외, 1994).

'완화(palliative)'라는 단어는 라틴어의 '팔리움(pallium)'에서 온 것으로 '그리스, 로마 사람의 큰 외투'에서 유래된 말이다. 때문에 완화의료는 '큰 외투로 아픈 사람을 따듯하게 덮어줌'과 같이 말기 암 환자와 가족의 고통을 줄이고 삶과 죽음의 질을 향상하기 위한 의료이다. 최근 완화의료는 말기 암뿐만 아니라 다른 만성질환에서도 적용되고 있어 그 대상이 확대되고 있다. 호스피스 완화의료는 환자와 그 가족을 위한 돌봄의 활동이다. 말기 암과 만성 질환의 시기에 발생할 수 있는 여러 가지 부정적 증상을 완화시키기 위해 신체적, 정서적, 사회적, 영적으로 돕기 위함이며 나아가 사별에 따른 가족의 고통과 슬픔을 경감시키기 위해 지지와 격려를 제공하는 전인적인 돌봄을 제공하는 것이다. 호스피스 완화의료가 추구하는 것은 환자가 자신의 삶에 대한 통제권과 의사결정권을 의료인이나 타인이 아닌 환자 본인이 결정하도록 돕는다. 때문에 호스피스 완화의료는 의사, 간호사, 성직자, 사회복지사, 자원봉사자가 함께 팀을 이루어 활동한다.

이때 의학적으로 '말기(end of life, end stage of disease)환자'라 함은 적극적인 치료에도 불구하고 근원적인 회복의 가능성이 없고 점차 악화되어 몇 개월 내에 사망할 것으로 예상되는 암환자를 말한다(암관리법 제2조 제1호). 이를 위해서는 보건복지부령으로 정하는 절차와 기준에 따라 담당의사와 해당 분야의 전문의 1명으로부터 진단을 받아야 한다. 반면에 '임종과정(the last days of life)'이란 회생의 가능성이 없고, 치료에도 불구하고 회복되지 아니하며, 급속도로 증상이 악화되어 사망이 임박한 상태를 말한다.

2) 기존 암 치료와 호스피스 완화의료의 차이점

기존의 암 치료와 호스피스 완화의료는 다음과 같은 차이가 있다(한국호스피스협회, 2013). 첫째, 호스피스 완화의료에서는 죽음이 삶의 한 과정이라는 의미를 받아들일 수 있도록 환자와 가족들을 돌보고 신체에 나타나는 통증을 비롯한 여러 신체 증상에 대하여 완화를 중심으로 삶의 질 향상에 중점을 두고 있다. 둘째, 호스피스 완화의료에서는 모두가 환자를 위해 무엇인가 더 할 수 있음을 강조하며 통증완화나 증상관리 등에 대해 성장의 시기로 간주하여 환자와 가족이 가치 있는 삶을 살도록 도와준다. 셋째, 암성 통증에 대하여 보다 적극적이고 신속하게 대응을 할 수 있어 환자가 통증으로 인한 심리적 우울감과 두려움에 빠지지 않도록 도움을 준다. 넷째, 호스피스 완화의료에서는 환자뿐만 아니라 가족 구성원이 간호의 대상이 되며 사별 이후의 계속적인 프로그램으로 가족을 지지하고 개별적인 간호를 제공한다. 다섯째, 중환자실에서는 가족과의 접촉이 제한되어 가족의 적절한 돌봄을 받지 못했지만 호스피스 완화의료에서는 환자가 원하는 곳에서 가족과 함께하며 매일 호스피스 완화의료 팀의 돌봄이 가능하다. 여섯째, 호스피스 완화의료에서는 돌봄의 분위기 속에서 환자와 가족, 그리고 의료진과 인격적인 의사소통과 지지를 얻을 수 있으며 임종 돌봄으로 가족과의 평안한 이별을 맞이할 수 있다.

3) 호스피스 완화의료에 대한 오해

많은 사람들이 호스피스는 죽음이라는 생각으로 호스피스 완화의료에 대한 부정적인 이미지를 가지고 있다. 호스피스 완화의료 전문기관은 두려워하며 죽음을 기다리는 곳이 아니다. 완화의료는 적극적으로 통증 등 증상치료와 환자와 가족의 정서적, 사회적, 영적 지지를 받을 수 있는 곳이다. 또 다른 오해는 호스피스 기관에서는 아무 치료도 해주지 않는다는 것이다. 호스피스 완화의료는 환자를 힘들게 하는 통증, 구토, 호흡곤란, 복수들의 신체 증상들을 적극적으로 조절하며 심리적, 사회적 지지와 임종 돌봄, 사별가족 돌봄도 제공한다. 입원한 환자들을 대상으로 상담해 보면 죽음 자체보다는 죽음의 과정을 두려워한다. 환자와 가족들은 극심한 통증과 신체의 변화, 그리고 외로움과 절망을 어떻게 대처해야 하는지에 대한 두려움이 앞서게 된다. 호스피스 완화의료는 이러한 두려움을 극복하도록 전인적 돌봄을 제공한다. 호스피스 완화의료기관을 이용한 환자와 가족들의 만족도가 높은 이유는 일반 의료기관보다 완화의료 전문기관에서 통증이 더 잘 조절되었을 뿐만 아니라 불편한 여러 증상이 상당 부분 완화되었기 때문이다. 또한 완화의료 기관에서는 환자와 가족이 하루하루 의미 있게 보낼 수 있도록 음악요법, 미술요법, 원예요법, 마사지요법, 상담, 영적 지지 등 다양한 치료요법과 프로그램을 개발하고 운영하여 끝까지 가망 없는 치료에 매달려 고통스럽게 이별하는 것에 대한 후회가 없도록 의료서비스를 제공한다.

2. 호스피스 완화의료의 역사

호스피스 완화의료의 개념은 시슬리 손더스(Cicely Saunders)로부터 시작되었다. 시슬리 손더스는 사회복지사로 일하던 중, 의사가 "말기 환자를 저버리는 사람은 바로 의사"라고 하는 말에 자극을 받아 39세의 나이에 말기 환자를 돌보는 의사가 되어 호스피스 완화의료를 시작하였다. 1935년 시슬리 손더스는 약물치료를 통해 환자가 신체적, 정신적인 통증이 완화되어 상대적으로 편안하게 지낼 수 있었으며 죽는 날까지 분명한 의식으로 남은 생을 보낼 수 있었다는 사실을 알게 되었다. 이후 정규적인 진통제 투여를 치료법으로 실시하였고 이것이 현대 호스피스 환자에 대한 통증조절의 기초가 되었다. 또한 환자에게 신체적 고통 외에 '심리사회적 고통과 정신적, 영적 고통'이 있음을 인지하고 환자를 위한 '전인적 돌봄'을 시작하였다. 시슬리 손더스가 1967년 성 크리스토퍼 병원에 호스피스 프로그램을 도입시킨 것이 현대 호스피스 완화의료의 시초이다(한국 호스피스 간호사회, 2006).

시슬리 손더스가 남긴 'Not doing, but being'이라는 말은 호스피스 완화의료의 핵심 철학이다. 이는 '무엇을 하는 것이 아니라 어떤 존재가 되는 것'을 의미한다(백승균, 2008). 시슬리 손더스는 언제나 환자에게 "당신의 고통을 최소화하겠습니다. 당신을 결코 혼자 있게 하지 않겠습니다"라는 두 가지 약속을 하였다. 즉, 질병이 아니라 환자를 중심에 놓았고, 또 신체적 고통만이 아니라 정신적, 사회적 영적인 고통을 모두 포함한 '총체적 고통'을 완화시키는 데 관심을 가진 것이다.

호스피스 완화의료가 국내에서 처음 시작된 것은 1965년 강원도 강릉 '마리아의 작은 자매회'이다. 이후 1981년 1월 21일 갈바리 의원 내 호스피스 병동을 개설하여 14개 병상으로 처음 '병동형 호스피스'가 시작되었다. 1980년 광주 '성 요한 의료봉사 수도회'에서 '가정 호스피스' 활동을 시작하였고, 1987년 5월 가톨릭 서울성모병원에 '호스피스과'가 생겼다. 대구의 계명대학교 동산의료원에서도 1987년부터 '산재형, 가정 방문형'으로 호스피스를 시작하여 현재 호스피스 완화병동을 운영하고 있다. 2003년 6월 광주기독병원 호스피스 완화병동이 23병상으로 개설되었고, 같은 해 암관리법이 제정 공포되고 호스피스 완화의료가 국가 정책 사업으로 추진되었다. 2003년 제1차 호스피스 시범사업을 5개 기관을 선정하여 실시한 후 현재(2020년 1월)는 전국에 170개의 호스피스 완화의료기관이 운영되고 있고 병상수는 1,575병상이다(국립암센터 중앙호스피스센터).

3. 호스피스 환자의 통증 이해

호스피스 환자에게 가장 큰 고통은 통증이다. 통증은 암 환자가 겪는 가장 흔하면서도 고통스러운 증상 중 하나이다. 암성통증은 초기 암 환자의 경우 20~30% 정도 발생하지만 말기 암 환자에서는 70~90%가 발생한다. 통증은 관리 원칙에 따라 치료하면 대부분 좋아질 수 있다. 통증이 잘 조절되면 잠을 잘 잘 수 있고, 식욕이 좋아지며, 즐겁게 생활할 수 있고, 배우자, 가족, 친구들과 좋은 관계를 유지할 수 있다. 통증의 강도에 따라 비마약성 진통제와 마약성 진통제를 사용한다. 마약성 진통제란 중등도 이상의 심한 통증을 조절하기 위해 사용되는 약이다. 코데인, 트라마돌, 모르핀, 옥시코돈, 하이드로모르폰, 펜타닐 등이 있다. 마약성 진통제는 약의 용량을 늘리는 만큼 진통효과가 강해지므로, 통증이 조절될 때까지 최대 용량 제한 없이 사용할 수 있다. 많은 환자들이 진통제 복용을 하지 않고 참아보려 하지만 통증이 심해질 때까지 참은 후에 진통제를 복용하는 것보다 통증이 시작되기 전에 복용하여 조절하는 것이 효과적이다. 환자가 느끼는 통증은 환자 본인만이 알 수 있다. 그러므로 통증을 치료할 때 가장 중요한 것은 자신의 통증에 대해 의사나 간호사와 소통하는 것이다(보건복지부 국립암센터, 2012).

암성통증에서 가장 환자를 힘들게 하는 것은 돌발성 암성통증이다. 돌발성 암성통증은 기저 통증이 충분히 조절됨에도 불구하고 자발적이거나, 예측 불가한 특정 유발요인에 의해 일시적으로 악화되는 통증을 말한다. 말기 암 환자 중 59.2%가 돌발성 암성통증을 겪게 된다. 보통 급성 통증은 짧은 시간(30분에서 1시간) 지속되는 것(하루 3~4회)이 특징이다. 이러한 극심한 통증이 있는 환자와 가족들을 위해서는 전문적인 의료진이 절대적으로 필요하다. 돌발성 통증은 가정이나 일반 병실에서 환자가 삶의 마지막을 편하게 보내는 것을 어렵게 한다. 또한 통증은 육체적 요인으로만 형성되지 않고 심리적·영적 요인이 함께 있다. 그러므로 통증에 대해 올바르게 이해하고 전인적 접근이 필요하다는 사실을 인식해야 한다.

4. 가정형 호스피스와 자문형 호스피스

1) 가정형 호스피스

가정형 호스피스란 말기 암으로 진단받은 호스피스 환자뿐만 아니라 가족의 신체적, 정신적, 정서적 요구를 충족시킬 수 있도록 가정에서 호스피스 프로그램을 제공하는 것이다. 호스피스 전문 의료팀이 환자가 있는 가정으로 방문하여, 의료적 치료와 함께 완화적 측면으로서 안위와 고통경감, 통증관리 등의 전인적 돌봄과 유관기관의 긴밀한 협조를 바탕으로 복지적인 내용을 포함한 포괄적인 돌봄을 제공한다. 또한 사별 후 훈련된 사별상담가가 남겨진 가족들이 슬픔을 잘 이겨 나갈 수 있도록 지지하는 것을 포함한다.

가정형 호스피스 제도는 가정에서 지내기 원하는 호스피스 대상자의 삶의 질 향상, 대상자의 선택권 보장, 말기 암 환자와 가족의 불필요한 불편 및 경제적 손실 경감하는 효과가 있다. 공급자 측면에서 보면, 호스피스의 잠재적 대상자 발굴 및 조기 개입, 입원형, 자문형 호스피스와의 연계를 통해 호스피스 인력·시설·장비의 효율적 활용 도모하는 효과가 있다. 정부 측면에서는 보건의료자원 이용의 효율성을 높이는 효과가 있다(보건복지부, 2016).

가정형 호스피스의 장점으로는 심리적 안정을 위한 정서적 지지를 가족이 함께함으로써 더 효율적으로 할 수 있고, 그동안 지내온 익숙한 환경에서 융통성 있는 시간을 보낼 수 있으며, 가족의 한 구성원으로서 존재감을 갖고 이별할 수 있다. 또한 낯선 곳과 낯선 사람들이 아닌 가정의 울타리 안에서 돌봄을 받을 수 있고, 병원의 규칙에 얽매이지 않고 소음에도 노출되지 않으며, 자신의 삶을 자율적이고 독립적으로 유지할 수 있다. 가족의 입장에서도 환자와 이별 후 가족들이 최선을 다했다는 안도감을 느낄 수 있으며, 죽음의 과정에 능동적으로 참여할 수 있다. 사별 가족이 겪은 '외상 후 스트레스 장애(PTSD)' 비율도 집에서 임종한 경우 4.4%로 병원 임종(21.1%)의 5분의 1에 불과하다. 가족이 사별 후 일상에 복귀하지 못하는 '장기간 애도 장애'를 겪을 확률도 병원(21.6%)보다 집(5.2%)이 훨씬 낮게 나타나고 있다(보건복지부, 2016).

가정형 호스피스의 단점은 환자 돌봄으로 인한 온 가족의 삶의 리듬이 깨져 생활이 어렵고, 환자 상태 변화에 따른 즉각적이고 적절한 대응이 어렵다는 것이다. 각 가족 구성원이 다르기에 환자를 돌보는 능력의 차이와 가족이 갖는 잘못된 가치관이 환자에게 영향을 미칠 수 있으며, 임종 경험이 없는 가족 구성원의 불안감이 높아질 수 있다. 특히 오랜 돌봄으로 인한 피로 누적으로 인해 좋은 이별이 아닌 죄책감이 생길 수 있으며 의료팀의 입장에서는 각 가정까지 방문하는 교통시간이 더 소요된다.

유럽과 북미 국가의 대부분은 호스피스 서비스 가운데 가정 호스피스가 90% 이상을 차지한다. 가까운 일본과 대만도 가정 호스피스 비중이 점점 높아지고 있다. 우리나라는 가정형 호스피스 서비스를 제공해 주는 의료기관이 2020년 1월 기준으로 39곳이다. 보건복지부는 참여 의료기관을 대폭 확대하고 말기 암 환자뿐 아니라 후천성 면역결핍증, 만성간경화, 만성폐쇄성 호흡기질환자 등도 가정 호스피스를 받을 수 있도록 계획하고 있다.

2) 자문형 호스피스

자문형 호스피스는 말기 환자의 신체적·정서적 증상을 조절하고, 영적·사회적 어려움을 도와 고통을 감소시키는 존엄한 임종을 지원하는 것으로, 의사, 간호사, 사회복지사 등 자문형 호스피스팀에 의해 통합적이고 전인적인 자문과 돌봄 서비스를 제공하는 것이다. 호스피스 전담 의사와 간호사, 사회복지사는 모두 완화의료와 관련된 교육을 이수해야 하며, 최소 교육시간은 기본교육의 경우 60시간, 보수교육은 연간 4시간을 받아야 하며, 상담실과, 사무실, 외래 등이 마련되어야 한다. 자문형 호스피스는 말기 암 외에도 후천성 면역결핍증, 만성간경화, 만성폐쇄성호흡기질환자도 적용이 가능하다. 일반병동이나 외래에서 진료를 받는 환자는 자문형 호스피스 서비스를 제공받을 수 있다.

5. 외국의 호스피스 완화의료

1) 영국의 호스피스 완화의료

호스피스제도가 처음 제도화된 나라는 영국이다. 영국은 1967년 런던의 '성 크리스토퍼 호스피스' 병원에서 호스피스제도를 시작한 후 웰다잉(well dying)에 대한 개념을 확립하여 호스피스기관협회인 '호스피스UK'를 운영하고 있다. 영국의 호스피스 기관 이용률은 95%이며 자원봉사자들의 재능과 물질의 기부가 많은 것이 특징이다. 호스피스 자원봉사자는 약 12만 5,000명 정도이며, 호스피스 시설 운영비의 3분의 2는 자체 모금을 통해 이루어진다. 반면 국민의료보험의 지원 규모는 전체 호스피스 기관의 운영비의 30% 정도이다(송혜민, 2016).

영국의 호스피스 제도 발전과정을 살펴보면, 1879년 아일랜드 더블린에서 '자비의 수녀회'가 호스피스 사역을 시작하여, 1905년 런던의 성 요셉 호스피스 설립, 1967년 런던의 성 크리스토퍼 호스피스 병원이 설립되었다.

1969년 가정간호, 데이케어(Day Care) 호스피스가 시작되었으며 1988년부터는 입원 호스피스에 한해 보조금이 지급되었고 1991년 호스피스 완화의료 국가위원회(National Council for Hospice and Specialist Care Service)에 정부의 공식적인 지원이 시작되었다.

1967년 시슬리 손더스가 시작한 성 크리스토퍼 호스피스는 2020년 현재 4개 병동, 48개 병상이 있고 가정 방문형, 지역기반 센터형, 외래진료형 등으로 다양한 프로그램을 운영하고 있다. 일하는 직원이 455명이며, 자원봉사자가 1,000여 명이다. 또한 매년 4,000여 명이 호스피스 완화의료와 임종 돌봄, 자원봉사 활동 등에 대한 교육을 받고 있다.

영국의 호스피스는 개인(individual)을 위한 '맞춤형 통합 돌봄'을 목표로 한다. 2008년 '생애말기 돌봄 전략'을 세워 여명이 길지 않은 모든 국민에게 의료보장제도와 사회복지제도를 연계한 '통합 돌봄'을 제공해 왔다. 지역사회 이웃, 교회 등의 종교단체, 동호회 등 다양한 공동체가 환자 가족과 유대관계를 맺고 전문가가 닿지 못하는 부분까지 돌보아 주는 것을 목표로 한다. 특히 영국에는 지역마다 소아 전용 호스피스가 별도로 있다. 희귀난치질환 아동, 장애아동 등 남은 생이 길지 않은 인근 지역 17세 이하 어린이라면 누구나 돌봄을 받을 수 있다. 가정방문 서비스를 주로 받는 아이들은 시설 내 프로그램이 마련되거나 스스로 원할 때 놀이터처럼 상황에 따라 시설에 입원할 수 있고 가족과 함께 머무를 수 있는 공간에서 음악치료, 미술치료, 주제별 놀이치료가 진행된다(국민일보, 2016).

2) 미국의 호스피스 완화의료

미국의 호스피스 완화의료 제도는 1968년 예일 뉴헤이븐(Yale New Heaven)에서 가정 호스피스로 형태로 시작되어, 1975년 뉴욕의 성 누가 루스벨트 병원 산재형 호스피스 프로그램, 1978년 National Hospice Organization(NHO)이 설립되었다. 1979년 보건의료재정청(HCFA)이 26개 호스피스 기관을 대상으로 시범사업을 실시하였으며, 1981년 미국 의회가 호스피스 법안(Hospice

Bill)을 통과시켰고, 1982년 조세평등과 재정의무법(TEFRA : Tax Equity and Fiscal Responsibility Act)에서 메디케어 호스피스를 신설하는 내용이 결정되었다. 1986년 메디케어에서 호스피스 급여 인정이 영구화되어 입원기간 전체 비용 중 79%는 메디케어(노인의료보험제도)에서 지급되고, 5%는 메디케이드(저소득자 의료 보장 제도), 13%는 사적인 보험에서 지급받게 되었다.

미국의 호스피스는 보험 급여를 받을 수 있는 질환이 전체 말기 질환이며, 가정, 너싱홈이나 생활 보조 시설 등과 같은 곳에서 호스피스 서비스를 받을 수 있다. 또한 호스피스 대상 환자에 대한 상담이나 가정 간호보조 서비스 등을 급여에 포함시키고 있다. 미국은 1983년 8월부터 메디케어에서 말기질환자에게 호스피스 서비스에 대한 급여를 시작한 이후 호스피스 이용률이 꾸준히 증가하였다. 2000년 이후부터 미국 호스피스 이용 현황에 새로운 변화가 생겼는데, 호스피스 대상 환자 구성의 경우 초기에는 주로 암 환자부터 시작하여 현재는 쇠약, 심장질환, 치매 등 환자가 증가하였고, 공급자의 경우 초기에는 주로 비영리조직이 대부분이었으나 최근에는 영리기관이 계속 증가하고 있다.

서비스 제공 장소 및 중증도에 따라 일반가정간호, 지속적 가정간호, 일반 입원간호, 단기입원간호 네 가지로 구분된다. 일반 가정간호는 호스피스 급여의 대부분을 차지하는 서비스로 생활 보조시설이나 장기 요양시설을 포함하여 환자가 1차 거주하는 곳에서 받을 수 있는 서비스이다. 지속적 가정간호는 일반 가정간호와 같이 가정에서 서비스를 제공받지만 일반 입원 간호와 유사한 임상적 특성을 가지고 있다. 하루 8~24시간 동안 제공되는 서비스로, 수가는 시간당 산정하며 케어의 50% 이상이 간호사에 의해 제공되어야 한다. 일반 입원간호는 가정에서 관리될 수 없는 경우 이용하게 되며 독립 시설형이나 일반 병원의 병동이나 병상에서 서비스를 제공하고 있다. 입원을 하게 되는 주된 증상들은 조절되지 않는 통증, 호흡곤란, 심한 욕창 또는 피부병변, 난치성 구토 및 구역, 기타 가정에서 관리되지 않는 신체 증상, 사회 심리적 증상 또는 급성 가족붕괴 등이다. 단기 입원간호는 환자를 돌보는 보호자 휴식을 위해 제공되는 서비스로 한번에 5일까지 이용 가능하다(김정희 외, 2011).

미국은 호스피스 완화의료 대상자에 대한 질환제한이나 기간의 제한이 없이 모든 말기 질환자에게 호스피스 완화의료를 제공하고 있다. 병원, 호스피스 완화의료 시설, 방문 호스피스 등 다양한 호스피스 완화의료 운영이 정착되어 있고 병원에서 제공받는 호스피스 완화의료를 제한하는 정책으로 인하여 전체 호스피스 완화의료사업 중 90% 이상이 방문 호스피스다.

3) 일본의 호스피스 완화의료

일본의 호스피스 제도의 발전 현황을 살펴보면 1981년 성례삼병원 호스피스로 시작, 1990년 건강보험 수가 항목을 신설하였으며 1996년 Japan Academy of Hospice Palliative Medicine을 설립하였다. 1998년 호스피스 완화의료 병동 승인 기준이 마련되었으며, 2002년부터는 특정 조건에 한하여 병원 내 호스피스 완화의료케어를 국민건강보험으로 보장하고 있고, 2003년부터는 완화의료팀도 보험수가로 포함하여 서비스를 제공하고 있다. 2006년 재택 요양 진료소 제도를 도입하여 전국의 병의원이 지역사회에서 방문 호스피스를 제공하도록 한 것과 전국의 방문 간호스테이션을 중심으로 방문 호스피스를 강화하는 등 호스피스 완화의료 제도 정착을 위한 노력을 지속하고 있다.

일본은 호스피스 완화의료 서비스는 주로 병원에서 제공되고 있으며, 대부분의 호스피스 완화의료 병실은 종합병원에 집중되어 있다. 일본의 호스피스 기관은 병원 내에서 호스피스 완화의료 서비스를 제공하는 '병원 기반형'과 '지역전문 의료기관형', 그리고 '방문 간호서비스 기관형'으로 나뉜다. 병원 호스피스 완화의료인 경우에는 암과 후천성 면역결핍증을 호스피스 완화의료대상 질환으로 제한하나 방문 호스피스인 경우에는 모든 말기질환자에게 호스피스 완화의료를 제공하고 있다. 호스피스 완화의료 대상자를 기대여명이 6개월 미만인 사람으로 제한하였다가 현재는 기대여명에 대한 제한을 두고 있지 않다. 일본의 경우 호스피스 관련법이 따로 마련되어 있는 것은 아니지만 국민건강보험법과 장기요양보험법, 암 관리법을 근거로 하여 호스피스 제도를 운영 및 관리하고 있다(김재천, 2015).

4) 대만의 호스피스 완화의료

2015년 영국 주간지 이코노미스트 연구소(EIU)가 세계 80개국을 대상으로 실시한 '죽음의 질(質) 지수(Quality of death index)' 조사에서 대만은 아시아 1위를 차지하였다. 상대적으로 일본은 14위, 한국은 18위, 중국이 71위를 기록하였다(국민일보, 2016). 대만의 호스피스 제도는 1990년에 맥케이 기념병원에 최초의 호스피스 병동(현재 63병상)이 설립되었으며 1995년 Taiwan Hospice Organization 설립되었다. 1999년 대만 호스피스 완화의료학회가 설립되어 호스피스 완화의료병동 및 호스피스 가정간호 표준운영지침을 제정하였으며, 2000년 호스피스 완화법(자연사법 : Natural death act)을 제정하였다.

현재 대만은 호스피스 완화의료 적용 질환이나 호스피스 완화의료 기간에 제한이 없이 모든 말기질환자에게 사망 시까지 호스피스 완화의료를 적용하고 있다. 병원 중심의 호스피스 완화의료를 제공하고 있으나, 사업 내용은 90% 이상이 병원과 연계된 방문 호스피스 사업이다. 병원의 평가 영역 중 호스피스 완화의료가 포함되어 있어서 모든 병원에서 호스피스 완화의료를 제공해야 한다.

대만의 호스피스 서비스는 모두 국민건강보험에서 지원되는데 1996년 '가정 호스피스 암 환자'에 건강보험이 처음 적용되었고, 2000년 병동 호스피스 입원 암 환자, 2005년 자문형 호스피스 암 환자로 확대되었으며, 2009년부터 암 외에 알츠하이머치매, 뇌질환, 만성폐질환, 만성간경화, 만성신부전, 심부전 등 8개의 다른 말기 질환도 건강보험 적용 대상에 포함되었다. 대만의 대부분 의료기관에는 병동, 가정 호스피스와 함께 '자문형 호스피스(Share care 혹은 Combined care)'가 정착되어 있다.

6. 연명의료제도

2018년 2월부터 연명의료에 대한 자신의 의사를 밝히는 연명의료 중단제도가 시작되었다. '연명의료'란 임종과정에 있는 환자에게 하는 심폐소생술, 인공호흡기 착용, 혈액투석 및 항암제 투여의 의학적 시술로서 치료효과는 없이 단지 임종과정만을 연장하는 것을 말한다(연명의료결정법 제2조 제4호). '임종과정에 있는 환자'만 연명의료 중단 결정의 대상이 될 수 있지만 통증완화를 위한 의료행위나 영양분 공급, 물 공급, 산소의 단순 공급은 시행하지 않거나 중단할 수 없다. 이 법률은 말기 및 임종과정에 있는 환자의 자기결정을 존중하고 최선의 이익을 보장하는 데 그 목적을 두고 있으며, 인간의 존엄과 환자의 자율성 존중이라는 가치가 내재되어 있다.

'연명의료계획서'는 말기환자 등의 뜻에 따라 담당의사가 환자에 대한 연명의료중단 등 결정 및 호스피스에 관한 사항을 계획하여 문서(전자문서 포함)로 작성한 것을 말하며, '사전연명의료의향서'는 19세 이상인 사람이 자신의 연명의료 중단 등 결정 및 호스피스에 관한 의사를 직접 문서(전자문서 포함)로 작성한 것을 말한다(연명의료결정법 제2조). 연명중단 결정에 있어서 담당의사는 환자에 대한 연명의료중단 등 결정을 이행하기 전에 해당 환자가 임종과정에 있는지 여부를 해당 분야의 전문의 1명과 함께 판단하고 그 결과를 보건복지부령으로 정하는 바에 따라 기록하여야 한다(연명의료결정법, 제3장 제15조, 제17조).

2016년 연명의료결정법의 제정으로 의사와 환자가 함께 호스피스 및 연명의료 과정을 계획하고 수행하는 '사전돌봄계획(advance care planning)'이 활발하게 진행될 것을 예측하고 있다. '사전돌봄계획'은 환자의 자율성과 최선의 이익이 구현될 수 있도록 의료진과 환자 측이 향후 수행될 진료의 목표와 구체적 방식을 자율적으로 상담하는 과정을 말한다. '사전돌봄계획'은 질병의 어느 시기이든 이루어질 수 있으며, 흔히 질병이 악화되는 상태에서 환자 측의 요청 혹은 의료진의 권유에 의해 시작된다. 담당의사는 질병의 진행

상태에 따라 선택할 수 있는 진료 사항의 장단점에 대한 정보를 환자 측에 제공하여 판단을 돕고 그 내용을 의무기록으로 남긴다. 기록에는 법에 규정된 연명의료계획서나 사전연명의료의향서에 대한 상담 및 호스피스 등에 대한 상담도 포함될 수 있다(장윤정, 2017).

7. 존엄사와 무의미한 연명치료

칸트는 이성적인 존재로서의 인간은 목적 자체이며 어떠한 경우에도 인간을 목적이 아닌 수단으로서 취급해서는 안 된다고 주장하였다. 수단은 대체할 수 있는 것으로 상대적인 가치밖에 갖지 못하지만 인격에 갖추어진 인간성은 목적 자체로서 '비교할 수 없는 무조건적인 가치'를 가진다. 이 가치를 칸트는 '존엄' 또는 '인간의 존엄(Menschenwürde)'이라고 명명하였다(철학사전, 2009).

존엄사는 인간으로서의 존엄을 유지하면서 죽는 것을 말한다. 과거에서 현재까지 생존방식, 사상, 의지와 상관없이 스스로 원하는 상태에서 죽음을 맞이하는 것이다. 현대의학의 빛나는 발전은 인간의 수명을 늘어나게 하였다. 그러나 인간의 수명이 늘어난 것에 대해 숫자적으로 늘어난 것만으로 판단해야 하는지, 아니면 인간이 존엄성을 잃지 않고 수명이 늘어나게 된 것인지 생각해 볼 필요가 있다. 회생 가능성이 없는 인간에게 연명의료장치를 연결 후 생명을 연장시키는 행위를 연명치료라 한다. 병원에서는 의학적으로 가망이 없는 환자일지라도 생명의 존엄성을 가지고 첨단의료기술과 기계로 최선을 다하는 치료를 하게 된다. 연명치료는 말기 암 환자, 의식 불명의 환자에게 선택의 권리는 무시된 채 행하여질 수 있다. 이러한 행위는 어쩌면 환자가 가지고 있는 인간 본연의 존엄에 대하여 상반되는 행위라고 할 수 있다. 환자가 가지고 있는 존엄은 의식이 없어 자기 결정권과는 상관없이 행하여지는 모든 연명치료를 멈추는 것에 있다.

2008년 2월 16일 연세대학교 세브란스 병원에서 폐암 진단을 위한 기관지 내시경 검사 중 대량 출혈로 인한 심폐정지 환자가 발생하였다. 의료진은 기관 삽관과 심폐소생을 시행 후 중환자실로 옮겼으나 환자는 의식을 회복하지 못하고 인공호흡기를 부착하여 생명을 이어가고 있었다. 환자의 가족은 의식 없는 환자의 상태를 보고 살아 있는 의미를 찾지 못하고 인공호흡기 장치와 연명치료 장치를 제거해 줄 것을 병원에 의뢰했다. 그러나 병원에서는 연명치료 장치를 제거할 수 없다고 하였고 환자의 가족은 소송을 제기하여 환자의 연명치료 장치를 제거할 수 있도록 법원의 선고를 받게 되었다. 대법원의 판결을 요약해 보면 환자가 회복 불가능한 사망단계에 이른 후 사전의료의향서가 없는 경우 환자의 추정적 의사를 존중하여 진료중단의 자기결정권을 행사하는 것으로 인정하여 연명치료의 중단이 허용될 수 있다고 판결하였다.

대법원의 판결은 인간의 존엄성을 지켜준 판결이다. 삽관이 들어가고 심폐소생술을 하고 인공호흡기와 생명연명장치들을 주렁주렁 달고 있는 모습에서 인간의 존엄성을 찾기는 어렵다. 환자와 가족은 의학적으로 가망이 없다는 의료진의 진단을 듣고 결정해야 한다. 가족이 연명치료 거부를 결정하는 것은 매우 슬프고 어려운 선택이다. 그러므로 사전연명의료의향서를 준비하는 것은 매우 중요한 일이다. 사전연명의료의향서란 '어떻게 죽을 것인가'에 대해 스스로 결정해 의료진이 이를 참고로 치료 방침을 정할 수 있도록 문서로 작성한 것이다. 즉, 의식이 없거나 자신의 의사를 결정할 수 없는 상황을 대비하여 미리 연명의료에 대한 결정을 구체적으로 준비하는 것이다.

■ 호스피스·완화의료 및 임종과정에 있는 환자의 연명의료결정에 관한 법률 시행규칙 [별지 제1호 서식]

(앞쪽)

사전연명의료의향서

※ 색상이 어두운 부분은 작성하지 않으며, [ ]에는 해당되는 곳에 √표시를 합니다.

등록번호		※ 등록번호는 등록기관에서 부여합니다.	
작성자	성 명		주민등록번호
	주 소		
	전화번호		
호스피스 이용	[ ] 이용 의향이 있음		[ ] 이용 의향이 없음
사전연명의료 의향서 등록기관의 설명사항 확인	설명 사항	[ ] 연명의료의 시행방법 및 연명의료중단등결정에 대한 사항 [ ] 호스피스의 선택 및 이용에 관한 사항 [ ] 사전연명의료의향서의 효력 및 효력 상실에 관한 사항 [ ] 사전연명의료의향서의 작성·등록·보관 및 통보에 관한 사항 [ ] 사전연명의료의향서의 변경·철회 및 그에 따른 조치에 관한 사항 [ ] 등록기관의 폐업·휴업 및 지정 취소에 따른 기록의 이관에 관한 사항	
	확인	위의 사항을 설명받고 이해했음을 확인합니다. 년 월 일 성명 (서명 또는 인)	
환자 사망 전 열람허용 여부	[ ] 열람 가능	[ ] 열람 거부	[ ] 그 밖의 의견
사전연명의료 의향서 등록기관 및 상담자	기관 명칭		소재지
	상담자 성명		전화번호

본인은 「호스피스·완화의료 및 임종과정에 있는 환자의 연명의료결정에 관한 법률」 제12조 및 같은 법 시행규칙 제8조에 따라 위와 같은 내용을 직접 작성했으며, 임종과정에 있다는 의학적 판단을 받은 경우 연명의료를 시행하지 않거나 중단하는 것에 동의합니다.

작성일 년 월 일

작성자 (서명 또는 인)

등록일 년 월 일

등록자 (서명 또는 인)

210㎜×297㎜[백상지(80g/㎡) 또는 중질지(80g/㎡)]

(뒤쪽)

유의사항
1. 사전연명의료의향서란 「호스피스 · 완화의료 및 임종과정에 있는 환자의 연명의료결정에 관한 법률」 제12조에 따라 19세 이상인 사람이 자신의 연명의료중단등결정 및 호스피스에 관한 의사를 직접 문서로 작성한 것을 말하며, 호스피스전문기관에서 호스피스를 이용하려는 경우에는 같은 법 제28조에 따라 신청해야 합니다.
2. 사전연명의료의향서를 작성하고자 하는 사람은 보건복지부장관이 지정한 사전연명의료의향서 등록기관을 통하여 직접 작성해야 합니다.
3. 사전연명의료의향서를 작성한 사람은 언제든지 그 의사를 변경하거나 철회할 수 있으며, 이 경우 등록기관의 장은 지체 없이 사전연명의료의향서를 변경하거나 등록을 말소해야 합니다.
4. 사전연명의료의향서는 ① 본인이 직접 작성하지 않은 경우, ② 본인의 자발적 의사에 따라 작성되지 않은 경우, ③ 사전연명의료의향서 등록기관으로부터 「호스피스 · 완화의료 및 임종과정에 있는 환자의 연명의료결정에 관한 법률」 제12조제2항에 따른 설명이 제공되지 않거나 작성자의 확인을 받지 않은 경우, ④ 사전연명의료의향서 작성 · 등록 후에 연명의료계획서가 다시 작성된 경우에는 효력을 잃습니다.
5. 사전연명의료의향서에 기록된 연명의료중단등결정에 대한 작성자의 의사는 향후 작성자를 진료하게 될 담당의사와 해당 분야의 전문의 1명이 모두 작성자를 임종과정에 있는 환자라고 판단한 경우에만 이행될 수 있습니다.

210mm×297mm[백상지(80g/㎡) 또는 중질지(80g/㎡)]

■ 호스피스·완화의료 및 임종과정에 있는 환자의 연명의료결정에 관한 법률 시행규칙 [별지 제1호서식] 〈개정 2019. 3. 26.〉 (앞쪽)

연명의료계획서

※ 색상이 어두운 부분은 작성하지 않으며, [ ]에는 해당되는 곳에 √표를 합니다

등록번호		※ 등록번호는 의료기관에서 부여합니다.	
환자	성 명		주민등록번호
	주 소		
	전화번호		
	환자 상태 [ ] 말기환자		[ ] 임종과정에 있는 환자
담당의사	성 명		면허번호
	소속 의료기관		
호스피스 이용	[ ] 이용 의향이 있음		[ ] 이용 의향이 없음
담당의사 설명사항 확인	설명 사항	[ ] 환자의 질병 상태와 치료방법에 관한 사항 [ ] 연명의료의 시행방법 및 연명의료중단등결정에 관한 사항 [ ] 호스피스의 선택 및 이용에 관한 사항 [ ] 연명의료계획서의 작성·등록·보관 및 통보에 관한 사항 [ ] 연명의료계획서의 변경·철회 및 그에 따른 조치에 관한 사항 [ ] 의료기관윤리위원회의 이용에 관한 사항	
	확인 방법	위의 사항을 설명 받고 이해했음을 확인하며, 임종과정에 있다는 의학적 판단을 받은 경우 연명의료를 시행하지 않거나 중단하는 것에 동의합니다. [ ] 서명 또는 기명날인 년 월 일 성명 (서명 또는 인) [ ] 녹화 [ ] 녹취 ※ 법정대리인 년 월 일 성명 (서명 또는 인) (환자가 미성년자인 경우에만 해당합니다)	
환자 사망 전 열람허용 여부	[ ] 열람 가능	[ ] 열람 거부	[ ] 그 밖의 의견

「호스피스·완화의료 및 임종과정에 있는 환자의 연명의료결정에 관한 법률」 제10조 및 같은 법 시행규칙 제3조에 따라 위와 같이 연명의료계획서를 작성합니다.

년 월 일

담당의사 (서명 또는 인)

210mm×297mm[백상지(80g/㎡) 또는 중질지(80g/㎡)]

(뒤쪽)

유의사항

1. 연명의료계획서란 「호스피스 · 완화의료 및 임종과정에 있는 환자의 연명의료결정에 관한 법률」 제2조제8호에 따라 말기환자 또는 임종과정에 있는 환자의 의사에 따라 담당의사가 환자에 대한 연명의료중단등결정 및 호스피스에 관한 사항을 계획하여 문서로 작성하는 것을 말합니다.

2. 환자는 연명의료계획서의 변경 또는 철회를 언제든지 요청할 수 있으며, 담당의사는 해당 환자의 요청 사항을 반영해야 합니다.

210mm×297mm[백상지(80g/㎡) 또는 중질지(80g/㎡)]

제6장

치매 (Dementia)

1. 치매의 정의
2. 치매의 종류
3. 치매 단계별 증상
4. 치매진단검사
5. 국내외 치매관리정책
6. 치매환자 돌봄
7. 치매 가족에 대한 이해

제 6 장 치매(Dementia)

과학문명의 발달과 의료기술의 진보는 인류의 기대수명과 건강수명을 연장시켰으며 이와 함께 인구고령화가 세계적으로 급속하게 진행되고 있다. 경제협력개발기구(Organization for Economic Cooperation and Development, 이하 OECD) 조사에 따른 2019년 기준 전 세계 65세 이상 노인인구는 전체 인구의 9.07%(6억 9,307만 명)이며, 80세 이상의 초고령 인구는 1.85%(약 1억 4,144만 명)로 조사된다. 대표적 노인성 질환으로 인식되는 치매의 유병률도 세계적인 고령화로 인해 급격히 증가하고 있다. 국제알츠하이머협회(ADI)에 의하면 전 세계 치매환자는 2018년 5,000만 명으로 2015년 4,678만 명보다 1.06배 증가하였으며 2030년에는 8천2백만 명(2015년의 1.74배), 2050년에는 1억 3천 150만 명(2015년의 2.81배)으로 증가할 것이라 예측하고 있다(이옥진 외, 2019). 이 장에서는 대표적인 노인성 질환인 치매에 대한 지식과 치매환자 케어에 대하여 살펴보고자 한다.

1. 치매의 정의

치매는 기억력을 포함한 여러 인지기능의 장애가 생겨 예전 수준의 일상생활을 유지할 수 없는 상태를 의미하는 포괄적인 용어이다. 치매는 뇌기능 장애로 인해 후천적으로 지적 능력이 상실되는 경우로 지능, 행동 및 성격이 점진적으로 황폐화되어 일상생활을 유지하는 데 지장을 초래하는 경우를 일컬으며 여러 가지 원인에 의해 발생하는 특정 증후군이라 할 수 있다(대한신경과학회, 2007). 노화로 인한 기억력 감소는 치매의 전조증상과는 다르다. 인간의 인지능력과 신체기능이 나이와 함께 모두 쇠퇴하는 것은 자연스러운 현상이다. 알고 있는 것이지만 바로 떠오르지 않고 한참 후에 생각이 나거나, 아는 단어가 입 밖으로 나오지 않고, 하려 했던 행동을 잠시 잊어버리는 것은 노화의 현상이라 할 수 있다. 치매는 뇌의 구조적 또는 생화학적 변화로 인해 발생하는 질병으로 분류된다.

2. 치매의 종류

치매의 종류는 비가역적 치매, 반가역적 치매, 가역적 치매로 세 가지로 구분할 수 있다. 첫째, 비가역적 치매는 알츠하이머 치매, 전측두엽 치매, 루이체 치매이며 위험인자로는 고령, 여성, 가족력, 저학력, 우울증, 흡연, 두부손상을 받은 과거력이 있다. 둘째, 반가역적 치매는 뇌혈관성 치매를 말하며 고혈압, 심장병, 고지혈증, 동맥경화, 당뇨병, 흡연 등의 위험인자를 가지고 있다. 마지막으로, 가역적 치매는 대사성 치매, 뇌종양에 의한 치매, 영양결핍에 의한 치매 등이 있으며 이것은 원인 문제를 해결하면 치료가 가능하다(보건복지부, 2012).

우리나라 보건복지부 치매 유병률 조사결과에 의하면 2012년 치매 유병률은 9.18%로 추산되었다. 이 중 알츠하이머 치매가 71.3%, 혈관성 치매는 16.9%, 기타 치매는 11.8%로 알츠하이머 치매가 가장 많은 비율을 차지하고 있다(보건복지부, 2012). 이 절에서는 유병률에 따른 3대 치매인 알츠하이머 치매, 혈관성 치매, 루이체 치매로 분류하여 기술하고자 한다.

1) 알츠하이머 치매

알츠하이머(Alzheimer disease)는 대뇌피질세포가 점진적으로 퇴행하는 질환이다. 이로 인해 기억력과 언어 기능의 장애를 초래할 뿐 아니라 판단력과 방향 감각이 상실되고 성격도 변화되어 결국 자신 스스로를 돌보는 능력이 상실된다. 뇌의 해마가 신경섬유 농축제의 공격을 받기 때문에 최근 사건에 대한 기억을 상실하는 경우가 많고 이후 측두두정골 부위에 병변이 진행되면서 학습, 주의, 판단력, 지남력과 언어장애가 발생하게 된다. 1907년에 독일인 의사인 알로이스 알츠하이머(Alois Alzheimer)가 61세 여성 환자의 병력 및 병리 소견을 발표한 것이 알츠하이머에 대한 최초의 기록이다. 이 환자는 기억력과 지남력이 손상되어 있었고, 피해망상과 언어장애를 보였으며 입원한 지 4년 만에 사망하였다. 부검 결과 뇌는 외견상 심하게 위축되어 있었고, 피질 세포 수가 현저히 줄어들어 있었으며, 세포 안에 신경섬유 농축체가 있었고 신경세포 밖에는 신경반이 형성되어 있었다. 이러한 변화는 대뇌 전반에 걸쳐 발견되었다. 현재까지 확인된 알츠하이머 치매의 중요한 위험인자는 나이, 유전인자, 아포지단백 E형 유전자, 여성, 낮은 교육 수준, 뇌 외상 그리고 심근경색 등이다. 이 중 나이는 알츠하이머의 가장 중요한 위험인자로, 나이에 따라 매 5년 사이에 두 배 정도로 유병률이 증가한다고 알려져 있다. 유전적 요인도 알츠하이머의 발병에 중요하지만, 정확한 기전은 밝혀지지 않았다.

알츠하이머 치매의 주 증상은 기억력 감소이다. 최근 기억력의 일부가 저하되어 최근 사건이나 대화 내용의 일부 또는 전체를 기억하지 못하며, 한참을 기다리거나 힌트를 주어도 대체로 기억하지 못한다. 예전 기억이나 익숙한 활동은 치매가 어느 정도 진행할 때까지 큰 이상이 없다. 수년에 걸쳐 다른 증상들이 서서히 나타나고 악화되는데 날짜, 시간의 개념이 손상되며, 장소개념이 손상되고 활동이 저하된다. 계산능력이 저하되며 최근 기억력의 전반적인 저하 및 판단력 저하가 발생한다.

2) 혈관성 치매

혈관성 치매란 혈관이 폐쇄되거나 파열하는 뇌혈관 질환에 의해 치매가 발생한 경우이다. 지속적으로 조금씩 진행하는 알츠하이머 치매와는 달리

혈관성 치매는 뇌졸중의 위험인자를 예방함으로써 더 이상의 진행을 막을 수 있다. 이런 의미에서 혈관성 치매는 치료 가능한 반가역성 치매로 분류된다. 따라서 혈관성 치매도 다른 치매와 마찬가지로 나이에 따라 증가하지만 고혈압, 당뇨병 등의 생활습관병과 관련된다. 특히 담배는 뇌졸중의 중요인자로, 혈관수축을 유발하여 허혈성 뇌손상을 일으키기 쉬우며, 혈중 콜레스테롤의 상승은 혈관벽이 두꺼워지는 요인이 된다.

혈관성 치매는 혈관이 막힌 부위의 위치에 따라 또는 손상된 뇌조직의 크기에 따라 증상이 다양하게 나타난다. 인지기능장애가 갑작스럽게 나타나기도 하나 소혈관일 경우 서서히 발생하여 진행하기도 한다. 알츠하이머 치매보다 보행 장애, 연하 곤란, 사지 마비 등의 신경학적 이상이 많고 고혈압, 당뇨병 등의 성인병이 같이 있는 경우가 많다. 혈관성 치매환자들은 몸의 중심을 잡기가 힘들어 자주 쓰러지므로 외상을 입기 쉽다.

3) 루이체 치매

루이체 치매는 치매환자의 10~25%를 차지하고 있으며, 루이소체(Lewy body)라는 비정상적인 단백질 침전물이 신경세포의 세포질에 비정상적으로 축적되어 발생한다. 루이체 치매는 주의력, 실행기능 및 시공간 기능에 이상이 생긴다. 예를 들면, 집 근처에서 길을 잃거나 거리의 위치를 잘못 판단하는 시공간 기능의 문제와, 업무 수행 능력이 저하되거나 운전능력이 저하된다. 낙상, 실신, 일시적인 의식 상실을 포함하여 기립성 저혈압에 관한 증상도 나타날 수 있다. 또한 기억력 감소뿐 아니라 환시, 환청이 나타나기 때문에 정신병으로 오인받을 수 있고 파킨슨 증상(근육의 떨림, 팔다리와 목 근육의 경화, 동작의 어려움, 평형감각의 상실)이 나타나기 때문에 파킨슨병으로 오해가 생길 수도 있다. 알츠하이머 치매에 비해 수면장애로 인한 고통이 심하고 수면 중 악몽과 혼수를 더 자주 경험한다.

3. 치매 단계별 증상

1) 경도인지장애

'인지장애'는 기억력뿐만 아니라 다른 시공간 능력, 추리 능력, 언어력 등의 저하를 의미한다. 경도인지장애(Mild Cognitive Impairment)는 동일 연령대에 비해 인지기능, 특히 기억력이 떨어져 있으나 일상생활을 수행하는 능력은 있어 아직은 치매라고 할 정도로 심하지 않은 상태의 경우를 말한다. 역학연구에 의하면 경도인지장애는 알츠하이머 치매로 이행하기 전에 나타나는 가장 초기 단계이므로 검사를 통해 발견한다면 치료 효과를 극대화시킬 수 있다는 점에서 매우 중요하다. 경도인지장애 환자의 약 80%가 6년 안에 치매 증상을 보이는 것으로 보고되고 있다(대한치매학회, 2011).

2) 초기 치매

초기 치매의 특징은 '최근 기억의 감퇴'가 시작되는 것으로 예전 기억은 유지되나 최근에 있었던 일을 잊어버린다. 환자는 짧은 시간 동안 같은 질문을 반복하며, 물품의 위치를 잊어버리고 도둑맞았다는 편집증세를 보이기도 한다. 일상생활의 수행에 변화가 생기며 이는 진단에 중요한 초점이 된다. 가족이나 동료들이 환자의 문제를 알아차리기 시작하나, 아직은 혼자서 지낼 수 있는 수준이다(중앙치매센터, 2019a).

- 음식을 조리하다가 불 끄는 것을 잊어버리는 경우가 빈번해진다.
- 미리 적어 두지 않으면 중요한 약속을 잊어버린다.
- 조금 전에 했던 말을 반복하거나 질문을 되풀이한다.
- 대화 중 정확한 단어가 떠오르지 않아 '그것', '저것'으로 표현하거나 머뭇거린다.
- 관심과 의욕이 없고 매사에 귀찮아한다.

3) 중기 치매

기본적인 일상생활 수행능력이 저하되고 환자는 새로운 정보를 배울 수 없다. 익숙한 환경에서 길을 잃으며 착란과 판단력 저하로 안전사고 위험이 증가한다. 행동장애로 편집증, 망상이 발생할 수 있다(조유향, 2006). 치매임을 쉽게 알 수 있는 단계로 어느 정도의 도움 없이는 혼자 지낼 수 없는 수준이다(중앙치매센터, 2019a).

- 돈 계산이 서툴러진다.
- 전화, TV 등 가전제품을 조작하지 못한다.
- 며칠인지, 몇 시인지, 어느 계절인지, 자신이 어디에 있는지 등을 파악하지 못한다.
- 평소 잘 알고 지내던 사람을 혼동하기 시작하지만 대부분 가족은 알아본다.
- 대답을 못하고 머뭇거리거나 화를 내기도 한다.
- 사람들이 말하는 것을 이해하지 못하여 엉뚱한 대답을 하거나 예라고 대답한다.
- 익숙한 장소임에도 불구하고 길을 잃어버리는 경우가 많다.
- 옷을 입거나 외출을 할 때 도움이 필요하다.
- 집 안을 계속 배회하거나 반복적인 행동을 한다.

4) 말기 치매

기본적인 일상생활을 수행할 수 없고 식사나 배설활동을 하는 데 전적인 도움이 필요하다. 인지기능이 현저히 저하되어 가까운 가족도 알아보지 못하며 정신행동 증상과 함께 신경학적 증상 및 기타 신체적 합병증 등이 동반되어 독립적인 생활이 거의 불가능하다. 환자의 운동성과 삼키는 능력은 영양학적인 측면과 호흡기계에 영향을 준다. 운동성 소실과 영양부족으로 인한 욕창, 감염 가능성, 삼키는 능력 부족으로 인한 흡인 가능성 등의 문제들이 복합적으로 발생할 수 있다(중앙치매센터, 2019a).

- 식사, 옷 입기, 세수하기, 대소변 보기 등에 다른 사람의 도움이 필요하다.
- 대부분의 기억(장기기억과 단기기억)이 상실된다.
- 배우자나 자식을 알아보지 못한다.
- 혼자 웅얼거리거나 전혀 말을 하지 못한다.
- 의미 있는 판단을 내릴 수 없고, 간단한 지시도 따르지 못한다.
- 근육이 굳어지고 보행 장애가 나타나 거동이 힘들어진다.
- 대소변 실금, 욕창, 폐렴, 요도감염, 낙상 등으로 모든 기능을 잃고 누워 지낸다.

4. 치매진단검사

치매는 매우 다양한 원인에 의해 발생하기 때문에 다양한 검사를 통해 치매의 원인을 정확히 파악하고 원인에 따른 적절한 치료 및 관리 계획을 세워야 한다(중앙치매센터, 2019b).

1) 치매 자가진단 체크리스트

중앙치매센터 홈페이지에 접속하여 <표 6-1>과 같은 간단한 설문조사를 통해 확인할 수 있다. 총 14가지 항목에서 6개 이상 '예'인 경우에는 치매일 가능성이 높으므로 가까운 보건소에서 치매조기점진을 받아야 한다. 점수가 높을수록 주관적 기억감퇴가 심한 것을 의미한다.

<표 6-1> **주관적 기억감퇴 설문(Subjective Memory Complaints Questionnaire)**

	질 문	예	아니요
1	당신의 기억력에 문제가 있습니까?	☐	☐
2	당신의 기억력은 10년 전에 비해 저하되었습니까?	☐	☐
3	당신의 기억력이 동년의 다른 사람들에 비해 나쁘다고 생각합니까?	☐	☐
4	당신은 기억력 저하로 일상생활에 불편을 느끼십니까?	☐	☐
5	당신은 최근에 일어난 일을 기억하는 것이 어렵습니까?	☐	☐
6	당신은 며칠 전에 나눈 대화 내용을 기억하는 것이 어렵습니까?	☐	☐
7	당신은 며칠 전에 한 약속을 기억하기 어렵습니까?	☐	☐
8	당신은 친한 사람의 이름을 기억하기 어렵습니까?	☐	☐
9	당신은 물건 둔 곳을 기억하기 어렵습니까?	☐	☐
10	당신은 이전에 비해 물건을 자주 잃어버립니까?	☐	☐
11	당신은 집 근처에서 길을 잃은 적이 있습니까?	☐	☐
12	당신은 가게에서 사려고 하는 두세 가지 물건의 이름을 기억하기 어렵습니까?	☐	☐
13	당신은 가스불이나 전깃불 끄는 것을 기억하기 어렵습니까?	☐	☐
14	당신은 자주 사용하는 전화번호(자신 혹은 자녀의 집)를 기억하기 어렵습니까?	☐	☐

2) 면 담

문진을 통해 인지기능저하와 일상생활정도, 우울증 등을 평가한다. 정확한 평가를 위해서 환자와 보호자 모두에게 정보가 필요하다. 의사를 만나기 전에 준비할 내용으로 증상의 형태, 증상의 시작시점 또는 자각시점, 증상의 변화 양상, 기저 질환, 현재 복용약 등을 파악하도록 한다(중앙치매센터, 2019b).

3) 신경인지검사

주의력, 기억력, 언어, 지각, 추상적 사고 등 뇌의 신경인지기능을 포괄적으로 평가하는 검사이다. 뇌기능 손상을 객관적이고 세밀하게 평가하는 과정으로 글이나 그림, 대화를 통해 평가한다. 많이 사용하는 검사도구는 권용철과 박종한(1989)이 개발한 한국판 인지기능 측정도구(MMSE-K)이다. 이 도구는 치매를 선별하는 도구로 지남력, 주의집중과 계산력, 언어기능, 판단력 등을 평가함으로써 노인을 위한 인지기능을 측정할 수 있다(표 6-2).

<표 6-2> **한국판 인지기능 측정도구(MMSE-K)**

문 항	점수	채점
1. 오늘은 　년 　월 　일 　요일 　계절	5	
2. 당신의 주소는 도 　군 　면 　동 시 　구 　동 　여기는 어떤 곳입니까?	4	
3. 여기는 무엇을 하는 곳입니까? (예 거실, 주택, 가정집, 아파트, 노인정 등)	1	
4. 물건 이름 세 가지(예 나무, 자동차, 모자)	3	
5. 3~5분 뒤에 위의 물건 이름들을 회상하기	3	
6. 100−7= 　−7= 　−7= 　−7= 　−7=	5	
7. 물건 이름 맞히기(연필, 시계)	2	
8. 오른손으로 종이를 집어서 반으로 접어 무릎 위에 놓기(3단계 명령)	3	
9. 5각형 2개를 겹쳐 그리기	1	
10. '간장 공장 공장장'을 따라 하기	1	
11. '옷은 왜 빨아(세탁해)서 입습니까?'라고 질문	1	
12. '길에서 남의 주민등록증을 주웠을 때, 어떻게 하면 쉽게 주인에게 되돌려 줄 수 있겠습니까?'라고 질문	1	
총 점	/30점	

※ 판별기준 　0~17점 　: 분명한 인지기능장애
18~23점 　: 경도의 인지기능장애
24점 이상 　: 인지기능 손상 없음

4) 채 혈

인지기능 저하의 위험요인이나 가역성 치매 여브를 평가하기 위함이다. 염증, 빈혈, 감염, 전해질 이상, 호르몬 이상, 영양 결핍, 고지혈, 고혈당 등을 측정한다. 중성지방, 콜레스테롤, 혈당의 정확한 측정을 위해서 8시간 금식이 필요하다.

5) 뇌영상 촬영

뇌위축, 뇌졸중, 뇌종양, 소혈관 병변 등 뇌구조 이상을 확인하기 위하여 컴퓨터 단층 촬영(CT)이나 자기공명영상(MRI)을 실시한다. CT는 뇌의 자세한 영상을 보기 위하여 가장 먼저 사용하며 수술적 치료가 필요한 뇌종양이나 경막하혈종을 의심하는 경우 유용하지만 퇴행성 치매질환의 경우 MRI보다 해상력이 떨어진다. MRI는 혈관병변을 위해 유용하게 평가할 수 있다. 부작용(구토, 메스꺼움, 열감, 드물게 쇼크 등)이 있을 수 있다.

6) 기능적 뇌영상검사(핵의학 검사)

양전자 방출 단층촬영(PET), 단일광자 방출 단층촬영(SPECT)이 있다. 방사선 동위 원소를 이용하여 뇌의 혈류량 또는 대사능력, 이상 단백질을 측정한다. 진단 정확성이 높으므로 조기 진단, 감별 진단에 사용된다.

5. 국내외 치매관리정책

1) 국제 치매관리정책

인구고령화와 함께 발생하는 치매환자의 증가는 치매관리비용과 가족의 사회・경제적 부담 증가, 치매환자와 가족의 삶의 질 저하 등의 문제를 유발시킨다. 이에 세계보건기구(World Health Organization, 이하 WHO), 경제개발협

력기구, 유럽연합, 국제 알츠하이머 협회, 알츠하이머 연맹, 알츠하이머 유럽연맹 등의 국제기구들도 치매에 대응하기 위한 다양한 대응방안을 내놓고 있다. WHO는 2017년 「국제 치매 공동 대응 계획(Global Action Plan on the public health response to dementia, 2017-2025)」을 발표하면서 각 회원국에게 치매친화적 지역사회(Dementia Friendly Communities, 이하 DFC)를 통한 치매관리정책의 추진 방향을 다음과 제시하였다(이옥진 외, 2019).

- Action area 1 : 주요 공중보건 아젠다로 치매의 우선적 선정
- Action area 2 : 치매에 대한 인식개선과 친화적 사회 조성
- Action area 3 : 치매 위험 감소(치매예방전략)
- Action area 4 : 치매 진단, 치료, 조호 및 지원
- Action area 5 : 치매환자 조호자를 위한 지원(도구 및 정보의 지속 제공)
- Action area 6 : 치매정보시스템(치매 관련 자료 플랫폼 개발)
- Action area 7 : 치매 연구 및 혁신

특히 WHO는 회원국에게 치매친환적인 국가정책을 수립하도록 권고하고 있는데 '공공의 인식 개선 및 치매 이해 강화, 치매친화적 사회 환경 구축에 의한 치매환자의 지역사회 참여 기회 제공, 치매환자의 자율성 극대화'에 중점을 두고 있다. 치매 친화적 사회를 조성하는 목적은 치매에 대한 부정적 인식을 개선하기 위함이며, 치매환자 스스로의 삶을 직접 결정하는 권리의 보장과 역량 강화를 위함이다. 일본과 영국은 치매친화적인 사회 환경을 지닌 대표적인 국가로 인정받고 있다. 모든 국가에 적용 가능한 보편적인 치매친화적 정책은 존재하지 않으므로 각 국가의 정부와 관련 단체가 국가 고유의 상황과 사회 환경에 맞는 정책을 수립하기 위하여 노력해야 한다. 치매환자와 가족의 권익보호는 또 다른 치매친화적 접근 분야이다. 치매환자를 돌보는 가족이나 보호자는 장애인 권리협약에 근거하여 치매 돌봄 역량에 대한 인정과 존중을 받으며 사회에 통합될 권리가 있다(이옥진 외, 2019).

치매 위험 감소를 위한 지표는 불충분한 신체 활등 10% 감소, 15세 이상 흡연율 30% 감소, 국가적 차원에서 음주 10% 감소, 당뇨병과 비만 발병 감소, 국가적 차원에서 고혈압 25% 상대적 감소, 심혈관 질환, 암, 당뇨병 또는 만성 호흡기 질환으로 인한 사망률 25% 감소 등으로 설정되어 있다.

2) 국내 치매관리정책

보건복지부는 치매국가책임제를 통해 치매안심센터에 의한 치매안심마을 운영 및 지속적 확대를 논의 중이다. 치매안심센터는 치매국가책임제에 따라 국내에서 치매환자의 인지 건강 상태에 따라 요구되는 다양한 서비스를 맞춤형으로 제공하는 곳이다. 치매 예방 또는 치매 치료를 위해 치매환자나 치매환자의 가족이 이용할 수 있다. 치매안심센터에서 제공하는 서비스는 다음과 같다(이옥진 외, 2019).

① 치매예방교실 : 치매예방을 위한 인지강화 프로그램 제공

② 치매조기검진 : 치매선별검사의 정기적 실시, 치매진단・감별검사 지원

③ 조호물품 제공 : 치매환자 상태에 따른 물품 공급 또는 대여

④ 맞춤형 사례관리 : 치매교육이나 정보제공으르는 상황을 개선할 수 없는 치매환자를 위한 적극적 지원 및 돌봄 서비스

⑤ 쉼터 : 치매환자의 인지기능 악화방지를 위한 인지재활 프로그램 제공, 사회적 접촉 및 교류 증진

⑥ 실종노인 발생 예방 및 찾기 : '배회가능 환자 인식표' 발급 신청과 경찰청 '지문 사전등록제도'로 지문 등록

⑦ 치매환자가족상담 : 치매환자 가족 상담을 통한 돌봄 부담 파악 및 서비스 지원

⑧ 동반치매환자보호서비스 : 치매환자 가족이 치매안심센터에서 진행되는 가족교실에 참여하는 동안, 치매환자 보호

⑨ 치매공공후견사업 : 성년후견제도를 통해 치매환자의 의사결정 지원

최근 정부는 치매국가책임제의 추진과제 안에서 전국 256개 시 · 군 · 구 치매안심센터를 기반으로 하는 치매안심마을 사업의 추진을 강화하고 있다. 치매안심마을 구축 사업이 실질적인 성과를 내며 잘 정착되기 위해서는 국외의 성공사례를 통해 우리나라의 실정과 문화에 적절한 정책이 고려되어야 한다.

6. 치매환자 돌봄

치매환자를 돌보는 사람은 환자의 상태를 주의 깊게 살펴보면서 단계에 따라 적절히 대처해야 한다. 초기에는 일상생활이 가능하므로 불필요한 도움으로 치매환자가 좌절하지 않도록 하는 것이 중요하다. 일상생활을 하되 치매가 지연될 수 있도록 규칙적으로 약을 복용하고 운동, 규칙적인 식사, 가족들과 함께 할 수 있는 여행이나 즐거운 활동들을 계획한다. 중기에는 치매환자의 기억력 장애가 심해지고 대처능력이 저하되기 때문에 운전이나 책임 있는 사회생활을 피하는 것이 좋다. 즐겁게 참여할 수 있는 부담 없는 사회적 모임이 추천된다. 말기에는 장기요양보험제도나 주간보호센터에서 프로그램에 참여하면서 의미 있는 활동을 할 수 있도록 한다. 무엇보다도 치매환자 자신에게 의미 있는 활동이어야 한다. 치매환자에게 적절한 요양시설을 알아보는 방법도 있다.

1) 치매환자 돌봄의 원칙

치매환자를 돌보는 것은 장기간의 계획과 인내가 필요하다. 변화되는 치매환자의 인지상태에 적절하게 대처하면서 가족들이 서로 돌봄의 원칙을 정하고 일관성 있는 돌봄을 제공해야 한다. 중앙치매센터(2019a)에서 제시하는 돌봄의 원칙은 다음과 같다.

(1) 치매환자도 존중받아야 할 사람임을 잊지 말아야 한다

인지기능의 손상이 있더라도, 치매환자는 여전히 자신의 성격과 취향이 있고, 아름다운 추억의 단편들을 지니고 있는 한 사람임을 잊지 말아야 한다. 따라서 배려한다는 이유로 마냥 아이처럼 대해서는 안 되며, 여전히 가족으로부터 존중과 사랑을 받고 있으며, 가정에서 나름의 역할이 있다고 느낄 수 있도록 배려해야 한다.

(2) 치매환자를 격려하고, 잔존기능을 활용할 수 있도록 지지해야 한다

대부분의 가족들은 점점 약해지는 치매환자의 기억력을 되살려 보고자 많은 노력을 한다. 잃어버린 기억을 살리고자 하는 노력도 중요하지만, 아직 건강하게 남아 있는 다른 기능들을 최대한 상실되지 않게 유지하는 것도 매우 중요한 일이다. 치매환자에게 남아 있는 기능들을 감사하게 여기며 잘 활용할 수 있도록 지지해야 한다.

(3) 치매환자의 작은 변화도 가치가 있다는 것을 알고 감사해야 한다

치매환자는 새로운 정보를 습득하는 능력이 부족하기 때문에 수십 번 반복해도 습득하지 못하는 경우가 많다. 조금씩 끈기 있게 학습을 도와야 한다. 꾸준하고 요령 있게 두세 달을 반복하면 대부분 습득할 수 있다.

(4) 치매환자의 신체적 건강에 관심을 가지고 적절한 건강관리를 받도록 한다

치매환자는 자신의 신체 증상을 느끼고 표현하는 능력이 많이 부족하다. 그러므로 진단이나 치료의 적기를 놓쳐 작은 병을 키우지 않도록 치매환자가 제대로 표현하지 못하는 불편감이 없는지를 파악해야 한다.

(5) 장기적인 계획을 바탕으로 치매환자를 돌본다

치매환자는 원인 질환과 진행 단계에 따라 겪게 되는 문제가 다양하다. 그러나 치매의 원인과 단계에 따라 앞으로 겪게 될 문제들을 어느 정도 예측

할 수 있다. 그러므로 치매 진단을 받게 되면, 먼저 원인 질환과 현재 중증도에 따라 앞으로 환자가 겪게 될 핵심적인 문제들을 파악하고, 상황이 발생했을 때 어떻게 대처할 것인지를 미리 생각해 두도록 한다.

(6) 불의의 사고를 항상 대비하고 예방한다

치매환자의 증상은 처한 환경과 신체 및 심리 상태에 따라 급격하게 달라질 수 있다. 장거리 여행이나 너무 붐비는 장소에서는 전혀 예상치 못한 불안 발작을 보일 수 있다. 또 낮보다는 밤에 집 주변에서도 길을 잃을 수 있다. 따라서 여행이나 새로운 장소에 가게 되면 사고의 발생을 예측해 보며 하루 일과를 계획하는 것이 좋다.

(7) 치매 관련 다양한 자원을 적극 활용한다

치매는 10년 이상 장기간 돌봐야 하고, 정신적, 육체적, 경제적으로 부담이 큰 병이다. 자신의 상황과 필요에 따라 이용 가능한 서비스를 통해 장기적으로 치매환자를 돌보는 피로도를 감소시킬 수 있다. 당장은 크게 필요를 느끼지 않더라도 앞으로 서비스들을 이용할 수 있는 자격, 방법, 비용 등을 파악해서 서비스 이용을 설계하는 것이 좋다.

(8) 치매에 대한 지식을 꾸준히 쌓아간다

치매는 원인 질환과 진행 단계에 따라 증상이 다양하다. 치매환자의 원인 질환과 단계에 따른 특성, 증상의 유발 요인과 대처법에 대한 지식을 담당 의사와 치매상담콜센터를 통해 꾸준히 쌓아간다.

(9) 치매환자는 모든 가족 구성원들이 함께 돌보도록 한다

치매환자는 진단 시점부터 주로 주부양자 한 사람이 전적으로 돌보는 경우가 많고, 주부양자도 치매환자를 돌보는 부담을 한계 상황까지 전적으로 혼자 짊어지려는 경향이 강하다. 치매환자를 돌보는 일은 혼자서 전적으로 감당하기에는 부담도 너무 크고, 비효율적이며, 너무 긴 시간이다. 따라서 가족들은 주부양자처럼은 못하더라도, 유용한 정보를 대신 찾아서 알려주거나, 정기적으로 전화나 방문을 통해 주부양자의 스트레스를 풀어주거나, 십시일반 경제적인 지원을 함께 해야 한다.

(10) 치매환자를 돌보는 가족은 자신의 건강도 잘 챙겨야 한다

치매가족을 돌보다 보면 시간이 없고 지쳐 심각한 병을 앓게 되는 가족이 생길 수 있다. 조기에 치료할 수 있는 질병을 키우면 치매환자를 돌볼 사람이 없어지게 된다. 치매환자를 돌보기 위해 주부양자의 건강은 중요하다. 치매환자와 자신을 위해 정기검진, 조기 검사 등을 통해 더욱 적극적으로 관리해야 한다.

2) 치매환자와의 의사소통

원활한 의사소통이 어려운 치매환자라 할지라도 누군가 자신을 무시하고 비하한다는 것을 느낄 수 있다. 치매의 원인이 다양하고 진행 정도도 다양하므로 다양한 의사소통 기법을 활용해야 한다. 치매환자와는 다음과 같이 대화한다(중앙치매센터, 2019a).

- 칭찬과 격려의 말을 한다.
- 자존심을 건드리지 않으며 가르치려 하지 않고 이성적인 성인으로 대한다.
- 치매환자가 말하는 속도에 맞추어 천천히 말한다.
- 치매환자가 이해할 수 있는 쉬운 단어를 사용한다.
- 짧은 문장을 명확하게 말하며, 한 번에 하나씩 묻고 설명한다.
- 복잡한 판단이나 기억이 많이 필요한 사실을 물어보지 않는다.
- 대답을 충분히 기다리며 틀렸다고 지적하지 않는다.
- 실수를 반복해서 떠올리게 하지 않는다.
- 대화할 때 온화한 미소와 몸짓을 보여준다.

- 차분하고 안정적인 말투와 목소리 톤을 유지한다.
- 자세를 치매환자 쪽으로 약간 기울이며 시선을 맞춘다.
- 가벼운 신체 접촉을 시도한다.

3) 치매환자의 복약

약물치료로 치매를 완치에 이르게 할 수는 없지만 치매의 지연에는 효과가 있다. 알츠하이머 치매는 아세틸콜린 분해효소 억제제를 사용하게 되는데, 이는 치매의 진행을 6개월에서 2년 정도 지연하는 효과가 있다(박영원 외, 2017). 인지기능뿐 아니라 망상, 환각, 수면장애, 공격성 등의 다양한 행동심리증상의 치료를 위해 항정신병약물, 항우울제, 항불안제, 수면제 등 다양한 약물이 사용될 수 있다. 혈관성 치매의 경우 위험인자인 고혈압, 당뇨, 고지혈증 등을 치료하는 것이 중요하다. 치매환자가 스스로 약을 잘 복용하리라 기대하기는 어렵다. 치매환자를 돌보는 사람은 정확하고 안전하게 복용할 수 있도록 관찰하고 도와주며 약물복용으로 발생할 수 있는 부작용과 대처방법에 대하여 알아둔다. 주간 약통을 이용하며 잊지 않고 복용할 수 있도록 도와줄 수 있다. 알약 복용이 어렵다면 복용 스케줄이나 제형 변경 등을 상의할 수 있다. 또한 약을 늘리거나 변경하기 전에는 도움이 되는 다른 방법이 있는지 찾아보아야 한다.

4) 치매예방수칙

중앙치매센터(2019)에서 치매예방수칙으로 3.3.3을 제시하고 있다(표 6-3). 첫째는 3가지를 즐기도록 권하는데, 일주일에 3번 이상의 운동, 생선과 채소를 골고루 챙겨 먹는 식사, 독서이다. 둘째는 3가지를 참도록 하는데, 술을 한 번에 3잔보다 적게 마시는 절주와 금연, 보호장구 없이 하는 운동이다. 셋째는 3가지를 챙기도록 하는데, 건강검진(혈압, 혈당, 콜레스테롤)과 가족과 친구와의 소통, 치매 조기발견을 체크하는 것이다.

<표 6-3> 치매예방수칙 333

치매예방수칙	방 법	내 용
3권(勸)	3가지를 즐겨요!	1주일에 세 번 이상 만 보 걷기
		생선·채소 골고루 먹기
		신문·책 읽고 글쓰기
3금(禁)	3가지를 참아요!	한 번에 술 3잔 이상 마시지 않기
		담배 끊기
		보호 장구 없이 운동하지 않기
3행(行)	3가지를 챙겨요!	혈압·혈당·콜레스테롤 정기 검사
		가족 친구와 자주 연락하고 만나기
		매년 치매 조기 검진

7. 치매 가족에 대한 이해

치매환자는 배우자나 가족이 돌봄을 담당하게 되는데 평균 10년 이상의 유병기간이 지속되기 때문에 치매환자를 돌보는 일은 정신적으로나 육체적으로 매우 힘든 일이다. 치매환자를 돌보는 일은 일상생활수행능력과 관련된 식사, 목욕 및 샤워, 대소변 수발, 청소 및 세탁 등이며, 인지장애 및 문제행동과 관련해서는 화기관리, 의심, 같은 말의 반복, 사람과 장소를 알아보지 못하는 것 등이다(이윤희, 2004). 치매환자의 일상생활을 돕는 일 중 가장 큰 애로를 겪는 일은 목욕이나 샤워를 시키는 일이며, 다음으로 세탁, 식사, 청소, 대소변과 관련되는 일이다. 인지장애나 문제행동과 관련해서는 의사소통의 어려움이 가장 애로를 많이 겪는 일이다(권중돈, 1995). 치매환자를 돌보는 가족은 많은 부담감을 느끼며 우울감이나 좌절감을 나타내고 있는 것으로 조사되었다. 치매환자의 주 돌봄자를 대상으로 한 연구에 의하면 치매환자의 인지기능 장애 수준, 행동심리적 증상에 따라 돌봄의 정도는 달라지지만 돌보는 사람의 사회적 관계망과 문제해결 대처방안 등의 요인에 따라 부담 수준은 달라질 수 있다(손영주 외, 2000). 따라서 치매환자를 돌보는 가족이 치매환자를 잘 이해하고 사회적 관계망을 통해 문제에 대처할 수 있도록 도와줄 수 있는 시스템이 필요하다.

치매환자는 아무리 설명해도 반복해서 묻기도 하고 의심하고, 식사를 거부하거나 식사를 하고도 계속 식사를 요구할 수도 있다. 욕을 하거나 폭력적으로 되기도 하며 자꾸 식재료를 사서 쌓아두거나 집안일을 돕겠다고 하지만 일을 더 복잡하게 만들기도 한다. 이유 없이 집을 나가서 길을 잃기도 하고 밤에는 대소변을 실수하는 일도 생긴다.

가족 구성원이 휴식 없이 치매환자를 돌보다 보면 분노, 거부, 좌절, 두려움, 죄책감 등으로 정신적·육체적 소진을 경험하게 된다. 함께 생활하지 않는 다른 가족들은 치매환자의 증상을 모르고 오해할 수 있기 때문에 주 돌봄가족이 쉴 수 있도록 다른 가족들이 순서를 정해서 돌보는 것이 필요하다. 이런 과정을 통해 치매환자와 주 돌봄가족에 대한 이해가 깊어진다. 가족 모두가 치매에 대한 이해를 통해 적절히 대처할 수 있는 능력을 길러야 한다. 가족과 구성원들은 상담을 통해 치매환자에 대한 의사소통을 원활하게 할 수 있으며 비슷한 경험을 하고 있는 가족들과의 모임을 가질 수도 있다. 지역의 치매지원센터나 치매 전문 의료기관의 사회자원을 활용하는 것도 고려해 볼 필요가 있다.

한국치매가족협회(www.alzza.or.kr)는 1991년 발족하여 치매 전화상담을 개설하고 치매환자와 가족을 위한 사업을 시작하였다. 치매에 대한 사회적 관심을 높이고 치매의 올바른 이해와 계몽 및 문제의식의 저변 확대에 기여하고, 치매가족의 대변인 역할은 물론 치매환자와 가족, 간호자의 복지 향상을 목적으로 하고 있다.

한국치매예방협회(www.chimae.or.kr)는 치매예방에 관한 최신 정보와 프로그램을 개발, 보급하고 있으며 전국에 치매예방센터를 두고 지역사회 네트워크를 통한 서비스를 제공하고 있다.

중앙치매센터(www.nid.or.kr)는 치매국가책임제 실시와 함께 2012년 정부에서 구축한 치매관리체계이다. 중앙치매센터, 광역치매센터, 전국 256개

치매안심센터로 이어지는 예방부터 돌봄까지 환자 중심의 치매관리시스템을 구축하고 있다.

한국치매협회(www.silverweb.or.kr)는 1994년 치매와 관련이 있는 의료・간호・노인복지・심리・법률・경영・영양・건축 등 8개 분야의 전문가와 치매에 지대한 관심을 가지고 있는 사람들, 그리고 치매환자 가족 등이 모여 창립하였으며, 설립 이후 교육훈련사업, 치매 전문 인력에 대한 해외 파견 연수교육사업, 치매 관련 교육책자 출판사업, 치매관리 시범사업, 원격치매진료사업, 실버씰 캠페인, 치매환자 장애인 등록 서명운동 등을 진행하고 있다.

대한치매협회(www.dementia.kr)는 치매환자와 가족이 지역사회에서 편안하고 안전하게 살아갈 수 있는 환경 조성과 존엄한 노후생활을 보장하는 지역사회 돌봄을 구축하는 방향으로 운영하고 있다.

제7장

노인문제와 상담

1. 불 안
2. 우울증
3. 성문제
4. 노인학대
5. 수면장애
6. 노인자살

제 7 장 노인문제와 상담

1. 불 안

불안은 불쾌한 일이 예상되거나 위험이 닥칠 것처럼 느껴지는 불쾌한 정동 또는 정서적 상태로 그 강도와 지속 기간은 상당히 다양하다. 불안은 신체적 및 심리적 반응을 수반한다. 그러므로 흔히 볼 수 있는 신체적 징후로는 심장 박동의 증가, 호흡이 빨라짐, 떨림, 땀 흘림, 설사 그리고 근육의 긴장이다. 또한 심리적으로 모호하거나 알려지지 않은 임박한 위험에 직면해서 무력감을 느낀다. 불안과 공포는 구분해야 하는데, 불안이 무의식적인 위험에 관련된 것인 반면, 공포는 의식적으로 인지할 수 있는 외부적이고 현실적인 위험에 대한 반응이다.

불안은 정신분석에서 핵심적인 위치를 차지하고 있다. 프로이트(1856)는 신경증들을 고통스럽고 괴로움을 주는 불안 경험을 회피하려는 시도라고 보았다. 만약 환자의 의식 안에 불안과 신경증이 나란히 존재한다면, 그것은 증상이 불안을 완전히 통제하는 데 실패했다는 의미이다.

프로이트는 불안의 원인을 첫째, 적절하게 방출되지 못한 리비도가 불안으로 변형된다고 주장했다. 즉, 불안을 성적 억압의 원인이라고 보면서, 억압은 불안의 결과로 발생한다고 하였다. 억압이 불안을 일으킨다면, 억압을 제거할 경우 불안이 없어져야 하는데 언제나 그런 것은 아니다. 공포와 불안의 유사성을 생각할 때 공포는 성적 긴장의 축적과 상관이 없기 때문이다.

둘째, 자아의 관점(1926)에서 접근했는데, 불안은 개인의 위협에 대한 반응으로 이해했다. 현실적인 불안(realistic anxiety), 즉 공포에서는 알려진 위험과 외부적이며 중요한 위험에서부터 위협이 생겨나는 반면, 신경증적 불안(neurotic anxiety)에서 위험은 내부적이다.

프로이트는 발달 과정에서 일어나는 일련의 전형적인 위험 상황들(danger situations)을 기술했다. 이것들 중 첫째는 애정 대상을 상실하는 것인데, 애정 대상은 아동이 전적으로 의존하고 있는 돌봐주는 사람(어머니)을 말한다. 이후에 대상의 가치를 지각하기 시작하고 대상 항상성이 발달되면, 대상의 사랑을 상실하는 것에 대한 불안이 더욱 뚜렷해진다. 조금 성장한 후에는 신체적 상해(거세)에 대한 두려움이 크게 영향을 미친다. 잠복기에 나타나는 특징적인 두려움은 내재화된 부모 표상(즉, 초자아)이 아동을 더는 사랑하지 않고, 벌을 주거나, 버리는 것에 대한 두려움이다. 프로이트는 각 단계마다 이러한 "위험들"이 특징적으로 나타나지만, 이것들은 성인의 자아 안에도 존재할 수 있다고 하였다. 초기의 불안이 이후의 발달 단계에서 지속되는 것은 신경증적 고착을 반영한다.

프로이트의 불안에 대한 이론은 그 강조점을 생리학적인 관점으로부터 심리학적인 관점으로 옮겼다. 그는 위험에 대한 예상과 관련시켜 불안을 설명함으로써 훨씬 더 널리 적용할 수 있고 설명력이 큰 개념을 제공했다. 또한 이 새로운 이론에서는 자아에 대한 프로이트의 사고가 바뀐 것으로 나타나는데, 그는 자아를 능동적이고 자원이 풍부한 정신 기능의 합성물로 그리고 아주 중요한 의미를 갖는 마음의 구조로 보기 시작했다.

2. 우울증

우울증은 우울, 슬픔, 희망이 없음, 만사가 귀찮음, 느낌이 없음, 불안, 신체적 통증, 쉽게 화를 냄, 분노, 다른 사람을 비난함, 사건에 매우 민감하고, 공격적으로 반응함, 작은 문제에 대해 쉽게 좌절감을 느낌, 어떤 일에 대해서도 흥미가 없음, 즐거움이 없음, 사회적으로 위축됨, 매사에 무관심, 식욕이 감퇴되거나 증가, 불면증, 계속 앉아 있지 못하는 등의 정신 운동 초조성이나 지체, 에너지가 저하와 피곤을 유발한다. 우울한 사람은 심리적으로 비현실적이고, 부정적인 자기 평가를 하며, 죄의식에 집착하고, 과거의 실패를 되새기며, 주의를 집중하기가 어렵고, 결정을 어려워하며, 기억력이 떨어진다. 또한 죽음에 대한 생각과 자살을 생각하거나 자살을 시도하기도 한다.

이 외 부수적 특징으로는 잘 울고, 과민한 기분 상태, 생각을 많이 함, 강박적 반추, 불안, 공포, 신체 건강에 대한 과도한 걱정과 고통을 호소한다. 때로는 공황 발작, 대인관계 형성의 어려움, 성 기능 장애, 이혼, 직업 상실, 무단결석, 학업 실패, 알코올이나 약물 남용, 자살 시도나 자살 성공 등의 증상을 나타낸다. DSM−5에서의 우울장애는 우울 증상의 심한 정도나 지속 기간 등에 따라 다양하게 구분하며, 우울장애의 하위 유형으로 주요 우울장애, 지속성 우울장애, 월경전기 불쾌 장애, 파괴적 기분조절곤란 장애 등을 제시하고 있다.

진단에는 두 가지 일차적 준거가 있다. 하나는 우울한 기분이고 다른 하나는 대부분의 활동에 대한 관심이나 즐거움이 없는 것이다. 적어도 이러한 증후들 중에 어느 하나가 최소 2주간 지속될 때 우울장애로 진단한다. 이차적 준거로는 식욕이나 체중의 급격한 감소 혹은 증가, 수면 곤란, 운동 기능적 혼란이나 지체, 피로 혹은 에너지 감소, 무가치감이나 죄책감, 주의력 혹은 집중력 감소, 죽음 혹은 자살에 대한 생각이 머리에서 떠나지 않음 등의 증후가 포함된다. 일부 우울장애를 가진 사람들 중에는 환각 혹은 망상과 같은 정신 이상을 보이는 경우도 있다. 대체로 이러한 증후는 우울 증세가 심하고, 오래 지속되며, 무능감이 클 때 나타나기 쉽고, 치료가 더욱 힘들어진다. 우울장애와 자살 행동은 성인기에서는 물론 청소년기에서도 증가하고 있는 추세다.

의학적인 측면에서도 여러 정신 질환 가운데서도 우울장애가 가장 많은데, 정신 질환 환자 중 10~20%가 우울장애를 앓고 있다. 남성의 5~12%, 여성의 10~25%가 우울장애를 경험하는 것으로 보고되고 있다. 발병 시기는 모든 연령대에서 나타나고 있기는 하지만 여성의 경우 15~19세에, 남성의 경우 25~29세에 많이 발병하고 있다. 우울장애는 가족력이 있을 때 유병률이 5~15%로 높게 보고되고 있으며, 신체적으로 대사 장애나 내분비 장애, 소화 기관계 및 심혈관계 질환 때문에 발병할 수도 있다.

우울장애는 세로토닌, 도파민 등의 신경전달물질과 성장 호르몬의 이상으로 발생하는데, 여성이 남성보다 상대적으로 많은 것은 여성이 남성과는 다른 스트레스 유발 인자(예 신체 및 성적 학대)에 직면하게 되고 스트레스에 대한 반응이 더욱 민감하기 때문이다. 또한 남성과 여성은 인지 대처 양식(cognitive coping style)과 자기 보고 전략(self-reporting strategy)이 서로 다르기 때문이기도 하다. 여성의 월경 주기와 산후 기간과 관련된 호르몬 변화에 대한 민감성과 같은 생물학적 요인이 역할을 하기도 한다. 이 외에도 우울장애를 유발하는 위험 요인으로는 별거나 이혼, 과거의 우울 경험, 신체 건강의 허약, 의학적 질병에 대한 취약성, 낮은 사회 경제적 지위, 실직, 사랑했던 사람과의 이별 등 스트레스를 유발하는 생활 사건과 관련되어 있다.

우울장애가 심하면 의학적 질병에 취약하여 신체 건강이 손상되고, 집중력과 사고력 및 문제해결력이 감소하며, 유쾌하고 보상적인 활동에 대한 참여가 줄어들고, 대인관계 곤란 문제를 가져오는 등의 정상적인 기능 저하를 초래한다. 우울장애를 심하게 경험하면 장차 우울장애를 다시 경험할 가능성이 커질 뿐만 아니라 불안 장애, 알코올 남용과 같은 다른 정신 질환 문제를 초래하기 쉽다.

주요 우울장애(Major Depressive Disorder)는 가장 심한 증세를 나타내는 우울장애의 유형으로서 우울한 기분을 주된 증상으로 하는 기분장애이지만 다양한 심리적 문제가 동반된다. 우선, 우울장애 상태에서는 우울하고 슬픈 감정을 비롯하여 좌절감, 죄책감, 고독감, 무가치감, 허무감, 절망감 등과 같은 고통스러운 정서상태가 지속된다. 우울하고 슬픈 감정이 강해지면 자주 눈물을 흘리며 울기도 한다. 심한 우울장애 상태에서는 무표정하고 무감각한 정서상태를 나타낼 수도 있다. 또한 아동이나 청소년의 경우에는 우울장애

상태에서 분노감이나 불안정하고 짜증스러운 감정을 나타내기도 한다. 이러한 우울한 기분과 더불어 일상생활에 대한 흥미와 즐거움이 저하되어 매사가 재미없고 무의미하게 느껴진다. 또한 어떤 일을 하고자 하는 의욕이 현저하게 저하되어 생활이 침체되고 위축된다.

지속성 우울장애(Persistent Depressive Disorder)는 우울증상이 2년 이상 지속적으로 나타나는 경우를 말한다. 지속성 우울장애는 DSM-5에서 새롭게 제시된 진단명으로서 DSM-IV의 만성 주요 우울장애와 기분부전장애를 합친 것이다. 지속성 우울장애는 2년 이상 지속되는 우울한 기분을 비롯하여 ① 식욕부진이나 과식, ② 불면이나 과다수면, ③ 활력의 저하나 피로감, ④ 자존감의 저하, ⑤ 집중력의 감소나 결정의 곤란, ⑥ 절망감 중 2가지 이상의 증상이 나타날 경우에 진단될 수 있다. 지속성 우울장애의 핵심증상은 만성적인 우울감이나 아울러 자신에 대한 부적절감, 흥미나 즐거움의 상실, 사회적 위축, 낮은 자존감, 죄책감, 과거에 대한 반추, 낮은 에너지 수준, 생산적 활동의 감소 등을 나타낸다. 지속성 우울장애는 비만성적 우울장애에 비해서 만성적인 경과를 보이기 때문에 실업, 재정적 곤란, 운동능력의 약화, 사회적 위축, 일상생활의 부적응이 더욱 심각하게 나타날 수 있다(Satyanaratana et al., 2009).

월경전기 불쾌장애(Premenstrual Dysphoric Disorder)는 여성의 경우 월경이 시작되기 전 주에 정서적 불안정성이나 분노감, 일상 활동에 대한 흥미 감소, 무기력감과 집중곤란 등의 불쾌한 증상이 주기적으로 나타나는 경우를 말한다. 가임기 여성의 70~80%는 월경이 시작되기 직전에 유방 압통, 더부룩함, 정서적인 불안정감, 짜증스러움과 같은 다양한 징후를 경험한다. 대부분의 경우, 이러한 징후는 경미한 것이어서 특별한 치료가 필요하지 않다. 그러나 20~40%의 여성들은 이러한 월경전기의 징후가 심하여 일상생활에 어려움을 겪게 된다.

특히 정서적 불안정성, 우울감, 불안, 짜증이나 분노, 의욕 저하, 무기력감과 같은 다양한 정서적 증상이 나타나서 일상생활에 심각한 장애를 초래하게 되는 경우를 DSM-5에서는 월경전기 불쾌장애라고 지칭하고 있다. 월경전기 불쾌장애의 유병률은 여성의 3~9%로 보고되고 있다(Halbreich & Kahn, 2001). 월경전기 불쾌장애는 주요 우울장애, 양극성 장애 그리고 불안장애와 공병률이 높은 것으로 알려져 있다.

파괴적 기분조절곤란 장애(Disruptive Mood Dysregulation Disorder)는 반복적으로 심한 분노를 폭발하는 행동을 나타내는 경우를 말한다. 주로 아동기나 청소년기에 나타나는 장애로서 자신의 불쾌한 기분을 조절하지 못하고 분노 행동으로 표출하는 것이 주된 특징이다. 파괴적 기분조절곤란 장애의 핵심 증상은 만성적인 짜증과 간헐적인 분노폭발이다. 아동기의 만성적인 짜증은 성인기에 다른 우울장애로 진전되는 경향이 있다.

약리적 치료 방법은 삼환계 항우울제(tricyclic antidepressants), 모노아민 산화 효소 억제제(monoamine oxidase inhibitors), 선택적 세로토닌 재섭취 억제제(selective serotonin reuptake inhibitors), 비정형 항우울제(atypical antidepressants)와 같은 약물 복용이다. 효과가 있어 널리 사용되는 심리치료적 방법으로는 인지 행동적 치료(cognitive-behavioral therapy), 문제해결적 치료(problem-solving therapy), 대인 심리치료(interpersonal psychotherapy) 등이 있다. 이 증상을 평가하기 위해서 주로 자기 보고식 검사(self-report measures)를 사용하며, 이 외에 관찰법(observational methods), 비구조화 및 구조화된 면접(unstructured and structured interviews), 기능 분석(functional analysis) 등을 시행한다.

대표적인 자기 보고 검사는 벡(Beck)이 개발한 우울증 척도(BDI : Beck Depression Inventory)가 있다. 관찰법은 울기, 짜증, 흥분, 눈 접촉을 피함, 운동 기능의 지체, 오락 및 직업 활동에 대한 참여 감소, 수면 장애, 섭식 장애, 성적 행위 등의 우울 증후의 행동이 얼마나 자주 나타나고 지속되는지를 측정하는 데 사용한다. 기능 분석은 우울 증후의 원인 및 지속과 관련이 있을 수 있는 인과적인 환경 요인을 알아내기 위한 과정이다.

65세 이후의 노인성 우울증은 남성보다는 여성이 더 빈번하게 나타나며, 인생 초기에 발병한 우울증과 후기 우울증은 원인과 표출양식이 다르다. 이 시기에 우울한 사람들은 적절한 슬픔, 강한 분노, 낮은 자존감, 의기소침해하는 등의 정서적 변화, 극심한 체중감소, 수면장애, 소화불량, 변비, 가슴 답답함, 두통, 무기력, 식욕부진 등의 신체적 변화, 지나치게 건강을 염려하는 등 신경증적 경향, 자해 또는 가해, 음주, 대인관계 기피와 같은 행동적 문제증상 등이 나타난다.

후기에 우울증을 유발하는 요인에는 만성적 생활 스트레스, 유전적·생물학적·내분비적 요인, 그리고 신체질환에서 비롯된다. 발달과정상 노년기는 신체적, 정신적, 경제적으로 큰 변화를 겪게 되는데, 일이나 직업의 은퇴, 경제적 어려움, 자녀의 독립, 신체변화, 감각기능의 쇠퇴, 질병, 배우자 사별, 이혼, 사회적 지지 결핍 등의 생활 스트레스가 우울증을 유발한다. 그러나 이러한 생활 스트레스가 있다고 하여도 이 같은 사건에 대처하기 위한 준비와 사회적 지지가 충분하면 우울증은 발생하지 않는다. 과거에 우울증을 겪은 환자는 재발할 확률이 높고, 노인성 우울증은 초기 우울증과 달리 성격장애가 나타날 확률은 적다.

대뇌기능의 쇠퇴가 우울증을 유발하기도 하는데, 뇌혈관 질환, 피질성 경색, 열공성 경색, 알츠하이머, 뇌혈관 증후군, 파킨슨 질환 등을 지닌 노인들은 우울장애가 발병할 비율이 일반 노인보다 24~50% 높다. 이러한 신체적 노화가 노인성 우울증을 유발하고, 노화는 연령의 증가와 관련이 있으므로 노인성 우울증을 평가하는 것이 복잡하여 진단에 어려움을 가져올 수 있다. 하지만 노인성 우울증은 쉽게 치료될 수 있고, 약물치료, 전기충격요법, 심리치료적 접근 등이 효과적이다. 심리치료적 접근에는 인지치료, 행동치료, 정신역동치료, 회고적 심리치료, 대상관계치료 등이 있다.

3. 성문제

노인 성상담은 성적인 문제로 도움이 필요한 사람이 전문적인 훈련을 받은 성상담자와 대면해서 문제의 해결, 사고, 감정, 행동 측면에서 인간적인 성장을 위해 노력하는 과정으로 볼 수 있다. 성과 관련된 정서, 행동, 인지적 특성의 성장과 성숙에 도움을 주는 것이 성상담인 것이다. 따라서 성과 관련된 개개인의 생각이나 감정 등의 무지, 왜곡 혹은 성 충동의 적절한 관리능력의 부족 등으로 나타나는 성과 관련된 삶을 다룬다.

성 문제는 성과 관련된 지식의 부족, 성과 관련된 태도상의 문제, 기술적 문제, 심리적 갈등의 문제, 정신질환 등이 원인이라 할 수 있는데, 그래서 상담자는 성상담의 경우 성적인 문제가 무지에 의한 것인지, 성에 대한 태도나 사회적 기술상의 문제인지, 심리적 갈등(혹은 신경증)의 문제인지, 나아가 정신질환(혹은 이상심리)의 결과인지를 이해하는 것이 중요하다. 성적 문제가 지식부족에 의한 것이라면 교육과 정보제공이 상담의 방법이 되겠지만 여타의 경우는 일반 상담과정과 동일하다. 그러므로 성상담이란 내담자들이 성과 연관된 문제를 해결할 수 있도록 조력하고 성적인 측면에서 인간적 성장을 촉진할 수 있도록 조력하는 상담의 한 영역이라 할 수 있다. 따라서 상담의 일반 원리나 기법 등이 성상담에 적용되지만, 성상담자는 성과 관련된 인간행동 특성을 보다 깊게 이해할 필요가 있으며 인간의 성적 발달과 그 발달과정에서 야기되는 변화 등에 대해 잘 알고 있어야 한다.

성상담은 개인의 성에 대한 태도, 생각, 인식을 새롭게 학습하는 과정이며, 이를 통해 성과 관련된 문제행동을 해결하는 능력을 학습하는 과정이다. 성상담의 궁극적인 목적은 정신적, 육체적, 성적인 인간교육과 건전한 인간관계 훈련을 통한 성의식 고양이다. 성상담을 통해 자기사랑, 즉 자기수용, 자신의 성격과 감정을 이해할 수 있는 자기인식, 자신이 잘 알고 있다는 것을 인식하는 자기확신, 자신을 충분히 가치 있는 사람이라는 자기존중이라는 네 가지 자질을 갖도록 도움을 준다. 이를 자아개념의 성장이라고 설명할 수 있다.

자아개념은 자기 자신에 대한 전반적인 이미지를 나타내는 것으로, 자아개념이 높으면 다른 사람과 원만한 관계를 형성하고 가족, 친구 등을 사랑하며, 사랑하는 관계를 형성할 것이다. 이는 타인을 인정하여 존중하는 것, 타인을 있는 그대로 수용하며 객관적으로 바라보는 것, 신뢰하는 것, 건강한 선택을 할 수 있도록 행동을 조절하는 것 등이다. 또한 자아개념을 통해 책임감을 향상시킬 수 있는데, 책임감은 자신은 물론 다른 사람을 존중한다는 것을 보여 주는 행동으로, 책임 있는 행동을 통하여 자아개념을 더욱 분명히 하고 긍정적인 상을 가지며 건강한 성생활을 할 수 있도록 한다. 성상담은 자신의 성에 대한 수용과 가치관을 확립하여 이성과 원만하고 건강한 성관계를 통한 진정한 삶을 찾도록 도움을 주는 과정인 것이다.

4. 노인학대

노인학대는 노인의 가족 또는 타인이 노인에게 신체적·언어적·정서적·성적·경제적으로 고통이나 장애를 주는 행위 또는 노인에게 필요한 최소한의 적절한 보호조차 제공하지 않는 방임이나 유기 및 자기방임이다.

우리나라 노인복지법(제1조의2 제4호)에서는 노인에 대하여 신체적·정신적·정서적·성적 폭력 및 경제적 착취 또는 가혹행위를 하거나 유기 또는 방임을 하는 것으로 노인학대를 규정해 두고 있다. 노인학대는 과거부터 이루어져 왔지만 1970년대부터 다시 사회문제가 되었다. 미국에서는 1981년에 연방 노인학대법이 만들어졌으며, 모든 주에서 노인학대 통보제도를 시행하고 있다. 노인학대가 통보되면 사례에 대한 조사가 행해지고 사건에 대한 평가 및 개입이 이루어진다. 그러나 각 주마다 학대에 대한 정의나 개입방법에 상당한 차이를 보인다. 미국 이외에 영국, 캐나다, 일본 등에서도 노인학대에 대한 다양한 대책이 시행되고 있다.

노인학대에 대한 연구를 한 울프와 필레머(Wolf & Pillemer, 1989)는 노인학대를 신체적 학대, 심리적 학대, 물리적 학대, 그리고 소극적-적극적 방임으로 분류하였다. 우리나라 법 조항에 따르면, 노인에 대한 신체적 학대는 물리적인 힘 또는 도구를 이용하여 노인에게 신체적 혹은 정신적 손상, 고통, 장애 등을 유발하는 행위를 말한다. 정서적 학대는 비난, 모욕, 위협 등의 언어 및 비언어적 행위로 노인에게 정서적 고통을 유발하는 것이다. 노인을 무시하거나 대화 단절하기, 의사결정 등 의미 있는 사건에서 배제하기 등도 여기에 해당한다. 성적 학대는 성적 수치심 유발 행위 및 성폭력(성희롱, 성추행, 강간) 등의 노인의 의사에 반하여 강제적으로 하는 모든 성적 행위를 포함한다.

경제적 학대 또는 착취는 노인의 의사에 반하여 노인으로부터 재산 또는 권리를 빼앗아 가는 것이다. 경제적 착취, 노인재산에 관한 법률권리 위반, 경제적 권리와 관련된 의사결정에서의 통제 등을 하는 행위다. 방임은 부양의무자로서의 책임이나 의무를 의도적, 비의도적으로 거부하거나 불이행 혹은 포기하여 노인의 의식주 및 의료를 적절하게 제공하지 않는 행위, 즉 필요한 생활비, 병원비 및 치료, 의식주를 제공하지 않는 것이다. 또한 노인 스스로가 의식주 제공 및 의료처치 등의 최소한의 자기보호 관련 행위를 의도적으로 포기 또는 비의도적으로 관리하지 않아 심신이 위험한 상황이나 사망에 이르게 하는 자기방임 행위도 여기에 해당한다. 유기는 보호자 또는 부양 의무자가 노인을 버리는 행위로 신고의무와 절차를 노인복지법 제39조의6에 제시해 두고 있다(최영진, 2019).

우리나라 노인예방학대센터 업무지침에 따르면, 노인학대를 공간에 따라 가정학대, 시설학대, 기타로 구분하고 있는데, 가정학대는 노인과 동일 가구에서 생활하고 있는 노인의 가족 구성원인 배우자, 성인 자녀뿐만 아니라 노인과 동일 가구에서 생활하지 않는 부양 의무자 또는 기타 사람들이 행하는 학대를 말한다. 시설학대는 노인에게 비용(무료 포함)을 받고 제공하는 요양원 및 양로원 등의 시설에서 발생하는 학대, 기타는 가정 및 시설 외의 공간에서 발생하는 학대로 구분하였다.

또 다른 분류 범주로는 가정학대, 시설학대, 자기방임 또는 자기학대의 세 가지가 있다. 가정학대는 노인이나 돌보미의 집에서 돌보미가 행하는 학대를 말하며, 시설학대는 요양원이나 그룹 홈 등의 요양시설에서 발생하는 학대를 말한다. 또한 자기방임은 섭식 거부, 비위생적 생활, 투약 소홀과 같이 노인 스스로 자신을 돌보지 않는 행위를 말한다. 그러나 자기방임을 자기학대로 규정짓기에는 논란의 여지가 있다. 왜냐하면 알츠하이머, 치매, 고립감, 우울, 신체적 감퇴 등의 문제와 동반해서 발생하는 경우도 있고, 이와 달리 자신의 욕구를 스스로 방임하는 사람이 있기 때문이다. 그러므로 자기방임에 놓인 노인에 대한 개입의 실시 여부는 논쟁 중이다.

노인학대는 가족 구성원과 돌보미의 특성 및 스트레스, 노인의 의존도와 신체적 손상 정도, 재정적 문제 등 다양한 요인에 의하여 촉발됨으로써 매우 복잡한 문제다. 정신적으로 손상을 입었거나 신체적으로 병든 노인을 돌보는 것은 가족이나 돌보미들에게 정신적·신체적 스트레스를 주게 되어 이들의 스트레스가 노인학대로 이어질 가능성이 많다. 충분한 정보나 기술, 재정적 문제, 폭력적 특성, 심리적 부적응, 물질남용 등의 심리적 취약성을 지니고 있는 가족이나 돌보미들은 힘든 상황에 적절하게 대처해 나가는 능력이 부족하여 노인학대를 확대시킬 수 있다.

노인을 돌보는 일은 재정적 자원이 필요한데, 가족이 재정적 어려움을 겪고 있다면 적절한 보호를 제공하지 못할 수도 있다. 노인을 돌보는 사회적 지지체계가 미비한 것도 가족의 스트레스 수준을 증가시켜 노인학대의 또 다른 원인이 될 수 있다. 사회적 지지체계가 결여되거나 외부와 단절된 노인의 학대는 외부에 알려지지 않기 때문에 더욱더 지속되고 가속화된다. 학대받는 노인은 이런 행위에 대해 모욕감, 두려움으로 다른 사람에게 이야기하지도 못한다. 결국 이런 상황이 학대에 대한 외부개입을 어렵게 한다. 따라서 노인학대 예방을 위해서는 먼저 나이, 정신적 수준, 신체적 상태에 상관없이 인간의 존엄성을 강조하는 것이 중요하다.

노인과 노인의 가족이 사회적 자원과 지지집단을 쉽게 이용할 수 있어야 하고, 노인을 돌보는 가족에게 상담과 치료가 제공되어야 한다. 정신적・의료적 지지체계의 정기적인 활동은 노인학대의 잠재적 가능성을 찾아내는 데 중요한 역할을 한다. 그리고 학대가 의심이 되면 기관에 연락하도록 해야 피해를 예방할 수 있다.

노인학대 피해자를 위한 상담에서는 우선 학대에 대한 비밀을 유지하고 신뢰관계를 충분히 형성해야 한다. 또한 개별성을 이해하고 수용하며, 학대에 대한 내담자의 반응을 확인한다. 만약 학대에 대한 자책감, 모욕감, 수치심을 지니고 있다면 생각해 볼 시간을 충분히 갖도록 해준다. 무기력감을 극복할 수 있도록 지지해 주고 사회적 지지망을 형성하도록 하며, 필요한 서비스를 스스로 선택할 수 있는 자율성을 갖도록 도와준다. 노인학대를 예방하거나 치유하기 위하여 피해자뿐만 아니라 가해자를 상담하는 것도 중요하다. 가해자에게 학대를 한 이유를 먼저 확인한 다음 그에 적절한 상담전략을 적용해야 학대 행동을 개선시킬 수 있다.

5. 수면장애

수면은 건강한 삶의 큰 비중을 차지하는 중요한 영역이다. 불면증(수면장애)은 잠들기가 어려운 입면 장애와 잠은 들지만 자는 도중 자주 깨거나 너무 일찍 잠에서 깨어나는 수면유지 장애가 있다. 밤에 충분히 잠을 자지 못하면 수면 부족 상태가 되어 낮 동안 졸음, 피로감, 의욕 상실 등을 초래해 일상생활에 지장을 주고, 삶의 질을 떨어뜨린다. 우리나라 20세 이상 성인 500명을 대상으로 한 한국보건사회연구원의 연구 결과(2019)에 의하면, 지난 한 달간 불면증을 경험한 적이 있다고 응답한 비율이 73.4%로 매우 높게 조사되었다.

불면증은 평소 잠자는 시간이나 습관이 불규칙한 사람에게 생기며, 환경 변화와 심리적인 스트레스를 겪으면서 증상이 악화된다. 불면증 자체에 대해 지나치게 걱정하는 경우에도 신경계가 긴장하여 불면증이 지속되고 심해질 수 있다. 불면증의 원인은 다양하지만, 일시적으로 겪는 불면증의 흔한 원인은 여행으로 인한 시차, 새로운 직장(일), 이사, 입원 등으로 규칙적인 생활 리듬이 바뀌는 것이며 이 경우 대부분 며칠이 지나면 좋아진다.

만성적인 신체 질환이 있는 경우 통증, 관절염, 두통, 호흡곤란 등의 증상이 불면증과 동반될 수 있다. 기분이 우울하거나 불안한 심리적인 문제도 불면증에 영향을 준다. 수면제 복용 기간이 너무 오래되어도 수면 단계의 변화로 불면증이 심해질 수 있다. 각성제, 스테로이드제, 항우울제, 교감신경 차단제 등의 약물이나 카페인이 많이 함유된 커피와 지나친 음주도 불면증의 원인이다. 소량의 술은 수면 유도에 도움을 줄 수 있지만, 음주로 인해 잠이 자주 깨고 숙면이 어려워 수면의 질을 떨어뜨린다. 그 밖에도 코골이(수면무호흡증), 하지불안 증후군(잠들기 전에 다리에 불편한 감각 증상이 생기는 질환), 주기적 사지운동증(수면 중에 다리나 팔에 경련이 생기는 질환)에 불면증이 동반될 수 있다.

적어도 1개월 이상 잠들기 어렵거나 잠을 유지하는 데 어려움이 있고, 그로 인한 낮 동안의 피로감으로 인해 일상생활에 어려움이 있을 때는 불면증으로 진단하는데, 수면일기를 통해 본인의 수면 습관을 확인할 수 있다. 수면일기는 수면과 관련된 모든 상황을 일기 형식으로 쓰는 것으로, 잠자리에 드는 시간, 잠이 든 시간, 잠에서 깨는 횟수와 시간, 전체 수면 시간, 일어나는 시간, 낮잠 등을 기록한다. 수면일기를 통해 잠자리에 드는 시간이 일정하지 않다는 등 잘못된 수면 습관을 확인할 수 있다. 또한 함께 자는 동거인을 통해 환자에게 코골이가 있는지, 수면 중의 행동에 대해 물어보는 것도 도움이 된다. 현재 복용 중인 약물에 대해서도 살펴보아야 하는데, 불면증을 일으키는 흔한 약제로는 각성제, 스테로이드제, 항우울제, 교감신경 차단제 등이 있다. 그 밖의 원인 진단을 위해 하루 정도 수면을 취하면서 뇌파검사,

근전도 검사, 심전도 검사 등을 하는 검사(수면다원검사)가 도움이 될 수 있다.

불면증의 가장 흔한 원인은 잘못된 수면 습관이다. 잘못된 수면 습관을 바로잡고 건강한 수면을 취할 수 있도록 수면 위생을 잘 지키는 것이 중요하다. 수면 위생을 위한 수칙은 다음과 같다.

① **낮잠을 자지 않기** : 밤에 충분히 자지 못하고 낮잠을 자게 되면 밤에 잠을 못 자게 되는 악순환이 일어나므로 낮잠을 자지 않는 것이 좋다.

② **일정한 시간에 잠자리에 눕기** : 수면 시간을 8시간으로 결정했으면 잠을 잤는지의 여부와 관계없이 침대에 눕기 시작한 순간부터 8시간이 지났을 때 침대에서 일어나는 것이 도움이 된다.

③ **잠자리에 누워서 10분 이상 잠이 들지 않으면 일어나서 침대 밖으로 나와 단순한 작업을 하면서 잠이 올 때까지 기다리기** : 이때 TV를 보는 것보다는 책을 읽는 것이 도움이 된다.

④ **침대는 오로지 잠을 자기 위해서만 사용하기** : 다른 일을 하거나 생각하기 위해 침대에 눕는 것을 피하는 것이 좋다.

⑤ **주말이나 휴일에도 일어나는 시간을 일정하게 하기** : 주중에 수면이 부족했다고 해서 주말에 늦잠을 자지 않도록 한다.

⑥ **매일 규칙적으로 운동하기** : 규칙적으로 운동하는 습관을 들이고, 저녁 늦은 시간에는 운동을 하지 않는 것이 도움이 된다.

⑦ **잠자리에 들기 전 목욕하기** : 잠자리에 들기 약 2시간 전에 따뜻한 물로 목욕을 하면 숙면에 도움이 된다.

⑧ **수면을 방해하는 담배, 커피, 홍차, 콜라, 술 등을 피하기** : 술은 수면을 유도하는 효과가 있지만, 숙면을 방해하여 자주 깨게 하고 깊이 잠들지 못하게 하므로 마시지 않도록 한다.

⑨ 공복감도 잠들기 어려운 원인 중 하나이므로 우유 등을 따뜻하게 데워서 마시면 도움이 된다.

노년기는 관절염, 두통과 같은 통증 질환, 호흡곤란이 있는 심폐질환, 전립선비대증이 있는 경우 잠들기 어렵거나 잠을 자다가 자주 깨기 때문에 해당 질환을 먼저 치료해야 한다. 불안증이나 우울증도 불면증의 중요한 원인이므로 잘 평가하고 치료해야 한다. 좋은 수면 위생의 훈련과 함께 취침 시간의 제한, 이완 요법, 바이오피드백, 광선치료가 불면증 치료에 도움이 될 수 있다.

수면제는 비약물 치료에 반응이 없고, 낮 동안 일상생활에 지장이 있거나, 잠을 못 자지 않을까 하는 불안감이 증가해 불면증이 장기화될 가능성이 있는 경우에 복용할 수 있다. 가능하면 소량으로 단기간 복용해야 한다. 수면제 종류별로 복용 시작 시간, 수면을 지속시킬 수 있는 시간, 낮 동안의 진정효과, 이상 반응 등이 다양하므로 불면증의 원인, 유형과 수면제의 약리학적 특성을 동시에 고려한 후 복용해야 한다.

수면제는 항우울제, 항불안제(수면유도제, 벤조다이아제핀)와 같은 전문 의약품과 항히스타민제, 멜라토닌(melatonin)과 같은 일반 의약품이 있다. 또한 코골이, 하지불안증후군, 주기적 사지운동증이 불면증과 동반되어 있다면 이에 대한 치료도 함께 해야 하며 복용하던 수면제를 갑자기 중단할 때 오히려 불면증이 더 심해지는 반동성 불면증이 나타날 수도 있다.

노인불면증은 노년기에 잠들기 어렵거나 자더라도 숙면을 취하지 못하고 새벽에 깨어 다시 잠을 이루지 못하는 증상 등이 있다. 보통 잠들기 어렵고, 밤에 자주 깨거나 숙면을 취하지 못하며, 일찍 자고 일찍 일어나게 되는 증세를 말한다. 이로 인해 졸음이 자주 오고, 잠자는 시간이 줄어들며, 낮잠을 자주 자게 됨으로써 피로감에 시달리는 상태가 된다. 한국의 경우 65세 이상의 노인 3명 가운데 1명이 이 증세에 시달리는 것으로 알려져 있다. 노인이 되면 낮 동안에 사회적 활동을 적게 하므로 낮잠을 자는 횟수가 많아져 밤에 수면장애를 일으키기 쉽다. 또 젊은 층에 비해 신체적 · 정신적 질병이 많고, 약을 많이 복용한다는 점도 수면장애의 원인이 될 수 있다. 기분장애나 불안장애 등과 같은 정신과 질병, 배우자와 사별로 인한 스트레스, 수면 관련 호흡장애, 야간 근육경련, 악몽 등도 원인이 된다. 숙면을 취하기 위해서는 잠들기 전에 커피나 술 등은 금해야 하고, 흡연을 삼가며, 규칙적으로 운동하는 것이 좋다. 잠자리에 들기 전에 가벼운 목욕이나 독서, 음악감상 등도 도움이 된다. 증세가 심한 경우에는 수면제 등을 처방하기도 한다.

6. 노인자살

1) 자 살

자살은 일정한 사회제도나 습관하에서 행해지는 할복, 절복이나 의식장애 등을 제외한 죽음이다. 동양에서나 서양에서도 자살을 금기시하기 때문에 통계상으로는 사고사나 자연사 등에 포함되는 경향이 있으며, 구체적인 실태를 파악하기가 어렵다. 뒤르켐(Durkheim)은 자살을 자기 본위의 죽음, 타인 배려의 죽음, 외상・재해・상실에 의한 변칙적인 죽음으로 분류하였다. 또한 메닝거(Menninger, 1938)는 자살을 만성적 자살(알코올이나 약물중독, 반사회적 행동 등)과 초점적 자살(이유답지 않은 이유로 여러 해의 수술을 받는 고의의 우발사고)로 구분하고 정신역동론으로 설명하였다.

자살기도는 자살의 방법을 포함한 구체적인 계획이 있어서 죽고 싶은 의지가 명확한 경우를 가리키며, 그것을 실행한 것이 자살기수와 자살미수로 나뉜다. 자살의 동기는 병, 정신장애, 애정문제 등이며, 그 수단은 미국에서는 총기, 일본에서는 목매달기가 1위고, 그 밖에 물에 들어가거나 뛰어내리거나 독극물을 마시는 등 여러 가지가 있다. 자살에 이르는 심리적 기제는 복잡하고 다양하지만 대개 욕구불만반응으로서의 자기공격, 갈등상태에서의 도피, 자기주장으로서의 호소 등을 들 수 있다. 노인자살의 경우에는 도피의 성향이 강하고, 청년자살의 경우에는 호소의 경향이 강하다.

WHO의 통계에 따르면, 남성의 자살률은 프랑스, 체코, 일본의 순이고, 여성의 자살률은 프랑스와 일본이 세계 1위를 차지하고 있다. 한편 보건복지부에 따르면 한국은 1990년대 말 외환경제위기 이후에 자살사망률이 지속적으로 증가하고 있다. 2010년에는 인구 10만 명당 24.8명에 이르러 OECD 국가의 평균 자살 사망률인 11.2명에 비해 2배 이상 높은 수치를 나타내었다. 이에 보건복지부는 자살예방종합대책을 마련하고 시·도 단위의 자살위기대응팀을 운영하고 있다.

자살을 방지하기 위해서는 예방대책, 긴급대책, 사후대책이 균형적으로 이루어져야 한다. 최근 생명의 전화에서는 마음의 유대요법을 사용하여 효과를 거두고 있다. 즉, 긴급대응에서는 위기개입, 관계형성, 다음 회기 약속, 전화면접, 약물요법, 가족치료, 지원망의 형성, 전화, 면접, 방문의 병행을 수행한다. 또 사후의 근본 대응으로는 사회복귀, 적응촉진, 성격수정, 치료 후 몸조리가 행해진다.

자살방지의 관점에서 중요한 것은 자살을 기도하는 사람은 죽고 싶은 욕망과 살고 싶은 욕망을 동시에 가지고 있다는 점, 최후의 순간까지 구원을 바라는 절규를 한다는 것이다. 현재는 상당한 정도의 자살방지가 가능하기 때문에 사인을 감지한 가족 및 주변 사람들은 불안에 떨 것이 아니라 마음의 유대감을 형성하여 관점을 짚어 가면서 대처하고 전문가와의 만남을 유도할 필요가 있다.

2) 노인자살

한국의 자살률이 낮아지지 않는 이유 중 하나는 노인자살률이 증가 추세에 있기 때문이다. 노년기의 자살은 퇴직으로 인한 사회적 지위의 상실, 배우자의 사망, 건강악화, 만성질환, 신체적·정신적 장애, 사회적 고립, 재정적 어려움, 가족불화에 따른 절망감, 상실감, 무력감, 우울감을 느끼게 되면서 발생한다.

노인자살에 직접적으로 영향을 미치는 정서적 요인은 우울이다. 노인의 우울은 변비, 설사, 어지럼증, 심장증상, 통증, 불면증 등의 신체기능에 대한 증상을 주로 보이며, 지나친 음주나 흡연, 특별한 이유 없이 눈물을 흘리거나 이전에 관심을 가지지 않던 일이나 행동을 하는 등의 신체적·행동적 징후로 나타난다. 이러한 징후들을 가족이나 주변 사람들은 흔히 노년기에 나타나는 일반적인 노화현상으로 간과해 버리는 경우가 많다.

최근에는 노인의 자살시도가 증가하고 어느 연령대보다 자살성공률이 높아졌다. 특히 홀로 지내는 노인들은 가족이나 주변인의 사회적 지지가 부족하여 자살을 시도할 가능성이 높다. 자살 사고가 현저하게 높은 수준이면 약물치료를 권유하고 가족이나 사회적 지원체계의 지속적인 관리가 필요하다. 상담과정에서 자살과 관련된 계약서를 작성하고 수면과 섭식생활이 안정될 수 있도록 지속적인 관찰과 관리가 필요하며 억압된 감정들을 표출하도록 격려해야 한다. 음주나 흡연에 지나치게 의존하고 있으면 우선적으로 이 문제를 해결하도록 하고, 개인이 지니고 있는 강점과 회복력을 탐색하여 대처방안을 찾아보도록 한다. 노인인구가 점차 증가하고 사회적·경제적 어려움으로 노인자살이 더욱더 가속화되고 있는 우리나라는 OECD 국가 중 자살률 1위라는 불명예스러운 자리를 차지하고 있다. 이런 점에서 본다면 노인자살은 개인적 차원에서 다루어질 것이 아니라 국가적 차원의 노력이 절실하게 필요하며, 자살도 예방할 수 있다는 국민적 자각을 이끌어 내도록 해야 한다.

대한민국은 OECD 국가 중 노인 자살률 1위에 올랐다. 2011년 기준 인구 10만 명당 74세 이하 노인 자살률은 81.8명으로 일본 17.9명, 미국 14.5명에 비해 5~6배 이상 많았으며 75세 이상 자살률은 10만 명당 160명이 넘는 것으로 나타났다. 주요 요인으로는 사회적 고립과 상실감이 보고되고 있는데 자살을 행한 노인의 24~60%가 홀로 생활하는 노인으로 가족이나 의지할 수 있는 대상이 없는 것으로 나타났다. 특히 가까운 가족의 투병생활과 죽음 등으로 인한 강한 상실감으로 외부 출입이 줄어들고 고립상태에서 우울감을 경험하게 되는 경우가 많다. 더욱이 노인의 특성상 자살계획을 다른 사람에게 알리는 경우가 적어 노인자살률을 감소시키기 위해서는 무엇보다 지속적인 관심이 필요하다.

제8장

노인상담과 노인가족상담

1. 가족갈등
2. 노인상담
3. 노인가족치료
4. 상호작용적 가족치료
5. 경험적 가족치료
6. 문제중심적 가족치료

제 8 장 노인상담과 노인가족상담

1. 가족갈등

개인이 가지고 있는 많은 감정들 중에서 분노, 참견, 욕구, 수치심, 절망 등의 부정적인 감정들은 상대방에 대한 무리한 기대에서 비롯된다. 자신의 욕구를 채워줄 수 있을 것이라는 기대는 부모가 자녀를 향한 기대, 배우자에 대한 기대, 직장이나 조직에서는 수직, 수평 간의 기대 등의 종류가 있다. 이러한 기대는 자신이 상대방에 대하여 행하였던 배려와 희생 등이 이유가 되어 상대방에게도 똑같은 모습의 배려와 희생을 요구하게 된다. 그러나 이러한 기대가 충족되지 않았을 때는 상대방에게 실망과 원망의 감정을 가지게 된다.

자신과 관계없는 사람들 또는 관심이 없는 사람과는 갈등이 생길 수 없으며, 자신의 도움이 일방적으로 필요한 사람과도 갈등이 생기지 않는다. 그러나 사랑을 주고받는 관계라면, 일을 함께하는 관계라면 갈등을 피하기 어렵다. 이러한 갈등을 통해 얻는 것은 마음의 상처이다. 마음의 상처는 건강과 연결되고 관계 단절의 삶으로 이어진다. 마음의 상처를 치유하고 회복하기 위한 에너지 소모는 삶 속에 많은 영향을 주게 된다.

갈등을 해결하는 방법으로는 용서와 화해가 있다. 용서의 사전적 의미는 '지은 죄나 잘못을 벌하지 않고 덮어주는 것'이고 화해는 '싸움하던 것을 멈추고 가지고 있던 좋지 않은 감정을 풀어 없앰'이다. 용서와 화해는 갈등의 대상이 있어야 가능하며 적용하는 방법에 따라 용서와 화해로 구분된다. 용서는 상대방이 나에게 잘못한 부분을 용서하는 것을 말한다. 화해는 내가 상대방에게 잘못한 것을 인정하고 용서를 구하고, 상대방의 잘못된 부분 또한 인정하고 용서하는 것이다(최영숙, 2019).

<표 8-1> **용서와 화해**

구 분	용 서	화 해
누가	한 사람	두 사람 이상
무엇을	선을 베풂	함께 이룸
어떻게	정서	행동
어디서	내 내면 속에서	관계 속에서

출처 : 최영숙(2019). 웰다잉. 충남 : 대한웰다잉협회, p. 86.

갈등은 피하거나 만들지 않는 것이 가장 좋은 방법이지만 인생은 갈등의 연속이기 때문에 용서와 화해를 통하여 풀어낼 수 있어야 한다. 사소한 자존심, 서운함, 피해의식, 열등의식 등은 용서와 화해를 끌어내기 어려운 방해 요소들이다. 성숙한 삶의 질을 높이기 위해서 버려야 할 요소들이기도 하다. 주어진 시간이 얼마 남지 않았다는 생각은 용서와 화해를 끌어내는 데 좋은 계기가 될 수 있다.

2. 노인상담

한국의 노인인구는 해마다 증가하는 추세에 있다. 특히 1950~1960년대에 이르는 베이비붐 세대가 노년기에 접어드는 시점에는 최고에 이를 것으로 보인다. 이러한 인구의 증가와 더불어 노인의 삶에 대한 인식이 점차 변화되어 노화를 단순히 정신적·신체적으로 노쇠해 가는 것이 아니라 발달과 성장의 과정으로 보는 견해가 강하다. 따라서 노인 자신의 신체적·정신적 변화에 대한 이해와 노년기의 긍정적인 삶과 성공적인 노화에 대한 전문적인 상담이나 치료에 대한 요구도 점차 증가할 것으로 보인다. 노인상담에서 상담자는 노년기의 신체적·정신적·심리적 변화와 성숙에 대하여 충분히 이해하고 있어야 하며 병리적 노화, 보편적 노화, 성공적 노화의 차이를 숙지해야 한다. 노화는 정상적으로 일어나는 발달과정이라는 것을 이해하도록 환경을 조성하고 반드시 상담이 필요한 것은 아니지만 적절하게 대처하지 못할 경우에는 상담이 도움이 된다는 것을 알려주어야 한다.

노년기에는 직업이나 가족에게서 유리되는 경험, 신체적 기능과 감각의 감퇴, 불편한 거동, 의존적인 생활, 배우자 등 가까운 사람의 죽음, 만성질환, 신체적 장애, 재정적 문제 등의 이유로 슬픔, 우울, 상실감 등의 부정적 감정을 느낀다. 이러한 부정적인 감정은 생의 사건 외에도 노년기에 주로 발생하는 치매, 알츠하이머, 혈관 계통 질병 등과 동반하여 나타날 수도 있다. 그러므로 상담자는 인지적 감퇴를 면밀하게 관찰하여 서비스의 선택 등에 관한 자율적 선택의 가능성 여부를 확인해야 한다.

부정적 감정들은 종종 불면증, 두통, 식욕부진, 체중감소 등의 신체적 증상으로 표출되기도 하므로 상담자는 이러한 증상들이 심리적 요인에 기인하는 것인지 단순한 신체적 증상인지를 확인해야 한다. 부정적 감정, 특히 우울증은 아주 작은 일에 대한 반응적 슬픔에서 자살을 유발하는 아주 심각한 범위까지 다양하게 나타난다. 알코올이나 약물 등을 남용하거나 지나치게 의존하는 경우에는 위생관리가 제대로 되지 않거나 영양실조와 질병 등이 나타날 수도 있다. 따라서 노인들에게 나타나는 신체적 · 심리적 변화를 노년기에 나타나는 일반적인 현상으로 간과해서는 안 된다는 뜻이다. 또한 상담자는 성격장애와 같은 만성적 질환을 확인하고 판명할 수 있어야 한다. 만성적 정신질환을 지니고 있는 노인은 사고가 제한적이며 환경 적응력이 부족하여 스트레스 상황에 적절하게 대처하는 데 어려움을 겪는다.

상담에 임하는 노인 내담자는 상담자보다 고연령인 경우가 많으며, 상담의도에 대한 저항이 강하고 때로는 상담자보다 경험의 폭이 더 넓다. 그리고 이들은 변화와 도전에 대한 동기가 낮으며 삶에 대한 의미가 부족하고 가족 및 보호자의 지지가 약하다. 노인상담에서 내담자와 상담자의 나이 차이는 치료관계에서 전이와 역전이를 발생시키며, 이는 상담과 치료에 중요한 영향을 미친다. 내담자에게서 나타나는 전이의 내용은 다양한데, 치료가 진행될수록 내용의 의미와 드러나는 양식이 달라질 수 있다. 내담자는 상담자를 부모상과 관련지으며 어린 시절의 문제를 해결하려고 하거나 발달과정을 거치면서 경험한 여러 관계에서 형성된 자신과 타인에 대한 개념을 가지고 치료관계에 임한다. 그리고 현 발달단계에서 겪고 있는 관계경험, 즉 배우자와 사별한 내담자는 상담자를 배우자로 여기거나 자신을 보살펴 주는 자녀로 생각할 수도 있다.

또한 역전이는 상담자의 자기인식, 인지수준, 역전이 이해 정도에 따라 다양하게 나타난다. 일반적 반응으로서 상담자는 내담자의 욕구를 충족시켜야 한다는 무의식적 기대에 따라 치료관계에서 역전이가 나타난다. 특히 나이가 많고 사회적 지위가 낮은 노인일 경우에 상담자의 역전이는 더 크게 발생한다. 세대집단에서 나타나는 특정한 반응으로 노인 내담자를 부모 또는 할아버지로 바라보고 자식이나 손자, 손녀의 역할을 하고자 하는 강한 감정적 반응의 역전이가 나타난다. 또한 내담자 역동과 상담자 역동, 그리고 내담자와 상담자의 역동으로 역전이가 나타날 수 있다. 즉, 내담자와 상담자 모두 배우자와 사별한 것처럼 내담자와 상담자가 공통적인 문제를 지닐 때 역전이가 발생할 수 있다. 상담 장면에서 발생하는 전이와 역전이를 충분히 이해하고 통찰하는 것이 성공적 상담을 이끌어 낼 수 있다.

노년기에 경험하는 심리적 고통을 약물로 치료하기에는 부작용 등의 위험성이 따르기 때문에 상담이 보다 효과적이라 할 수 있지만, 심각한 위기에 처한 경우에는 약물치료와 상담을 병행하는 것이 바람직하다. 개인상담이나 집단상담과 같은 면담상담은 타인과의 상호작용을 통하여 고립감을 해소할 수 있으며, 주된 집단활동으로는 회상집단(과거의 기억을 회상하여 현재에서 통합), 집단 심리치료(대인관계 탐색 등), 현실 지향 집단(현재 문제에 주의 기울이기), 재동기화 집단, 음악・미술・시 등의 창작활동 집단 등이 있다. 전화상담과 인터넷상담 등의 매체상담은 자신을 밝히지 않고 문제를 해결할 수 있다는 장점이 있다.

노인상담사는 성공적인 노년기의 삶을 영위하도록 돕고 노인 내담자가 이용할 수 있는 지역사회의 자원을 제공하거나 중재자의 역할도 해야 한다. 때로는 내담자의 법적 대변자로서, 문제를 해결하고자 할 때 대안선택에 필요한 정보를 제공하거나 가르치는 교사의 역할도 하게 된다. 노년기의 내담자들은 심리적으로 불안한 것과는 상관없이 그들의 삶 자체가 회복력을 지니고 있다. 따라서 전반적인 삶 속에서 겪은 여러 가지 어려운 사건이나 상황을 극복한 강점들을 확인하고 보상받았던 경험을 기억해 내도록 함으로써 그들을 도울 수 있다. 노인을 상담하기 위해서 상담자는 심리적 영역뿐만 아니라 신체적 건강, 의료적 진단 및 치료계획에 대한 지식, 재정적·사회적·법률적 정보제공 등의 영역까지 확대하여 성공적인 노년기의 삶을 마무리하는 데 도움을 주는 봉사적 활동을 해야 한다.

3. 노인가족치료

가족치료는 개인이 가지고 있는 문제나 증상을 개인의 내면세계로 접근하는 것이 아니라 개인이 가족과 상호작용하는 방식을 변화시키는 접근을 취한다. 가족이라는 독특한 체계에 관심을 갖게 된 결정적인 계기는 1950년대 체계론의 발전과 더불어 가족 구성원들 간의 유기적인 상호관계에 관심을 가지고 조현병(정신분열증) 환자의 가족에 대해 연구하면서부터다. 의사소통 전문가 헤일리(Haley)와 문화인류학자 위크랜드(Weakland), 정신과 의사 프라이(Fry)가 시초가 되었다. 이들은 조현병(정신분열증) 환자가 있는 가족 구성원들 간의 의사소통 형식에 관심을 기울였고, 이는 가족 구성원들 간의 관계와 상호작용에 대한 많은 연구결과로 이어졌다. 이러한 결과를 통하여 심리학자들은 '인간이 가지고 있는 증상은 가족이 가지고 있었던 상호작용의 결과'라는 결론을 얻었고, 이것은 가족치료의 형성에 결정적인 역할을 하게 되었다. 또한 아동이나 성인의 심리적 문제의 원인을 개인의 심리적인 문제로만 생각하는 것이 아니라, 가족 구성원들 간의 상호작용과 그 관계적 특성에서 찾게 되었다.

베이트슨(Bateson)을 중심으로 이루어진 이 연구팀은 조현병(정신분열증) 환자의 가족에게서 '이중구속'이라는 역기능적 대화의 형태를 발견하였다. 또한 윈(Wynne)은 '가성 친밀성'과 '고무울타리'라는 개념을 발견하였으며, 리츠(Lidz)는 부부간 균열과 불균형 현상을 발견하였다. 그리고 보웬(Bowen)은 조현병(정신분열증)이 가족에게서 개인을 분리해 내는 과정과 관련이 있음을 밝혀 내었다. 이러한 연구의 결과는 가족치료라는 전문 영역에 대해서 이론적 기초를 닦는 데 결정적인 기여를 하였다.

가족치료는 1960년대부터 미국 캘리포니아 주의 정신건강연구소(MRI : Mental Research Institute)에서 이루어졌다. MRI에서 주로 활동하던 학자는 잭슨(Jackson), 헤일리, 사티어(Satir)였는데, 잭슨은 가족 구성원들 간의 의사소통에 관한 연구를 중심으로 '가족항상성' 개념을 발표하였고, 사티어는 MRI에서 활동한 초창기에 가족 간 의사소통과 상호작용을 통한 정서적 성장에 관심을 기울였다. 또 헤일리는 의사소통 수준에 관심을 보이면서 베이트슨과 함께 이중구속의 개념을 발전시키고, 이를 중심으로 전략적 가족치료를 체계화하였다.

미국 동부지역에서는 아르헨티나 출신의 미누친(Minuchin)이 가족치료적 접근에 대해 활발하게 연구하고 있었다. 그는 저소득층의 청소년들을 치료하면서 빈민가족의 구조적 기능에 대해 연구하기 시작하였다. 1970년대의 가족치료는 다세대 모델, 구조적 모델, 경험적 모델, 전략적 모델, 대상관계 가족치료, 그리고 인지행동 가족치료가 이루어졌다. 1980년부터는 사회구성주의와 포스트모더니즘의 등장으로 개인이 자신의 가족이나 관계를 어떻게 경험하는지, 자신의 경험의 세계에 어떤 의미를 부여하며 자신의 경험세계를 어떻게 구성해 나가는지를 파악하는 과정을 통해 경험세계를 재창조해 나가는 방향으로 가족치료가 시행되기 시작하였다. 이 시기에 발전한 가족치료 모델은 해결중심 가족치료, 이야기치료 등이다.

4. 상호작용적 가족치료

상호작용적 가족치료는 가족치료에서 상호작용적 접근방법을 가리키는 것으로, 체계 및 의사소통 모델이 그것이다. 과거의 관계나 동기부여와 같은 역동성을 취급하는 정신역동적 접근방법과는 대조적으로 상호작용적 장(field)이나 현재의 행동을 중시한다. 상호작용적 접근방법은 현시점에서의 가족 구성원 상호의 정서적 관계 혹은 행동패턴이나 계열에 주목하여 그 변화로써 문제를 해결하려고 한다.

영국의 베이트슨(Bateson)은 사이버네틱스와 의사소통공학의 사고방식을 토대로 메시지의 회로(발신자로부터 전달된 메시지가 집단이나 기계를 경유하는 것으로 변화하면서 사람에서 사람에게 전달되며, 다음으로는 소기의 목적지에 도달하여 그 결과가 반대로 발상지로 전달되는 과정)를 연구하여 의사소통을 근대생활의 사회적 매트릭스로 자리 잡게 하였다. 당시 설리번(Sullivan)이 정신의학계에 '대인(interpersonal)'이라는 새로운 관점을 가져다주었는데, 베이트슨은 대인 의사소통의 중요성에서 한 걸음 더 나아가서 인간의 의사소통을 정신의학 및 인간과학의 중심 개념으로 발전시켰다.

베이트슨과 헤일리는 사이버네틱스 이론을 바탕으로 의사소통의 두 가지 수준에 대한 사고방식을 발전시켰다. 헤일리는 내용과 관계, 베이트슨은 보고와 명령이라는 용어를 각각 사용하고 있었는데, 두 사람 모두 메시지는 내용 그 자체로 전해지는 디지털 정보와 비언어(특히 신체언어)에 의해서 동시에 전해지는 아날로그 정보(특히 정서)가 있다는 것, 특히 아날로그 정보는 받는 사람의 명령으로 전해지며 그 알맹이는 메시지를 보내는 사람과 받는 사람의 관계방식에 따라 결정된다는 것을 주장하였다.

이들은 가족 구성원들의 개인적, 역사적 분석에 초점을 두지 않고 가족체계 안에서 관찰할 수 있는 현재의 상호작용(관계)에 초점을 두었다. 특히 의사소통 훈련을 통해 부부관계에서 나타나는 갈등에 대하여 배우자에게 의사를 표현하는 능력을 고양시키는 것을 목적으로 한다.

문제의 기원과 원인에 상관없이 만일 내담자와 내담자가 상호작용하는 사람들이 현재의 문제행동을 계속하면 내담자가 심리치료사에게 가지고 오는 문제는 끊임없이 유지된다. 반면에 문제를 유지시키는 행동을 적절하게 변화시키거나 제거하면 그 문제의 성질이나 기원, 혹은 기간에 관계없이 그 문제는 해결되거나 사라진다. 이 같은 측면에서 상호작용적 가족치료모델은 행동의 변화에 초점을 둔 모델이라 할 수 있다. MRI 집단은 문제를 둘러싸고 있는 상호작용과정을 강조하고 일반적인 시각에서 모든 행동은 사회 체계 안에서 더 폭넓게 진행되는 의사소통의 교류로 설명할 수 있다고 보았다.

5. 경험적 가족치료

경험적 가족치료에서는 가족문제의 원인이 각 구성원들에 대한 정서적 억압에 있다고 전제하고 있다. 따라서 가족의 문제가 변화되기 위해서는 무엇보다 각 구성원들이 현재(지금-여기) 가지고 있는 진정한 정서와 만나야 한다는 인본주의 심리학을 배경으로 한다. 또한 가족 구성원들의 주관적이고 다양한 정서적 경험을 중요시하는 현상학을 기초로 하고 있다. 경험주의 접근의 가족치료는 가족을 하나의 체계가 아닌 개인들의 집합으로 보며, 가족 구성원 개개인의 변화를 통해 가족의 문제를 해결하고자 한다.

따라서 가족 안에서 일어나는 문제를 가족 구성원들에게 말로 설명하거나 혹은 문제에 대한 통찰력을 제공하는 것이 아니라 각자 그 가족만의 특수한 상황이나 문화, 행동양식에 맞는 경험을 직접 해보는 기회를 주어 문제를 해결하고자 한다. 이러한 치료의 목표를 요약해 보면, 가족 구성원들의 정서적 느낌의 표현, 자발성과 창의력의 증진, 내면적 경험 및 외면적 행동의 일치를 통한 개인의 통합적 성장으로 가족 전체의 문제를 해결하고자 하는 것이다. 이를 위해 상담자는 가족의 억압된 감정에 관심을 가지고, 가족 상호간에 정서적 감수성이 증진되어 정확하게 자신의 감정을 표현하고 서로 감정을 공유하는 데 도움을 주는 역할을 한다.

경험적 가족치료이론은 캘리포니아의 팔로 알토(Palo Alto)에 있는 MRI를 중심으로 1960년대 전후로 발달한 접근법이다. 이 이론의 대표적인 인물은 휘태커(Whitaker)와 사티어(Satir)인데, 두 사람은 다음과 같은 공통점을 가지고 있다. 첫째, 상담과정에서 자신과 다른 사람의 감정을 중요시하며, 둘째, 내담자의 성장을 지향하고, 셋째, 상담과정에서 내담자의 정서적 경험과 치료적 활력이 효과적인 치료에 기여한다고 믿었다. 그러므로 상담자는 온정적이고 지지적이어야 하며, 또한 적극적이고 솔직하게 자신을 개방함으로써 치료를 촉진해야 한다고 생각하였다.

최근에는 사티어의 제자이며 계승자로 알려진 반멘(Banmen)이 전통적인 경험적 가족치료를 체계적 단기경험치료 모델로 발전시켰고, 현재 태평양 사티어연구소의 소장으로 활동 중이다. 이들 외에도 게슈탈트 치료를 가족치료에 접목시키고자 한 켐플러(Kempler)와 인간관계에서 공간의 중요성을 인식하고 은유로 공간을 사용한 캔터(Kantor), 치료기법으로 조각 기법 및 인형극 등의 표현기법을 활용한 덜(Duhl) 등이 있다. 경험적 가족치료의 주요 기법으로는 가족 조각, 재정의, 은유, 역할극, 유머, 접촉, 나의 표현, 가족생활연대기, 빙산 탐색 등이 있다.

6. 문제중심적 가족치료

문제중심적 가족치료는 캐나다 맥매스터대학교의 정신과 의사인 엡스타인(Epstein) 등이 20년에 걸친 조사연구를 통하여 축적한 실증적인 자료를 바탕으로 개발한 가족치료 접근법이다. 조사연구를 위해 표집된 59명의 학생과 그들의 가족을 대상으로 MMPI, TAT, 그리고 장기간에 걸친 면접을 실시하였다. 이로써 도출된 연구결과는 학생의 정신적 건강도와 가족 전체의 인간관계, 특히 부모의 부부관계 사이에 높은 상관관계가 있음을 보여주고 있다. 이 모델을 기반으로 가족기능을 향상시키는 데 초점을 두는 문제중심적 가족치료가 구축되었다. 일반적으로 전체 치료 기간은 수주에서 수개월이 걸리는데, 심각한 내담자를 둔 가족의 경우는 수년에 걸친 치료가 요구되기도 한다.

전체 치료과정은 다음 네 단계로 진행된다.

첫째, 사정(진단)단계. 이 단계에서는 가족 구성원이 각각 치료에 대한 기대를 말하고, 치료자는 이 가족이 어떻게 기능하고 있는지를 탐색한다. 자료수집 부분에서는 현재 제시되고 있는 가족의 문제에 대해 다양한 관점에서 자료를 수집한다. 예를 들면, '가족원들이 인식하는 문제는 무엇인가', '전반적으로 가족으로서 잘 기능하고 있는가', '문제 대처방식은 어떠한가', '문제는 어떻게 인식되고 있는가', '문제에 대해 가족원 간에 의사소통이 이루어지고 있는가' 등에 초점을 맞추어 가족기능을 진단한다. 그리고 치료자는 문제목록을 작성하여 가족원들의 동의를 얻는다.

둘째, 계약단계. 이 단계에서는 문제에 대한 해결목표를 문장으로 진술하여 상담계약서를 작성하고 이에 대해 가족원들과 치료자가 함께 동의하고 계약서에 서명한다.

셋째, 치료단계. 이 단계에서는 치료목표 중에서 가장 시급하고 중요한 문제부터 우선적으로 순위를 정한다. 가족의 약점을 가족의 강점으로 보완하는 과제를 생각해 본다. 우선 가족이 먼저 과제에 대해 생각해 보도록 한 다음, 가족원들 사이에 의견이 도출되지 않을 경우 치료자가 개입하여 과제를 제안할 수 있다. 예를 들면, '부부는 매주 1회 두 사람만의 외출을 한다'와 같은 구체적이고 실행 가능한 행동부터 시작한다. 다음 회기에서는 과제달성 정도를 평가한다.

넷째, 종결단계. 이 단계에서는 전체 치료과정을 되돌아보고 가족의 장기적인 목표에 대해 서로 이야기를 나눈다. 추수지도가 필요하면 언제 어떻게 실시할 것인지 논의해 본다. 문제중심적 가족치료에서는 가족 구성원의 적극적인 참여, 주체성, 자발성 등이 강조된다. 치료자는 권위적인 태도를 갖지 않도록 주의하며 일종의 조정자 역할을 수행한다.

제9장

매체를 활용한 노인상담 실제

1. 매체의 영향
2. 영화를 통해 보는 죽음 이야기
3. 푸드아트테라피를 활용한 노인상담 실제
4. 미술치료를 활용한 노인상담 실제
5. 모래상자치료를 활용한 노인상담 실제
6. 자서전 쓰기를 활용한 노인상담 실제

제 9 장 매체를 활용한 노인상담 실제

1. 매체의 영향

1) 매체의 이해

매체(medium)의 어원은 '중간의'라는 의미를 가지고 있는 라틴어 'medius' 이다. 이 어원의 의미처럼 매체는 내담자와 치료자를, 또는 내담자의 의식과 무의식을 이어주는 중간자의 역할을 해야 한다(김수경 외, 2019).

매체는 복잡한 조직이나 인간관계에서 누구에게나 신속하게 정보를 전달하는 의사소통 방법으로, 어떤 일정한 정신적 내용을 기계적 매체를 통해 전달하는 매스커뮤니케이션의 핵심수단이다. 일정한 내용을 기계적, 간접적 또는 일방적으로 전달하는 특징을 가지고 있으며, 인간의 의식 내용이 대중매체를 통하여 대중에게 소통되는 전 과정을 지칭한다. 매체는 시간과 공간의 제약을 극복하여 계획적이고 지속적인 정보를 전달하며 불특정하고 다양한 계층의 대중이 그 수용자가 된다는 특징을 가지고 있다(신성철 외, 2015). 대표적인 것으로는 신문, 텔레비전, 잡지, 영화, 서적 등이 있다(다음백과, 2019).

2) 매체의 특징

신문, 방송, 출판, 광고, 영화, 음반 같은 대중매체는 다음과 같은 공통점을 가지고 있다(박진규, 2015).

- 대중매체는 대규모의 자본을 바탕으로 운영된다.
- 대중매체는 대량 복제 기술을 전제로 한다.
- 대중매체를 통해 생산되는 의사소통의 선물(콘텐츠)은 상품적 가치(교환 가치)를 지니고 유통된다.
- 대중매체가 만들어 내는 콘텐츠는 한 사람의 힘으로는 제작하기 어렵다.
- 대중매체가 의사소통하려는 대상은 특정한 부류의 사람이 아니라 불특정 다수(대중)다.

3) 대중매체의 기능

매체의 기능과 효과는 사용자들에게 정보와 즐거움을 제공하고 교육하며, 어떤 제안을 하거나 그들을 설득하기도 한다. 수용자는 정보를 이해하고 가르쳐 주는 바를 학습하고, 오락을 향유하며, 제안이나 주장을 받아들인다(신성철 외, 2015).

<표 9-1> **매체의 기본 기능과 효과**

매체 입장에서 본 기능	수용자 입장에서 본 기능
• 정보의 제공(to inform) • 교육과 지도(to teach) • 오락의 제공(to entretain) • 제안과 설득(to propose or persuade)	• 이해(understand) • 학습(learn) • 향락(enjoy) • 수락(dispose) 또는 결정(decide)

출처 : 신성철 외(2015). 청소년문화론. 경기 : 정민사, p. 151.

박진규(2015)는 매체가 다음과 같은 기능을 수행한다고 하였다.

① 문화를 전승 보급시키는 기능(세대 간의 문화 전수 용이)

② 새로운 문화를 창출하는 기능(새로운 매체 도입으로 문화향유의 조준화 유도)

③ 문화를 통합시키는 기능(동세대의 연대감 형성)

④ 문화를 간접적으로 체험하게 하는 기능(다른 상황에 가치 제공)

2. 영화를 통해 보는 죽음 이야기

1) 아들의 방(2001)

아들의 방
(The Son's Room, La Stanza del figlio)

장르 : 드라마
제작 : 이탈리아
개봉 : 2001. 11. 2.
상영시간 : 96분
관람등급 : 15세 이상 관람가
감독 : 난니 모레티
주연 : 난니 모레티

출처 : https://movie.daum.net/moviedb/main?movieId=3197

[줄거리]

정신과 의사 지오반니는 사랑하는 아내와 남매를 둔 단란한 가족의 가장. 그러나 평온했던 그의 가정에도 아들인 안드레아가 스킨 스쿠버를 하다가 익사하면서 파란이 닥친다. 아들을 돌보지 못한 자신을 질책하는 지오반니, 히스테릭하게 변해가는 아내 파올라와 딸 이렌느 등 붕괴 직전에 몰린 가족은 안드레아의 여자친구가 이들을 방문하면서 안정을 찾기 시작한다.

- 아들을 잃은 슬픔 때문에 단란했던 중산층 가족이 조금씩 피폐되어 가는 과정과 삶의 희망을 되찾는 과정을 세밀하게 그려냈다.
- 사별 가족의 슬픔과 고통을 극복해 나가는 과정을 이해할 수 있다.

2) 씨 인사이드(2004)

씨 인사이드
(The Sea Inside, Mar adentro)

장르 : 드라마
제작 : 스페인, 프랑스, 이탈리아
개봉 : 2007. 3. 15.
상영시간 : 125분
관람등급 : 15세 이상 관람가
감독 : 알레한드로 아메나바르
주연 : 하비에르 바르뎀

출처 : https://movie.daum.net/moviedb/main?movieId=40908

[줄거리]

26년 전, 수심을 알 수 없는 바다에서 다이빙을 하다 전신마비자가 된 남자가 있다. 라몬 삼페드로, 무기력한 전신마비자이기보단 의욕적이고 이성적인 모습으로 죽을 수 있는 권리를 찾고자 했던 그에게 바다는 단 1미터도 움직일 수 없는 인생을 안겨준 공간이자, 영원한 자유를 소망하는 꿈의 공간이다. 가족들의 헌신적인 뒷바라지 속에 침대에 누워서 오로지 입으로 펜을 잡고 글을 써왔던 그의 소망은 단 하나, 안락사로 세상을 떠나는 것이다.

한편 라몬을 찾아온 두 명의 여자가 있다. 통조림 공장에서 일하는 수다스럽지만 순수한 여인 로사. 라몬이 스스로 생을 끊으려고 한다는 소식을 듣고 무턱대고 그를 찾아와 친구가 된 그녀는 라몬을 사랑하게 되고, 급기야 자신을 위해 삶을 포기하지 말라고 설득한다. 또한 퇴행성 질환을 앓고 있는 변호사 훌리아. 라몬의 자유로운 삶을 위해 안락사 소송을 도와주는 동안 그녀는 그에게 점점 사랑을 느끼지만, 그 감정조차도 그들에겐 너무나 버거울 뿐인데….

3) 이프 온리(2004)

이프 온리
(If Only)

장르 : 판타지 · 로맨스 · 멜로 · 코미디 · 드라마
제작 : 영국, 미국
개봉 : 2004. 10. 29., 2017. 11. 29.(재개봉)
상영시간 : 96분
관람등급 : 15세 이상 관람가
감독 : 길 정거
주연 : 제니퍼 러브 휴이트, 폴 니콜스

출처 : https://movie.daum.net/moviedb/main?movieId=40546

[줄거리]

바이올린을 전공하는 사만다와 자신의 일에만 몰두하는 성공한 젊은 비즈니스맨 이안. 그러던 어느 날 사만다는 이안이 보는 앞에서 교통사고로 목숨을 잃는다.

눈앞에서 사랑하는 연인을 잃은 남자는 다음 날 아침, 자신의 옆에서 자고 있는 연인을 보고 소스라치게 놀란다. 기쁨도 잠시, 정해진 운명은 바꿀 수 없단 것을 깨달은 그는 더 늦기 전에 자신의 진정한 사랑을 전하기로 마음먹는데….

4) 굿바이 마이 프렌드(1995)

굿바이 마이 프렌드
(The Cure)

장르 : 드라마
제작 : 미국
개봉 : 1996. 8. 3.
상영시간 : 98분
관람등급 : 12세 이상 관람가
감독 : 피터 호튼
주연 : 조셉 마젤로, 브래드 렌프로

출처 : https://movie.daum.net/moviedb/main?movieId=1548

[줄거리]

덱스터는 11살의 소년으로 에이즈에 걸렸다. 그는 말도 별로 없고, 친구도 없이 언제나 혼자서 놀았다. 불치병에 걸린 덱스터는 죽음을 두려워했다. 덱스터의 옆집에 사는 에릭은 이런 덱스터가 측은해 보였고 이들은 곧 가장 친한 친구가 되었다. 언제나 덱스터의 병이 낫기를 기원하는 에릭은 책에서 본 밀림지대의 풀을 뜯어 약이 될 줄 알고 덱스터에게 먹였으나 그것은 독초여서 덱스터는 죽을 고비를 넘긴다.

그 후 에릭은 심하게 혼이 나고, 앓고 있는 덱스터가 걱정되었다. 덱스터의 병을 고칠 방법을 여러모로 알아보던 에릭은 뉴올리언즈의 어떤 의사가 발명했다는 치료약을 구하기 위해서 덱스터와 둘이서 뉴올리언즈로 떠난다. 아픈 덱스터에게는 아주 힘든 여정이었지만 덱스터는 에릭의 자신에 대한 우정만을 믿고 힘을 낸다.

- 불치병 아동의 여생을 생각해 볼 수 있는 영화이다.
- 말기 질환 아동의 부모가 어떤 마음 자세를 갖는 것이 바람직한지에 대해 시사하는 영화이다.

5) 아무르(2012)

아무르
(Love, Amour)

장르 : 드라마 · 로맨스 · 멜로
제작 : 프랑스, 오스트리아, 독일
개봉 : 2012. 12. 19.
상영시간 : 127분
관람등급 : 15세 이상 관람가
감독 : 미카엘 하네케
주연 : 장 루이스 트레티냥, 엠마누엘 리바, 이자벨 위페르

출처 : https://movie.daum.net/moviedb/main?movieId=71136

[줄거리]

음악가 출신의 80대 노부부의 사랑을 다룬 작품. 평화로운 노후를 보내던 그들의 일상은 어느 날 아내가 갑자기 발작을 일으켜 반신불수가 되면서 하루아침에 달라진다. 남편 조르주는 반신불수가 된 아내를 헌신적으로 돌보지만, 하루가 다르게 몸과 마음이 병들어가는 아내를 바라보면서 그는 선택의 기로에 놓이게 되는데….

6) 축제(1996)

축제
(Festival)

장르 : 드라마
제작 : 한국
개봉 : 1996. 6. 6.
상영시간 : 107분
관람등급 : 12세 이상 관람가
감독 : 임권택
주연 : 안성기, 오정해

출처 : https://movie.daum.net/moviedb/main?movieId=185

[줄거리]

저명한 작가인 준섭은 어머니의 부음소식을 듣고 시골로 내려간다. 준섭과 가족들은 어머니의 장례를 치른다. 그러나 오랫 동안 치매를 앓아온 어머니의 죽음이 가족들에게 주는 감정은 각각 다르다.

그러던 중, 집안의 돈을 훔쳐 달아난 준섭의 이복조카 용순이 할머니의 부고를 듣고 달려온다. 이런 용순을 가족들은 못마땅해한다. 준섭을 취재하기 위해 내려온 장기자는 용순에게 관심을 가진다.

한편 장례가 치러질수록 가족들의 갈등이 나타난다. 삼경에 준섭이 어머니의 생전에 출간하고 싶어하던 동화책 [할미꽃은 봄을 세는 술래란다]가 도착하는데….

- 한국의 장례의식을 소재로 한 작품으로 한국 문화에서 인식하는 죽음의 의미와 의식 과정을 세밀하게 묘사하고 있다.

7) 생일(2019)

생일
(Birthday)

장르 : 드라마
제작 : 한국
개봉 : 2019. 4. 3.
상영시간 : 120분
관람등급 : 전체관람가
감독 : 이종언
주연 : 설경구, 전도연

출처 : https://movie.daum.net/moviedb/main?movieId=120146

[줄거리]

2014년 4월 16일, 세월호 사건으로 세상을 먼저 떠난 아들 수호에 대한 그리움을 안고 살아가는 정일과 순남의 가족. 어김없이 올해도 아들의 생일이 돌아오고, 가족들의 그리움은 더욱 커져만 간다. 수호가 없는 수호의 생일. 가족과 친구들은 함께 모여 서로가 간직했던 특별한 기억을 선물하기로 한다.

8) 뜨거운 안녕(2013)

뜨거운 안녕
(Rockin'on Heaven's Door)

장르 : 드라마
제작 : 한국
개봉 : 2013. 5. 30.
상영시간 : 99분
관람등급 : 12세 이상 관람가
감독 : 남택수
주연 : 이홍기, 마동석, 임원희, 백진희, 전민서

출처 : https://movie.daum.net/moviedb/main?movieId=70331

[줄거리]

죽음을 앞두고 세상과 이별을 준비하는 호스피스 병동. 하지만 담배 피고, 알바 뛰는 나이롱(?) 시한부 환자들… 뭔가 수상하다!

폭행 사건에 휘말려 호스피스 병동으로 사회봉사 명령을 받은 트러블 메이커 아이돌 가수 충의. 반성하는 척 대충 시간이나 때우려 했으나, 정체불명의 환자들에게 잘못 걸렸다!

소시지에 환장하는 전직 조폭 출신 뇌종양 환자부터 밤마다 업소에 다니는 간암 말기의 가장, 엽기도촬이 취미인 백혈병 꼬마, 병원 군기 잡는 까칠 자원봉사녀까지… 하필이면 바람 잘 날 없는 이곳에 오게 된 것! 첫날부터 어디로 튈지 모르는 수상쩍은 시한부 환자들과 팽팽한 신경전을 벌인다.

그러던 어느 날, 하루빨리 벗어나고픈 마음이 간절한 충의는 봉사시간을 따블로 쳐준다는 파격적인 조건에 넘어가 폐쇄 위기에 봉착한 병원을 살리기 위해 락 밴드 오디션에 참가하려는 시한부 환자들을 돕게 되는데….

오늘내일 하는 시한부 환자들과 문제 많은 아이돌 가수의 기적 같은 마지막 도전이 시작된다.

9) 버킷리스트 : 죽기 전에 꼭 하고 싶은 것들(2007)

버킷리스트
(The Bucket List)

장르 : 드라마 · 코미디
제작 : 미국
개봉 : 2008. 4. 9., 2017. 11. 29.(재개봉)
상영시간 : 96분
관람등급 : 12세 이상 관람가
감독 : 로브 라이너
주연 : 잭 니콜슨, 모건 프리먼

출처 : https://movie.daum.net/moviedb/main?movieId=44626

[줄거리]

가난하지만 한평생 가정을 위해 헌신을 하며 살아온 정비사 카터, 자수성가한 백만장자이지만 괴팍한 성격에 아무도 주변에 없는 사업가 잭.

공통점이라곤 티끌조차 없는 이 두 사람의 유일한 공통점은 오로지 앞만 보고 달려온 인생과 그 끝이 얼마 남지 않았다는 것.

어느 날 우연히 무언가를 작성하고 있던 카터에게 잭은 함께 모험을 떠나 볼 것을 제안하는데….

- 버킷리스트(Bucket List)란

  버킷리스트(Bucket List)는 죽기 전에 꼭 해야 할 일이나 하고 싶은 일에 대한 리스트를 말한다. '죽다'는 뜻을 가진 숙어 '킥 더 버킷(kick the Bucket)'에서 유래된 말이다. 중세시대에 교수형을 집행하거나 자살할 때 목에 줄을 맨 뒤 뒤집어 놓은 양동이(Bucket)에 올라간 다음 발밑에 놓인 양동이를 걷어차면서(kick) 목숨을 끊었는데, 여기서 '킥 더 버킷'이라는 말이 나왔다고 한다.

- 애드워드와 카터의 버킷리스트
  ① 장엄한 광경 보기
  ② 낯선 사람 도와주기
  ③ 눈물 날 때까지 웃기
  ④ 무스탕 셀비로 카레이싱
  ⑤ 최고의 미녀와 키스하기
  ⑥ 영구문신 새기기
  ⑦ 스카이 다이빙
  ⑧ 로마, 홍콩 여행, 피라미드, 타지마할 보기
  ⑨ 오토바이로 만리장성 질주
  ⑩ 세렝게티에서 호랑이 사냥
  그리고 화장한 재를 인스턴트 커피깡통에 담아 전망 좋은 곳에 두기

- 버킷리스트 작성요령(SMART한 작성법)
  - S : Simple → 간단한
  - M : Measurable → 측정 가능한
  - A : Act－oriented → 행동지향적인
  - R : Reality → 현실적인
  - T : Time－limited → 시간제약 있는(언제까지 이루겠다는 목표점)

<표 9-2> **나만의 버킷리스트 양식**

나만의 버킷리스트(Bucket List)

작성자

연번	이루고 싶은 내용	정한 기간
1		
2		
3		
4		
5		
6		
7		
8		
9		
10		

3. 푸드아트테라피를 활용한 노인상담 실제

1) 푸드아트테라피

푸드아트테라피(food art therapy)는 미술치료의 한 분야로, 음식을 단순히 먹는다는 개념에서 벗어나 만지고 섞고 으깨는 등의 요리활동을 통한 놀이 및 창작 도구로 변환시켜 치료적 효과를 내는 것을 말한다. 이는 2005년부터 식품을 매개로 하는 작품을 만드는 과정에서 참여자의 내면세계를 표현하고 긍정적 사고를 함양하여, 나아가 생태학적 관점으로 생활 전반의 상생과 조화를 꾀하고자 시작되었다. 이 치료법은 자연주의라는 점을 강점으로 내세워 놀이, 교육, 문화, 예술, 상담, 치유 등의 접합점을 찾은 통합적 접근법이다. 현재는 한국푸드아트테라피학회에서 전문가 자격제도를 시행하여 자격증을 발급하고 있다.

푸드아트테라피는 음식재료뿐만 아니라 빵, 사탕, 과자 등 쉽게 구할 수 있는 간식으로도 체험할 수 있다. 음식은 다른 비언어적 매체에 비해 친숙하며, 손쉽게 즉석에서 이루어질 수 있고, 표현법이 매우 다양하다는 장점이 있다. 늘 먹는 음식을 매개로 하기 때문에 참여자는 자신을 표현하고자 하는 동기를 쉽게 유발할 수 있고, 편안하고 안정된 느낌으로 특별한 거부감이나 저항 없이 상담과정에 참여할 수 있다. 간단한 음식이나 음식재료로 즉흥적인 창작과정을 거치면서 참여자는 기분전환에서부터 카타르시스를 경험할 수 있고, 한 발 더 나아가 무의식의 차원에까지 다다를 수 있는 등 여러 유형의 치료적 효과를 볼 수 있다.

2) 자살에 노출된 노인상담 사례 - 푸드아트를 중심으로

사회적 경제 환경 변화에 따라 다양한 가족 형태들이 나타나고 있다. 우리나라는 고령화 속도가 빠르게 진행되고 있는 상황에서(이장호 · 김영경, 2006) 이와 더불어 노인 자살 증가율이 증가하는 추세에 있다(문영희 · 임미영, 2013). 보건복지부 조사 결과 도시지역보다 농촌 소도시 지역의 노인이 자살 위험에 더 많이 노출되된 것으로 나타났다. 노인들은 신체 및 정신 건강, 사회적 지지, 복지 수준이 취약한 상태이다(정명희, 2017).

노인들은 자녀와의 동거율이 낮고 자녀와 멀리 떨어져 거주하는 경우가 많다. 이러한 노인들의 경우 이웃의 접근이 용이하지만 일부 노인들은 이웃과의 교류가 부족하다.

노인의 자살에 영향을 미치는 요인으로 우울감을 들 수 있다(이홍식, 2017). 우울감이란 일반적으로 가슴이 답답하고 편안하지 않은 마음의 상태이다. 모든 생각과 관심 등이 한 곳에 집중된 상태로, 근심과 무력감, 무가치함에서 오는 정신 병리학적 증상이다(권석만, 2003).

우울감을 가진 노인들은 자녀와 친척, 이웃과의 관계에서 고독감이 증가하게 되며, 자살에 대한 충동이 발생할 가능성이 높다.

(1) 자살을 시도하는 노인들의 특성

세계 보건기구에서는 자살을 치명적 자해 행위로 규명하고 있다. 이는 자신의 생명을 의도적으로 끊으려는 생각을 행동으로 옮기는 것을 의미한다(이형구, 2012). Baumeister(1990)는 자살을 자신이 가진 혐오감으로부터 회피하는 '자기 도피'로 규정하였다. 이러한 혐오감은 자신의 기대와 기준이 심각하게 미치지 못할 때 발생하여 결국 자살로 이어지게 한다. 자살하기 위한 원의나 상상과 계획은 실제 자살시도에 앞서는 과정으로 자살생각은 자살의 중요한 예언지표로 볼 수 있다(박정남, 2013). 자살을 시도한 대상자들의 주요인은 주요 우울장애와 양극성 장애 및 실업으로 밝혀졌다. 이 연구에서 자살생각이 높은 대상자는 자살 시도를 할 가능성이 높다는 것을 알 수 있다(Brownet, 2000; 엄태완, 2007: 재인용).

자살은 하는 본인은 물론 가족까지 심리적 · 사회적 · 문화적 부적응을 갖게 만든다. 본 연구자는 자살을 자발적이고 의도적으로 자신의 생명을 끊는 행위로서, 자신의 생명과 삶에 대한 심리적 · 정서적 파괴 행위로 보았다(김재옥, 2015 재인용).

다음 사례는 현재 지역사회복지기관을 이용하고 있는 여성 노인이다. 대상자는 지역복지기관을 이용하기 전 정서적으로 우울감이 심하여 이웃과의 교류도 없는 상태에서 자살에 노출된 대상이었다. 기관과 이웃의 도움으로 위기에서 회복될 수 있도록 정신건강 회복을 위한 심리치료가 의뢰되었다. 내담 노인의 자살 위기에서 벗어서 여생의 삶을 긍정적으로 수용하는 데 도움을 주고자 푸드아트테라피를 적용하였다.

(2) 내담노인의 특성 및 주 호소문제

본 사례 연구는 단일 사례연구로서 연구대상은 현재 M시 지역에서 생활하고 있는 70대 여성 노인이다. 지역사회 복지관에서 노인 정신건강 사정을 알아보기 위한 검사를 실시하였는데, 검사 결과 대상자의 우울점수가 높았고 자살을 시도한 경험이 있었다. 상담은 지역복지관에서 2017년 2~6월까지 주 1회 50분간 20회기 진행하였다. 내담자가 여행을 가게 될 때나 기관의 행사로 인하여 시간이 겹칠 경우 일정을 조정하여 진행하였다.

내담노인은 보라색 자켓과 짙은 색 계통의 칼라가 달린 티셔츠를 착용하고 있었다. 내담노인은 약간 뚱뚱한 편에 약간 어두운 피부색을 가졌으며, 파마머리를 하고 쌍커풀이 있는 눈에 안경을 착용한 모습이 무표정하고 분위기가 무거웠다. 상담과정의 대부분에 협조하는 태도를 보였으나 가족관계 탐색과정에서는 비협조적이며 회피하는 태도를 보였다.

내담노인은 가족에 대한 이야기를 하지 않으려는 특성이 있어 자세한 정보를 수집하는 데 한계가 있었다.

① 가족의 일반적 특성

관 계	나 이	특 성
남 편	40대 사망	특이한 직업이 없이 지내다가 병환으로 사망함
큰아들	45세	현재 외지에서 생활하고 있지만 왕래가 거의 없는 상태임
딸	43세	내담자와 왕래가 없음
작은아들	40세	직장 없이 외지에서 생활하고 있는 상태임. 거의 왕래가 없음

내담자는 남편과 결혼하여 삼남매를 낳았다. 남편은 40대쯤에 질병으로 사망했다. 남편은 경제력이 부족하여 내담자가 시장에서 야채 장사를 하여 자녀들을 키우고 생활하였다. 세 자녀는 성장하여 결혼한 후 외지에서 생활하고 있지만 현재 일정한 직장이 없는 상태에서 내담자와 왕래는 거의 하지 않는 상태이다.

② 상담자가 본 내담자에 대한 평가

내담자는 다른 곳으로 이사 와 살게 되면서 이웃과 교류가 없이 지냈다. 내담자는 자녀들이 곤궁하게 생활하고 있다는 것을 이웃에게 말하기 싫었고 상담자에게도 가족의 환경에 대해서 구체적으로 말하기를 원하지 않았던 것으로 보인다. 고향에서 멀리 이사 와 형제, 친척들과 왕래도 이루어지지 않은 상태에서 혼자 집 안에서만 생활하고 있었던 것으로 추정된다. 지역사회의 도움을 받아 생계를 유지하는 상황에서 삶에 대한 부정적 정서가 내재되어 있었던 것으로 보인다.

③ 심리평가 및 진단

우울검사를 실시하였을 때 초기 우울 점수가 37점으로 평가되었는데, 이는 내담자의 우울감이 심각한 수준임을 보여주었다. 내담자의 심각한 우울감이 자살로 연관되었다고 볼 수 있을 것이다. 스스로 위축되고 무가치한 자아상을 만들어 사회적 소통을 차단하였던 것으로 생각된다.

(3) 상담과정

상담의 초기단계에서는 내담자가 자살의 위험에서 벗어날 수 있도록 상담자와의 친밀한 신뢰관계를 형성하도록 했다. 중기단계에서는 내담자가 외부에 관심을 가지고 환경에 적응할 수 있도록 하여 대인관계에 도움을 주고자 하였다. 이후 종결단계에서 우울한 심리정서를 감소시키고 안정감을 찾고 긍정적인 일상생활 속에서 치료의 효과를 지속적으로 유지하며 살아갈 수 있도록 하는 데 초점을 두고 진행하였다.

(4) 연구도구

내담자의 전반적인 정서적 수준과 특성을 파악하기 위해 우울 척도와 대인관계 척도를 사용하였다.

측정도구는 벡의 우울척도 검사(BDI : The Beck Depression Inventory)이다. 이 검사는 자기 스스로 우울 증상의 심각도를 알아보는 검사로, 1961년 벡이 개발한 '벡 우울척도검사'의 한국판이다. 이 척도검사는 15문항으로 이루어졌으며 노인이 겪는 우울을 효과적으로 측정하는 것으로 알려져 있다. 벡의 우울척도검사와의 상관관계는 .85이었으며 동시 타당도가 높은 것으로 보고되었다. 본 검사에서는 5점 리커트 척도가 사용되었다. 우울의 정도가 높을수록 총 점수가 높게 되어 있다.

개인이 지각하고 있는 사회적 지지의 정도인 대인관계척도를 측정하기 위한 방법으로 셔븐과 스튜어트(Sherbourne & Stewart, 1991)의 MOS 사회적 지지 조사표와 데용(Dejong Gierveld, 1987)이 사용한 방법을 기초로 하여 김정희가 제작한 검사를 실시하였다. 총 42문항 중 '나와 가장 친한 친구 혹은 이웃사람'에 관한 14문항으로 측정되며 5점 리커트 척도로서 점수가 높을수록 대인관계가 좋은 것을 나타낸다.

(5) 중재 프로그램

푸드아트테라피는 식품으로 표현활동을 통해 억압되었거나 자신이 미처 깨닫지 못한 감정을 돌아보고 해소하는 치료법이다(윤성희, 2017). 매 회기를 거쳐 표현하는 순간 자기 인식으로 이어져 자연스럽게 자신의 내면 감정을 표현하게 하고 심리적 위로를 제공하는 심리치료로(이정연, 2006), 대인관계 향상과 자신에 대한 소중함을 알게 하는 치유의 과정이다.

한 회기는 자료를 제공한 후 내담자의 경험과 내면세계를 자유롭게 표현된 내용을 주제로 하여 이야기하는 과정을 거쳤다. 이야기를 나누는 과정에서 전이가 일어나기도 하고 역동적인 감정의 과정 등을 경험하며 내담자의 내면세계를 정화하는 시간이 이루어졌다.

(6) 상담진행과정

자살위험에 노출된 내담자에게 사전 검사를 실시하여 심각한 우울감이 있음으로 평가된 내담자에게 푸드아트테라피를 실시한 후 사후 검사의 과정을 거쳐 상담을 진행하였다.

내담노인의 언어적 표현과 푸드아트테라피 접근방법을 통해 식품을 매개로 한 작품의 주제를 표현하고 내재된 의미를 정리하였다. 억압된 자신의 내면세계의 정서를 표현하여 우울을 감소시키고 대인관계를 향상시키고자 하였다. 각 회기의 프로그램을 마치면서 내담노인이 표현한 작품의 사진을 찍고 이야기를 녹취하여 내담자가 표현하였던 감정 단어와 증상들의 변화를 정리 분석하였다.

(7) 회기별 진행과정

상담초기에 내담자를 만나 상담의 진행과정에 대한 안내가 진행되었고, 시간약속에 대한 합의가 이루어졌다. 내담자는 기관에서 주말을 제외하고 매일 제공되는 점심 식사에 참여하기로 하였다. 점심 식사를 한 후 주 1회 상담자와 만나 상담을 진행하기로 하였다. 상담진행과정을 초기, 중기, 후기로 구분하여 총 20회기로 진행한 회기 결과는 다음과 같다.

초기의 1~3회기는 신뢰감 형성의 단계로 진행되었다. 자신을 수용하고 자신에 대해 인정하는 과정은 중기인 4~12회기 안에 진행되었다. 후기인 13~20회기까지는 자신을 정리해 가면서 대인관계 증진을 위해 자신의 변화된 행동을 탐색하고 인지하는 과정을 거쳤다.

- 1회기 : 외롭고 슬픈 감정을 나무에 투사하는 듯하였다. 노란 국화꽃을 들고 과거에 남편과 생활하였던 이야기를 한다.
- 2회기 : 힘없는 모습으로 자신을 표현한다. 이야기하는 데 다소 힘들어하는 모습을 보이며 소극적인 모습을 나타낸다.
- 3회기 : 현재 자녀의 처지를 새에 빗대어 표현하고 있다.

1회기 맞이하기		외롭고 슬픈 감정을 나무에 투사하면서 과거 남편과의 생활했던 시절을 회상하였다.
2회기 신뢰감 쌓기		자신을 힘없는 모습으로 표현한다. 이야기하는 데 다소 힘들어하는 모습을 보이며 소극적인 모습을 나타낸다.
3회기 가족	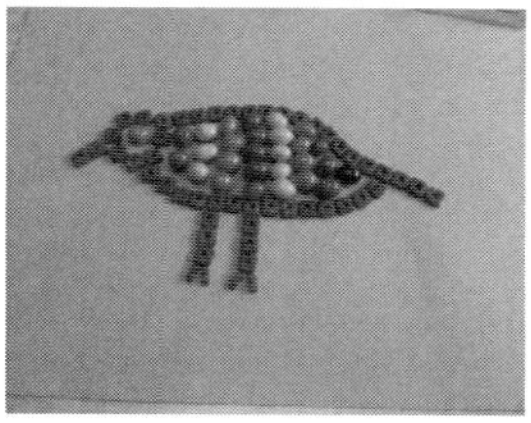	현재 자녀의 처지를 새에 빗대어 표현하고 있다.

- 4회기 : 자존감을 키우기 위한 노력을 보여주는 모습으로 보인다.
- 5회기 : 확신에 찬 기쁨을 표현하고, 프로그램 진행자를 신뢰하는 모습을 보인다. 누군가로부터 지지받고 싶은 욕구가 잘 나타나면서 의식에서는 퇴행을 경험하고 있는 모습으로 보인다.
- 6회기 : 만능키로 열면 열릴 것이라고 하면서 좌절을 경험했지만 희망을 가지고 누군가로부터 지지받고 싶은 욕구가 있다. 의식세계에서는 퇴행이 나타난다.

4회기 이해와 수용		자존감을 키우기 위한 노력으로 보인다.
5회기 내 마음의 여행		확신에 찬 기쁨을 표현하고 프로그램 진행자를 신뢰하는 모습을 보인다.

6회기 만능키		만능키로 열면 열릴 것이라고 하면서 좌절을 경험했지만 희망을 가지고 누군가로부터 지지받고 싶은 욕구가 있다.

- 7회기 : 자신의 삶을 반추하는 모습을 보이며, 편안한 죽음을 기다리고 있는 듯하다.
- 8회기 : 자유로운 영혼인 새로 태어나 새로운 삶을 살아가고 싶은 내담자의 소망이 보인다.
- 9회기 : 살면서 어떠한 선물도 받지 못한 스스로에게 주는 선물이라고 하면서 삶에 대한 의지를 나타냈다.

7회기 내면세계 표현		자신의 삶을 반추하는 모습을 보이며, 편안한 죽음을 기다리고 있는 듯하다.
8회기 깨어남의 의미		자유로운 영혼인 새로 태어나 새로운 삶을 살아가고 싶은 내담자의 소망이 보인다.
9회기 나에게 주는 선물		살면서 어떠한 선물도 받지 못한 스스로에게 주는 선물이라고 하면서 삶에 대한 의지를 나타내었다.

- 10회기 : 죽지 않고 오래오래 살고싶은 소망을 화분에게 이야기하는 모습을 보인다.
- 11회기 : 결혼해서 삼남매를 낳아 길렀던 과거를 회상하며 자녀들이 건강하게 살아주길 바라는 마음을 표현하였다.
- 12회기 : '소금나라' 내담자 자신이 중앙에 있다고 하며 약간의 두통을 경험하게 된다고 하면서 이웃과 함께 오고 싶었다고 표현하는 모습에서 마음의 문을 열고 이웃과 소통하는 모습이 반가웠다.

10회기 현재의 내 마음		죽지 않고 오래오래 살고 싶은 소망을 화분에게 이야기하는 모습을 보인다.
11회기 변화된 나의 마음	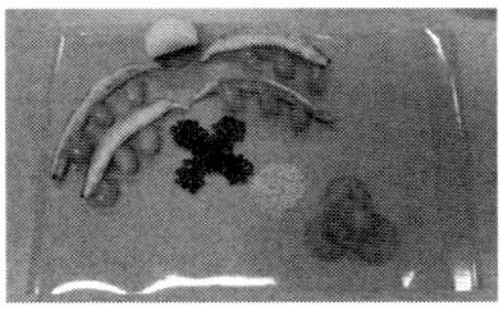	결혼해서 삼남매를 낳아 길렀던 과거를 회상하며 자녀들이 건강하게 살아주길 바라는 마음을 표현하였다.
12회기 변화된 나의 모습	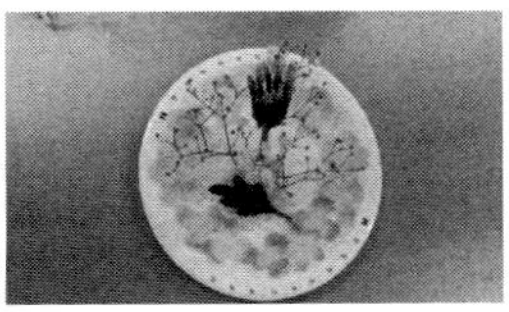	'소금나라' 내담자 자신이 중앙에 있다고 하며 약간의 두통을 경험하게 된다고 하면서 이웃과 함께 오고 싶었다고 표현하는 모습에서 마음의 문을 열고 이웃과 소통하는 모습이 반가웠다.

- 13회기 : 자신을 탐색하는 시간을 통해 내담자의 욕구가 잘 드러나는 모습이 보였다.
- 14회기 : '나는 지금 무엇을 하고 있는가?'라는 주제를 접한 후 세상 속에서 한 마음으로 가고 싶은 내담자의 소망을 표현하는 듯하였다.
- 15회기 : 내담자 자신이 살면서 힘들고 고통스러웠던 장면들을 표현한 모습으로 마음을 의지하는 종교가 있는 듯하다. 십자가만을 바라보고 싶은 내담자의 속 마음을 표현한 것으로 보인다.

13회기 나는 누구인가?		자신을 탐색하는 시간을 통해 내담자의 욕구가 잘 드러나는 모습이 보였다.
14회기 '이웃과 함께'	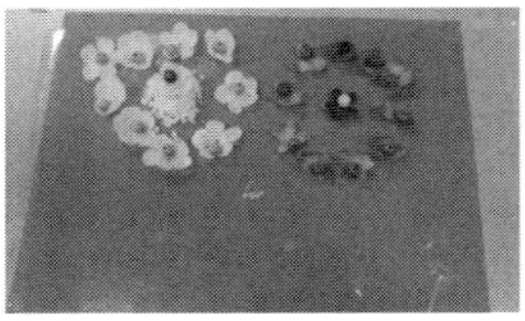	가운데는 자신이 있으며 주변에는 각양각색의 사람들이 있다. 우측에 있는 모습은 이웃과 친해지면서 살고 싶은 마음이며, 좌측의 흰 것은 세상 속에서 한마음 한뜻으로 깨끗하게 구름과 같이 올라가고 싶은 마음을 표현한 것이라고 하였다.
15회기 '내마음의 찌꺼기'	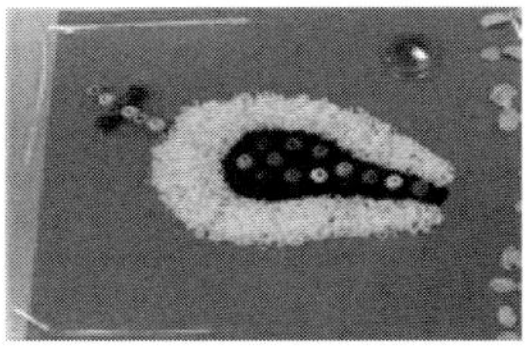	좌측 위에 십자가는 자신이 바라고 가고자 하는 정화된 곳을 향한 것이다. 속에 걱정거리가 많다. 이것을 싹 빼내고 있는 것이다. 좌측의 행복한 나라를 향해, 천국을 향해 가고자 한다고 하였다.

- 16회기 : 내담자의 닫혀 있던 마음을 열어 함께 더불어 사는 모습을 표현하였다. 혼자가 아닌 함께 사는 여정임을 인식하는 모습이다.
- 17회기 : 하루하루를 살다 보면 어느 도착점이 다다를 것임을 알아차리면서 내담자 자신이 풍성해 지는 모습을 표현한 듯하다.
- 18회기 : '소원'을 통해 내 안에 해결하지 못한 것을 생각하고 소원을 빌어보게 하였을 때 몸에서 열이 났고 자식이 걱정되어 소원을 빌어 보았다고 하면서 내담자 아들의 이야기를 표현하는 모습을 보게 되었다.

16회기 다시 찾은 나의 인생	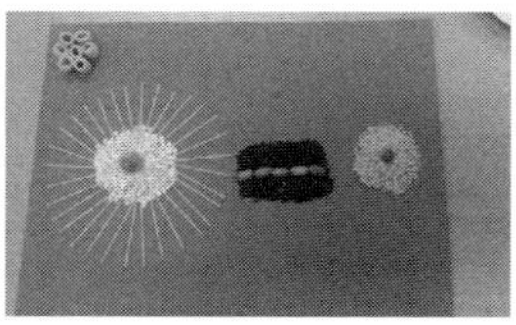	나오면 친구들이 있고 행복하다. 요즈음 자신이 빛이 되어 나오고 있다. 철이 들면서 컴컴한 터널을 통과하여 현재의 둥근 모습을 나타냈고 자신의 마음이 좌측의 빛나는 모습으로 편하고 화평하고 빛나고 있는 자신을 표현하였다. 요즈음 자신에게서 빛이 나온다고 표현한다.

17회기 마음의 여유	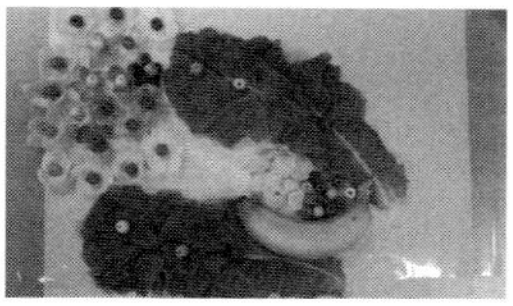	무지무지 행복하다. 마음속 걱정거리는 숲속에다 다 버렸다. 마음속에 싸고 지고 있었는데 길을 찾아서 꽃이 피어 활짝 피어 지금은 행복하다. 가운데 모습은 길이라고 표현한다.
18회기 소원		몸에서 열이 났다고 하였다. 뒤에는 암벽이고 앞에는 이쁜 연못이다. 좌측은 타인을 보는 입장이다. 아래는 현재의 행복한 자신의 모습이 무화과처럼 붉게 활짝 펴졌다. 우측의 포도 알은 근심 걱정거리이었다. 지금은 근심걱정 거리를 포도씨처럼 빼서 연못 속으로 모두 집어 넣었다고 표현한다.

- 19회기 : 몹시 활발해진 모습을 본인이 자각하고 있다. 마트에 가려 해도 한참을 생각하고 나서지 않았지만 지금은 쉽게 밖으로 나올 수 있다고 하는 내담자의 용기와 노력에서 힘이 생겨났음을 발견할 수 있었다. 지금도 우울증 약은 먹지만 기분은 훨씬 좋아졌다는 것을 스스로 느끼고 있었다.
- 20회기 : 따스해지는 마음을 느껴보게 하였을 때 자신이 삶의 중심임을 알아차리고 이웃을 배려하며 먼저 다가가 말을 건네어 보는 등 용기가 있었던 변화를 보였다. 이웃을 '친구'라고 표현하면서 친구를 초대하여 차를 마시는 변화된 삶을 가졌다고 표현하는 모습에서 생활이 많이 변화되었음을 보게 되었다. 내담자 자신도 자신이 이웃과 함께임을 인식하는 시간으로 느껴졌다고 한다.
- 21회기 : '이웃에게 해주고 싶은 말은 무엇인가?'라는 주제를 제시했을 때 서로에게 보태주고 싶고 즐거운 마음으로 행복하게 살려고 하며 작은 것은 생각하지 않기로 결심했다고 하면서 마음을 다잡는 모습을 보였다. 철이 든 부자라고 하면서 활동으로 인한 내담자의 많은 변화를 보게 되었다.

19회기 나의 상태를 자각하기		마음속에 걱정이 많다. 마음 줏대를 가지고 나만 생각하고 살기로 했다. 앞만 바라보고 살기로 했다. 걱정 끝도 없다. 다 내려 놓았다. 이 걱정 해결은 하느님이 한다. 복지관에 나오면서 변화는 집 안에만 있었던 것을 쇼핑도 여러 번 생각한고 하다가 나오게 되었지만 지금은 쉽게 밖으로 나올 수 있다.
20회기 이웃 친구	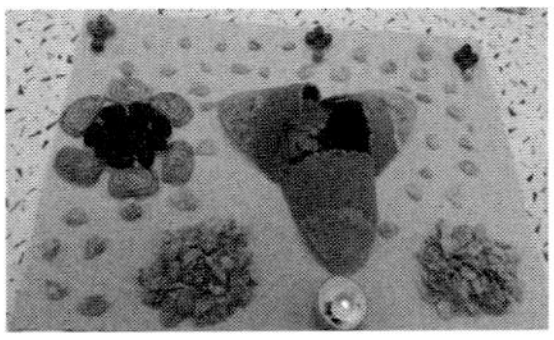	밖에서는 눈이 펄펄 오고 있다. 방 안에 먹을 것이 가득하고 부자이고 친구들과 밥도 먹으면서 밖에는 꽃 피고 나름 부자이기 때문에 올겨울은 있는 대로 함께 나눌 수 있는 공간이다.
21회기 쌀 한줌 덜어내기		걱정 없이 하늘의 별같이 반짝거리는 마음을 먹고 한길을 가려고 길을 표현한 것이다. 즐거운 마음으로 살려고 하며 행복하게 작은 것은 생각하지 않기로 결심한다고 하면서 마음을 다짐하는 모습이었다.

(8) 상담사례 결과

상담을 마친 후 사전 사후 평가로서 우울검사와 대인관계 검사를 실시하였는데, 결과의 변화가 나타났다.

푸드아트테라피를 실시하기 이전인 내담자의 우울검사(CDI)는 사전검사 37점으로 매우 심각한 우울로 평가되었으며, 사후검사 결과 18점으로 감소하여 정도 '중'의 수준으로 나타났다. 사전대인관계 척도 검사에서는 14점으로 낮은 대인관계 수준이었던 것이 사후검사 결과 25점으로 긍정적으로 증가되어 대인관계가 향상된 것으로 나타났다.

내담자는 자살의도가 나타나지 않았으며 자신이 원하는 행복한 모습으로 변화되어 갔다. 상담이 진행되는 초기단계에서는 소극적이고 수동적인 태도로 참여하였다. 초기단계가 지난 후에는 상담시간이 '기다려졌다', '무지무지 행복하다'라고 하는 등 정서적 표현을 하면서 긍정적 자아를 지닌 역동적인 모습으로 변화되어 갔다. 내담자는 이웃과 함께 지내고 싶다는 마음의 변화를 가져오면서 이웃을 초대하여 '차를 나누었다'는 행동변화를 상담자에게 이야기하였다. 상담후기단계에서 내담자는 무엇을 내려놓고 살아야 할지를 통찰하면서 내면의 변화를 솔직하게 고백하는 모습을 보였다.

(9) 상담종결

푸드아트테라피를 진행하여 적용한 사례결과는 다음과 같이 정리할 수 있다.

첫째, 내담노인은 상담초기 신체적·심리적·정서적으로 무기력한 모습으로 활기를 잃어버린 상태를 보였지만 푸드아트테라피 과정을 통해 자살생각에서 벗어나고 자신을 사랑하겠다고 다짐하면서 이웃을 바라보고 살아가고 싶다는 소망을 나타내었다. 8회기에서 자유로운 영혼으로 새로 태어나고 싶다는 표현을 함으로써 지나간 어두운 시간을 정리하고 새로운 삶에 대한 희망을 표현하였고, 11회기에서는 애절하고 편안한 상태에서 '태어나서 행복하다'는 마음과 손자를 나타내 보였다. 15회기에서는 '천국 향해 가고', '다시 찾은 나의 인생'이라는 표현을 하면서 '내 마음이 빛나고 있다'는 느낌을 둥근 원에서 밖으로 반사하는 하얀 빛으로 표현하였다. 21회기를 마무리하면서 삶의 남은 시간을 '자신을 사랑하고 바라보며 새로운 길을 향해 가는 모습'을 다짐하는 변화가 있었다.

둘째, 푸드아트테라피 과정에서 우울점수와 우울행동 관찰 결과 내담자의 우울점수는 사전에 비해 감소되었으며 행동관찰 결과 효과가 있었다. 19회기에서 내담자는 우울증 약은 아직 먹고 있지만 "훨씬 좋아졌어요"라고 표현하였다. 푸드아트테라피 과정 안에서 내적 치유와 변환을 통해 부정적 자아가 감소하였음을 발견할 수 있었다.

셋째, 내담자는 5회기에서 상담시간을 기다렸고 친구를 초대하고 싶은 시간이라고 표현하여 긍정적인 대인관계를 나타내었다. 6회기에서는 만능키를 자신이 4~5개 가지고 있다고 하면서 문이 안 열리는데 자신이 "문을 열려고 하면 열릴 것"이라고 표현하면서 마음의 문을 열고 누군가와 소통하고 싶은 의지를 나타내 보여주는 것으로 보였다. 14회기에서 '이웃과 함께'라는 표현을 하면서 '이웃과 친해지면서 살고 싶다'는 소망을 표현하였다. 19회기에서는 자신의 상태를 바라보면서 내려놓은 모습과 밖의 세상으로 나와 움직이는 모습을 보였다. 20회기에서는 친구들을 집으로 초대하여 차를 마시는 시간을 가질 수 있는 힘이 생겼다.

이러한 결과는 초기 침울하고 무망하며 우울한 정서를 보이다가 작품 활동을 통하여 즐거움과 내적·외적 동기 유발을 촉진시켜 자발적으로 자신의 내면을 표현하는 과정이 내담자의 치료에 영향을 주었음을 알 수 있다.

4. 미술치료를 활용한 노인상담 실제

노년기에 당면하게 되는 신체적, 사회적 어려움에도 불구하고 자신의 정신적-영적 활동을 꾸준히 하는 노인들은 변화하는 사회구조 속에서 자신을 스스로 개발하는 활동적 유기체로서, 또한 자신을 사회적-문화적 주체로서 볼 수 있게 된다(Veelken, 1900). 노인들이 이러한 활동을 할 수 있는 곳은 노인복지관, 노인대학, 요양원 등이다. 물론 개인적인 생활을 즐기는 노인들은 가정에서도 혼자서 이러한 활동을 할 수 있다. 그러나 노인들은 규칙적으로 정해진 장소에서 만나서 집단적인 활동을 하는 것이 그들에게 더 많은 활력과 대화의 기회를 줄 수 있다는 점에서 노인들의 집단모임의 형태가 증가하고 있다.

이와 관련한 예술적, 창의적 활동은 노인들에게 자기 개발에 기여할 수 있는 훌륭한 기회를 제공한다. 즉, 예술 활동은 자신의 삶을 긍정하는 자세이며 그러한 노력이라고 할 수 있다. 이러한 점에서 볼 때 창의성에 기반을 둔 노인미술치료는, 노인이 자신의 삶을 긍정하고 자신 안에서 조화를 이루는 것을 도와주는 기회가 된다.

노인들은 미술언어라는 도구를 사용하여 새로운 의사소통과 표현 가능성을 발견하여 발전시킬 수 있다. 이러한 미술활동을 통하여 노인들은 억제하고 있거나 회피하고 있던 의식적, 무의식적 갈등을 적극적으로 표현할 수 있게 된다. 또한 피할 수 없는 죽음에 대한 걱정도 미술을 통하여 다루게 됨으로써, 노인은 삶의 종말에 능동적으로 직면하는 방법을 배운다.

또한 노인미술치료는 노년기에 빈번하게 발생하는 다양한 병이나 장애를 회복하거나 경감시키는 데 도움을 주며, 그로 인한 심리적 불안감을 완화시켜 줄 수 있다. 미술치료는 노인들에게 심리적인 편안함과 주변 환경과 자연과의 관계를 더욱 강화시키고 감각 및 운동능력과 인지능력을 향상시키며, 그들의 내면세계에 있는 판타지를 현실세계와 연결시켜 주는 역할을 한다(Mees-Christeller, 1996). 또한 뇌손상을 당한 노인환자들에게는 감각장애나 인지장애를 보상하게 하고 그림을 통한 의사소통을 가능하게 해준다(Wichelhaus, 1996).

1) 노인미술치료의 대상

노인미술치료는 주로 병리적 진단을 가지고 있는 집단에 활성화되어 있지만 다음과 같은 경우의 환자들도 노인미술치료 대상이 된다.

① 노화로 인한 기억 상실과 과거의 회상에 지나치게 집착하는 경우
② 세상으로부터 자신을 격리하려는 등의 우울증을 겪는 경우
③ 여러 능력의 감퇴로 인한 자아 상실감을 느끼는 경우
④ 노화를 거부하면서 젊은 시절을 고집하고, 환각적 환상을 갖는 등 현실에서 도피하여 자신에 대한 부적응을 보이는 경우
⑤ 자신의 감정을 투사하기 등의 정신적인 집중능력을 상실하였을 경우
⑥ 독거와 노화로 인한 정신적인 고독감을 가지는 경우

2) 노인미술치료의 목적

노인미술치료의 목적을 세우기 위해서는 우선 노인들의 심리적, 육체적 상태를 점검하고 그에 따라 방향을 정해야 한다. 다시 말해서 미술치료는 노인병원이나 요양원 등에 거주하는 노인집단과 자연스럽게 형성된 노인집단, 그리고 개인으로 구분되어 이루어져야 한다. 이처럼 미술치료는 장소와 대상에 따라 하위목적이 달라질 수 있으나, 근본에 있어서는 공통적인 상위목적을 지니고 있다. 중요한 것은 내적 혹은 외적 활동에 있어서 노인들의 심리적, 사회적, 신체적 기능들을 고려하여 미술치료의 목적과 방법을 달리해야 한다는 것이다.

노인집단치료의 일반적 목적은 다른 집단치료 목적과는 달리, 노인들에게 그들이 '살아온 삶에 균형을 이룰 수 있도록 돕는 것, 돌이킬 수 없는 수많은 상실감을 극복하고 삶을 마감하는 것을 도와주는 것'이다(Petzold, 1985). 이러한 목적은 노인미술치료에도 적용될 수 있다. 그러나 미술치료의 목적에는 이러한 관점 외에도 미적 활동을 통하여 자연과 인간과의 관계를 더 강하게 의식하며, 자신의 내면세계와 외적 세계와의 대화, 삶의 긍정과 수용, 자아실현, 나아가 창의성 개발과 재활적 관점 등이 있다. 뿐만 아니라 노인미술치료는 노인들에게 사회에 대한 지속적 참여를 유지하도록 도우며, 신체-감각기능의 장애와 병을 예방하거나 혹은 완화시켜 주는 것을 목적으로 한다. 이에 따라 노인미술치료는 그들의 정서적, 사회적, 신체적 영적 혹은 종교적 차원을 다루어 줄 수 있어야 한다.

3) 노인미술치료의 기능과 효과

노인미술치료의 역할은 노인의 내적 자아기능을 재창조하고 자신이 주체로서 잃어버렸다고 여겼던 삶의 오브제들을 창조하는 경험 행위를 통해 실제로 회복하게 하는 것이다. 노인 스스로가 작업을 고르고 결정하며 진도에 따라 새로운 것에 적응하고 해결점을 찾아가는 것은 주어진 환경 안에서 육체적, 정신적으로 자신이 주체가 되어 정체성을 가진다는 것을 의미한다. 노년기의 한 개인으로 자유에 대한 감정을 경험하는 것은 결과적으로 죽음에 대한 부정적인 생각을 긍정적으로 바꾸어 놓을 수도 있다.

노년기에 다다라 신체적인 기능이 저하되어 가거나 제한되어 있다고 해도 자아를 보조 기능으로 하는 미술치료를 통해 자신의 환상을 표현하는 것은 누구나 가능하다. 문제가 있는 자신의 기능들을 조금씩 극복하거나 지지하며 창조적인 환상을 표현하는 것은 지금까지 가져왔던 스스로의 존재가치에 대해 긍정적인 사고를 부여한다. 작품 활동은 능동적인 자세를 필요로 하고 창조적인 행위는 결국 한 사람으로 서게 하여 예전의 모습을 다시 찾게 할 수 있다.

미술치료를 통하여 무의식 속에 저장해 둔 과거를 회상하고 자신의 기억들을 더듬어 보는 것은 삶의 원천을 다시 만나는 작업이다. 그러므로 미술치료의 과정에서 창조되는 작품은 노인에게 자신의 삶의 여정을 다시 돌아보고 정리할 수 있게 한다. 각 여정을 다시 세우고 살펴보는 과정을 통해 결과적으로 해결하지 못한 문제를 발견하여 해결하는 성과를 얻을 수도 있다. 살아온 삶 전체를 다시 조망하여 본다는 것은 그것을 통해 사실을 알아낸다는 의미 이전에 미래를 위해 기계적으로 반복해 왔던 삶 속의 문제에서 벗어날 수 있다는 것이다.

미술치료의 과정에서 창조되는 작품들은 사회적 가치를 가질 수도 있고 그러한 경험은 노인의 외적 자아상의 새로운 정립을 가능하게 한다. 따라서 노인미술치료사는 노인이 간직한 과거의 혼돈들과 고통들, 기쁨들과 생각들 혹은 어둠 속에 두었던 것들을 창작을 통해 풀어낼 수 있도록 도와야 한다.

4) 노인미술치료의 구상과 주제

노인미술치료의 방법은 노인들의 다양한 개인적 특성에 따라 달리해야 하며, 미술치료 시간마다 각 노인환자 및 노인집단을 위한 계획을 다시 세우고 확장해야 한다. 미술치료의 초기에 대략적으로 세운 목표설정은 각 환자들과의 작업을 통하여 특수화되고 구체화된다(Wenge, 1993).

노인미술치료의 주제는 일반적으로 그들의 삶을 회상하는 주제, 그들에게 중요했던 사건이나 경험, 삶을 마감하기 위한 준비, 정체성, 체험, 죽음에 대한 불안, 상실감, 희망, 소원, 과거–현재–미래, 삶에 대한 긍정적 인식, 영적–종교적 체험의 표현과 창의성의 장려 등이 있다. 뿐만 아니라 '정신적으로 깨어 있는 상태, 세계와의 연결고리, 즐거움과 긍정적 체험'(Mees–Christeller, 1996)도 노인들에게 자극을 줄 수 있는 주제들이다. 또한 그들의 운동성과 감각기능의 활성화를 위한 주제들도 고려하여야 한다. 이러한 점과 관련하여 미술치료는 노인들의 주된 관심사인 죽음, 병, 외로움, 불안, 문제점 등에만 국한하지 않고, 나아가 노인들에 정서적 활기와 심리적 안정감과 신체적 문제를 보완해 줄 수 있는 방향에도 초점을 맞추어, 다양한 주제와 활동의 가능성을 제시할 수 있어야 한다.

5) 노인미술치료의 형태, 기법, 재료, 시간

노인미술치료는 목적에 따라 치료의 형태도 다르게 적용될 수 있다. 치료형태는 개인치료와 집단치료가 있다. 미술치료가 진행되는 곳은 가능한 한 노인들의 장애나 신체적 불편함을 고려하여, 활동이 자유로울 수 있는 큰 공간이어야 한다. 개인미술치료인 경우에는 개인의 상황에 따라 방이나 환자의 병실에서도 이루어질 수 있다.

노인미술치료에 주로 적용되는 기법은 노인들의 감각과 근육운동을 활성화시키고, 삶을 회상하며 정리하는 데 도움이 되는 방법을 선택한다. 경우에 따라 콜라주, 핑거페인팅, 수채화, 연필이나 분필/ 파스텔로 그리기와 후각자극을 위한 아로마 치료나 동작치료와 미술치료의 통합, 점토작업, 티슈, 콜라주, 곡물 모자이크, 모빌 만들기, 가면 만들기, 한지 작업을 예로 들 수 있다. 재료는 기법에 따라 달라질 수 있는데, 무엇보다 노인들의 능력과 상황에 어울리는 재료를 제시하는 것이 중요하다. 치료시간은 일반적으로 노인에게 무리가 가지 않는 시간이 적당한데, 가장 많이 적용되는 시간은 1시간이다.

6) 노인미술치료의 유형

(1) 개인 미술치료

노인 혼자 거주하는 경우가 많아지는 것은 동서양 할 것 없이 모든 자본주의 국가에서 사회적으로 보편화되어 있다. 이러한 경우 대부분의 노인들은 수작업으로 뜨개질하기, 간식 만들기, 카드놀이 등을 하며 시간을 보낸다. 그러나 이러한 단순한 형태의 활동만으로는 노인들의 정신적 만족을 충족하기 어렵다.

이러한 상황에서 미술치료를 통해 노인들의 개인적인 발전과 자기 가지충족을 위한 활동을 가능하게 할 수 있다. 실제로 노인들의 신체적, 정신적, 사회적, 인지적, 물질적, 문화적 그리고 존재론적 변화는 매우 다양한 결과를 낳을 수 있다. 현재 상태를 인정하고 지금까지 이끌어 온 자신의 삶을 긍정적으로 바라보게 하는 경험을 위해서는 개인 형태의 미술치료가 적합하다.

과거에는 손자, 손녀라는 새로운 세대를 맞이함으로써 그들을 자신의 삶을 연장하는 상징적인 존재로 인식하고 자신의 삶에 대한 의미를 부여했다. 하지만 오늘날과 같은 가족 형태에서는 미술치료와 같이 창조성을 중시하는 정신적 활동을 통하여 이러한 문제를 대체할 수 있을 것이다. 그리고 신체적인 활동이 부족한 독거노인들을 대상으로는 노인들의 신체 활용을 돕는다는 측면에서도 개인 형태의 노인미술치료의 중요한 의미를 찾을 수 있다.

(2) 기관(집단) 미술치료

선진국에서는 여러 가지 형태의 기관에 정신적·신체적 능력이 많이 쇠약해져 있는 대부분의 노인들을 머무르게 하고 있다.

기관에서 실시하는 노인미술치료는 노인들이 신체적·정서적 능력의 한계를 가지고 죽음을 기다리는 사람들이라고 여기기보다는 아직도 살아갈 시간들이 많다는 것과 그 시간들을 어떻게 보낼 것인가 생각하기 위해 제공된다. 기관에서 제공하는 미술치료의 형태는 외로움을 해결하는 것으로 집단 미술치료의 형태를 취하게 된다.

7) 노인미술치료 운영 방법

(1) 노인 미술치료실의 구성

노인 미술치료실은 무엇보다 노인들이 쉽게 찾을 수 있는 곳에 있어야 하며 침실에서 가까운 거리에 있는 것이 바람직하다. 노인들이 최대한의 자율성을 가지고 자유롭게 재료를 다룰 수 있도록 상황에 맞게 잘 정돈되어 있어야 한다. 특히 기관 형태의 미술치료실은 문화중재적인 의미와 세대중재적인 의미에서 개방되는 것이 좋지만 미술치료상담 회기 자체가 꼭 개방형이어야 한다는 것은 아니다. 또한 움직임에 어려움이 있는 노인 환자/ 내담자라면 개인 미술치료가 더 바람직하고 노인이 거주하는 방이 미술치료실이 될 수도 있다.

노인들이 자신이 머무르게 된 기관을 이곳저곳 방문하다가, 진행되고 있는 미술치료 회기를 한두 번 경험하거나 기관에서 미술치료를 권유받아 미술치료실을 처음 방문했을 때, 미술치료실의 환경이 호기심을 갖게 하고 다시 와서 함께하고 싶은 곳이라는 인상을 줄 수 있도록 구성되어야 한다. 특히 강조해야 할 것은 미술치료 작업이 직접 이루어지기 전에 여러 가지 상황이 노인 각자의 조건에 맞을 때까지 반복해서 미술치료실을 오고 가는 경험이다. 미술치료나 미술치료실을 어려운 표현으로 소개할 필요 없이 노인 스스로가 정확하고 규칙적인 리듬으로 찾아올 수 있을 때 미술치료를 통한 발전을 기대할 수 있다.

(2) 노인미술치료의 과정

노인미술치료는 작업이 시작되기 전에 준비하여야 할 사항들이 많다. 작업 이전의 준비사항이 노인미술치료의 출발지점이라고 할 수도 있다. 미술치료 활동은 머무르고 있는 기관에서 진행되는 다른 활동들과 특별히 다른 의미를 가지고 있으며 노인 내담자가 미술치료실의 정체성을 확인할 수 있는 때도 작업 시작 이전부터이다.

무엇보다 중요한 것은 미술치료실에서 안전하게 보호받는다는 느낌을 갖도록 하는 것이다. 필요한 재료를 계속 지원할 수 있음을 느끼게 해야 한다. 또한 노인이 자신의 느낌을 밖으로 드러내게 하기 위해서는 집중력이 요구되므로 혼란하게 할 수 있는 가능성들을 최대한 미리 배제하여야 한다.

- 집단으로 미술치료가 진행되는 경우라면 집단원 서로 간의 소개로 시작한다.
- 미술치료실 내에서 각자 선호하는 자리나 자신에게 맞는 편안한 자리를 결정하도록 한다.
- 안경을 사용하거나 보청기를 착용하는 경우라면 작업 전에 미리 살펴본다.
- 옷에 물감이나 재료들이 묻지 않도록 필요한 작업복을 착용하게 한다.
- 휠체어를 사용한다면 작업대와 거리가 적당한지 확인하고 브레이크를 정확하게 정지시킨다.
- 노인 내담자와 신체적으로 접촉하거나 그의 도구에 손을 댈 경우는 항상 미리 알리고 응했을 때 접촉하는 것이 중요하다.

(3) 노인미술치료 작업 동안 살펴볼 사항들

① **내담자 관찰** : 작업을 선택하기 전에 노인 내담자의 작업 가능 정도를 파악해야 한다. 특히 혼자서 할 수 있는지, 미술치료사 외의 누군가 다른 사람의 도움이 더 필요한지 파악하고 있어야 한다.

② **신체적 측면**

- 팔의 떨림 정도, 작업 가능한 정도, 아픈 곳의 유무를 파악하고 있어야 한다.
- 스스로 걸어서 이동할 수 있는 정도의 한계를 파악한다.
- 스스로 사용 가능한 미술 도구와 도움이 필요한 도구를 정확하게 살핀다.
- 물감 뚜껑을 열고 닫는 능력, 색을 시각적으로 구별하고 사용하는 능력의 정도를 파악한다.

- 듣기 능력의 정도나 말하기, 이해하기 능력 등을 살핀다.
- 왼손잡이인지, 오른손잡이인지를 파악하여 도구나 재료를 제공한다.

③ 방향에 대한 감각

- 자신이 있는 곳, 과거와 현재, 미래에 대한 감각이 올바른지 혹은 오전과 오후의 구분 등을 할 수 있는지 알아본다.
- 미술치료실의 구성과 배치를 혼돈하지는 않는지, 미술치료실에서 방으로 가는 길을 알고 있는지, 자신이 지내는 기관에 대한 의식이 있는지 알아본다.
- 상상에서 만들어진 일과 현실적으로 있었던 일을 구분하는지 파악한다.

④ **정서적인 측면** : 노인 내담자가 불안해하지는 않는지, 흥분하거나 우울하거나 편안해하는지 등을 살펴본다.

⑤ 사회적인 측면

- 기관에서 진행되는 집단 미술치료에서는 노인 환자/ 내담자가 다른 집단원에 대한 의식의 정도에 따라 치료가 필요한 정도인지를 파악할 수 있다.
- 다른 사람들이 자신에게 하는 질문에 반응하는 정도를 살펴본다.
- 다른 사람들의 장애나 문제점들에 대해 어떤 생각을 가지고 있는지 등을 살펴본다.
- 자신이 필요한 사항들을 편안하게 요구하는지 아니면 그 반대의 경우인지 파악해야 한다. 결과적으로 사회성에 대한 문제가 많이 발견된다면 개별 미술치료 형태로 바꾸는 것이 바람직하다.

⑥ 문제점 극복하기

- 노인들의 작업은 대부분 여러 가지 이유로 미술을 자신이 해낼 수 있는 영역이 아니라고 생각하거나 신체적, 정신적 손상 등으로 속도가 느리다. 미술치료사 개인이 자신의 기준으로 높은 목표를 향해 달려간다고

해서 목표를 달성할 수 있는 영역이 아니라는 것을 인정하는 것이 중요하다

- 작은 단계에서 부터 시작한다. 하나의 선을 그리거나, 점을 찍는 과정 등을 예로 들 수 있다.
- 팀을 이루어 놀이처럼 작업할 수 있다.
- 간단하고 쉽게 할 수 있는 작업을 선택하여 불안하지 않도록, 자신에 대한 믿음을 가질 수 있도록 한다. 또한 도화지나 이젤 등이 안정적으로 위치해야 하고 자신의 신체적 불편에도 작업하는 것이 불편하지 않도록 안전한 느낌을 갖도록 한다.
- 노인 환자/ 내담자가 새로운 회기의 작업에서 지난 작업들을 기억하기 어려운 경우가 있을 수 있으므로 각각의 작업을 잘 보관하여 시간의 순서대로 정리하여 둔다.
- 흥미를 가질 만한 작업을 제안하고 각자의 능력과 건강상태가 발전하고 있음을 일깨워 주며 끊임없이 격려한다. 노인에게 있어 미술치료실에서의 작업들은 다시 활동적인 행위를 하고 있는 가치 있는 삶을 느낄 수 있게 한다.
- 작업에 지나치게 관여하여 불편하게 하거나 어린아이처럼 취급받는 느낌을 주는 것도 피해야 한다.
- 작업에 너무 어려움을 느끼는 경우 시범을 보여주는 것도 필요하다.

전적으로 언제든지 도움을 줄 수 있다는 믿음을 줄 수 있어야 한다. 그러나 무엇보다 미술치료실은 작업의 가치를 평가하거나 평가받는 곳이 아니라는 것과 창조 작업을 부담스러움 없이 자유롭게 할 수 있는 곳임을 느낄 수 있게 해야 한다.

⑦ 작업 끝내기

- 작업이 끝났을 때 스스로 작품의 제목을 붙이거나 사인을 하도록 한다.
- 자신들의 작품을 이젤 위에 올려놓고 적당한 거리를 두고 바라보도록

한다.

- 작업을 통해 발견해 낼 수 있는 것은 무엇인지 등을 이야기 나눌 수 있으나 침묵하고 싶어 하는 경우 억지로 말을 유도해 내는 것은 바람직하지 않다. 미술치료사가 작업을 통해 보여지는 색, 형태들을 자신의 시각으로 대신 표현해 볼 수도 있다. 이는 분석이나 감정적인 표현을 말하는 것이 아니라 노인 환자/ 내담자의 작업이 다른 사람에게 보여지는 작품이 되었다는 것을 상징적으로 의미하는 것이다.
- 작업을 일정한 보관 장소에 보관하도록 한다. 이렇게 함으로써 노인 내담자 자신의 작업이 작품으로 한층 더 인정받는 것을 느낄 수 있다.

미술치료는 노인들을 대상으로 하여 재활치료나 그들의 삶을 정리하는 데에 도움을 주는 것으로, 최근의 노인미술치료는 노화 그 자체에 초점을 두고 있다.

사람의 평균수명은 늘어나고 있고 나이가 들어감에 따라 가까운 사람을 알아보지 못하거나 지위, 역할, 자력, 기능 등을 상실하게 되는 것을 피할 수 없어 고통스럽다. 미술치료는 노화의 고통을 막아주는 유력한 양식이다. '인생을 회고'하며 과거를 다루거나 변하는 현재에서 질서를 찾기 위한 방법으로 위축된 세계를 가진 사람이나 공허한 시간으로 울적한 나날을 보내는 사람들에게 미술치료는 도움이 될 수 있다.

(4) 치료사의 역할과 치료적 관계

미술치료사는 일반적으로 노인 내담자보다 연령이 낮다. 그러므로 미술치료에서는 노인들이 치료사를 자식 혹은 손자, 손녀처럼 대하는 경우가 많다. 이것은 치료사를 초기에 신뢰할 수 있는 장점도 있지만, 노인들이 부모나 조부모의 역할로서 치료사를 대하기 때문에 치료의 상황을 어렵게 하는 경우도 있다. 특히 우리나라의 경우 치료사는 일반적으로 노인에 대한 태도에 존경심과 겸손한 자세를 보여주고 있어서, 노인들은 치료상황에서 웃어른으로서의 대접을 받는 것에 만족하고 있다. 하지만 이러한 것 때문에 오히려 자신들의 감정을 자유롭고 자연스럽게 분출하거나 나타내는 데 어려움을 겪는 노인들의 경우도 있다.

미술치료사는 무엇보다 노인들에게 나타나는 양가감정들을 조심스럽게 다루어야 한다. 뿐만 아니라 치료사는 노인들이 어려워하는 과제인 죽음과 죽음에 대한 불안 등을 수용하고 자연스럽게 표현할 수 있도록 도와야 할 것이다. 미술치료사는 무엇보다 그림을 통하여 나타나는 숨겨진 감정들을 볼 수 있고 그림 내용에 대해서 이야기를 나눌 수 있는 주제와 기법들을 고려해야 한다.

벵게(Wenge)에 의하면, 노인미술치료의 중요한 핵심은 창의적 활동을 하는 내담자와 치료사, 내담자와 내담자와의 관계를 구축하는 것이다(Wenge, 1993). 즉, 치료사는 치유과정을 위한 조건들을 만들어야 한다는 것이다. 치료사는 내담자들이 신뢰할 수 있는 모습을 보임으로써 희망을 줄 수 있어야 한다. 또한 미술치료사는 노인들에게 자신들의 상황은 인생에서 불가피한 것임과 동시에, 인생의 각 단계마다 의미가 있다는 것을 수용할 수 있는 치료목표를 세워서 치료과정과 결부시킬 수 있어야 한다. 미술치료를 계획할 때에 치료사는 노인 개인의 상황에 대해 파악한 후에 준비하는 자세를 가져야 한다. 치료사는 내담자들이 개인적으로 위기상황에 직면했을 때, 미술치료를 이끌어 갈 수 있는 인식과 준비성, 민감하고, 공감을 하는 동반자적 입장으로 내담자에게 미술활동을 장려하는 자세를 가지는 것이 중요하다.

8) 노인의 미술치료 사례

(1) 미술치료 사례

① 내담노인의 특성 및 주 호소문제

본 사례 연구는 단일 사례연구로서 현재 M시 노인요양원에서 생활하고 있는 72세 남성노인이다. 돋보기처럼 두거운 안경을 착용한 상태이고, 키가 큰 편이며, 뚱뚱하여 약간의 걸음걸이가 불편하여 보였다. 자주 씻지 않았던 모습으로 청결 상태가 양호하지 않아 깔끔해 보이지 않았다. 주 호소문제는 지역사회 관리사례 대상자로서 우울감으로 인한 외부 활동의 제한으로, 심리적 지지와 정서적 지지를 제공하기 위해 미술치료를 실시하였다.

② 내담노인의 가족배경

내담자는 공직 생활을 하다가 퇴직하여 두 자녀와 부인과 함께 생활하고 있는 상태이다. 전 부인과는 사별하였고 재혼하여 현재의 부인과 생활하고 있다. 재혼하여 낳은 아들이 지적장애를 가지고 있어 돌봄이 필요한 상태이다. 내담자는 거동에 작은 불편함이 있어 집에서 주로 생활하고 있으며 약간의 우울증을 겪고 있다.

㉠ 가족의 일반적 특성

관 계	나 이	특 성
부 인	62세	일용직
큰아들	20세	대학생
작은아들	18세	특수학교 재학중
작은아들	50세	타지역에서 일반회사다님.
작은딸	44세	지역에서 결혼하여 남편과 장사하면서 생활함.

㉡ 상담자가 본 내담자에 대한 평가

정년퇴직 후 일정한 소득이 없는 상태에서 장애가 있는 아들과 생활하는 데 어려움이 있어 보였다. 부인이 쉬는 날 없이 일을 하러 다니고 있는 상황에서 내담자는 건강이 좋지 않아 집에서만 생활하고 있는 기간이 장기화되고 있었다. 장애가 있는 아들 역시 누군가의 도움이 필요하기 때문에 특수학교 귀가 시에 집에서 마중해 주어야 하는 상황에 있었다.

③ 상담과정

내담자의 정서적 안정과 타인에 대한 존중감을 인정하면 좋을 것으로 여긴 기관이 본 상담센터에 상담을 의뢰하였다. 내담자는 봉사자의 도움으로 주 1회 본 상담센터를 방문하여 미술치료 활동에 참여하였다.

상담목표는 내담자가 지금 현재에 충실하고 의미 있게 살기 위해 자신을 돌아보며 타인을 존중하는 마음을 갖도록 하는 것이었다. 미술치료를 통해 생애 회고 과정으로 무의식적이고 비선택적인 자신의 인생을 되돌아 보고자 하는 것이다. 미술치료를 통해 과거의 어려움을 극복하고 현재의 문제를 과거의 체험의 장으로 이끌어 회상시키고자 한다. 미술치료를 통해 타인에게 상처를 주지 않으면서 자연스럽게 상징을 통해 표현하고, 자신의 욕구를 충족시켜 가며 환경과 유기적으로 교류하고자 하는 데 목표가 있다. 내담노인의 개인의 기능을 자연스럽게 회복시켜 주는 것을 목적으로 미술치료를 제공하고자 한다. 또한 자신의 현재의 모습을 통찰하고 수용하며 합리적으로 해결하도록 하였으며, 과거의 기억과 연결되는 현재 자신의 감정을 탐색하는 기회를 갖게 하는 것이 목표이다.

④ 회기별 진행과정

회기	활동명 및 목표	상담내용	사 진
1	가족 관계 안에서 선택한 색종이를 통해 가족 구성원이 지각하고 있는 가족의 심리적 정서적 거리감을 알아볼 수 있게 한다.	권위적인 가장으로서 존재하고자 하는 가부장적인 욕구가 너무 강하게 드러나고 있음을 부인을 청색으로 선택하고 자신을 빨간색으로 선택함. 딸은 노란색, 아들은 녹색으로 표현하여 나타냄 색종이를 자유롭게 붙여보게 하였을 때 청색을 정중앙에 다이아몬드 모양으로 붙이는 모습이었고 가족의 역동을 보았을 때 부인이 중심이 되어 가정이 이루어지고 있는 모습을 직면하게 함 상담 중에 내담자에게 부인 위주의 생활이 이루어지고 있는 가계도의 특성을 인지하도록 하였을 때 단지 바라는 것은 없다고 함 현재 내담자는 친구들과의 관계가 이루어지지 않는 데서 오는 외로움과 정서적 고립감에서 오는 자존감이 낮은 상황에서 친구들을 원망하는 모습도 보이며, 과거의 생활에 집착하여 표현하는 모습에서 내담자의 정서를 알아차리도록 함	 

2	나의 가족은 어떤 종류의 물고기인가? 탐색해 보고 작품을 바라보게 한다.	자신의 물고기들을 큰 아들과 부인의 어항에서 따로 구분해 표현하였고 자신과 작은 아들 물고기 그릇을 따로 표현하여 그 안에 또 다른 어항을 그려 넣었던 것으로, 내담자의 몹시 폐쇄적인 모습을 발견할 수 있었음. 장애가 있는 작은 아들을 우선시하는 특성이 그대로 나타내고 있었음 또한 내담자는 자신을 돋보이게 하고 싶은 욕구가 많이 내재된 특성을 지니고 있는 것으로 사고의 독특성을 직시하고 있는 모습으로 보임	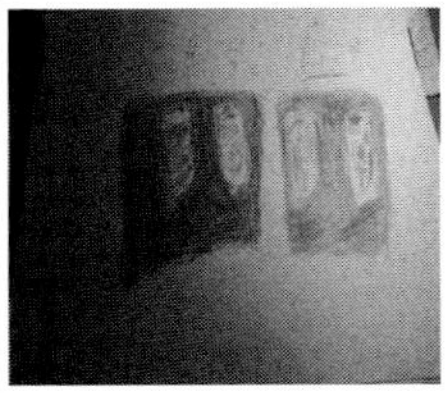
3	도화지 위에 항아리 3개를 그리게 한다. 자유로운 크기의 항아리를 그려 넣고 그안에 내가 가장 소중한 것은 무엇인가? 내가 버리고 싶은 것은 무엇인가를 생각하여 표현하게 한다.	가운데 커다란 항아리에는 '건강, 행복, 물질, 사랑'을 넣었으며 이것은 안방에 보관해 놓고 싶다고 하였음. 두 번째 중요한 항아리에는 '물질'이라고 표시는 하였지만 그리기는 맨 나중에 그린 작은 항아리임. 이 항아리는 방에 보관하고 싶다고 표현함 세 번째 번호의 항아리에는 중요하지 않은 것을 넣었다. 중요하지 않은 것은 물질인데 돈이라고 표현함. 돈이 어느 정도 있으면 더는 필요 없다고 표현하면서 부엌에 보관해 놓고 싶다고 표현함 가장 소중하게 생각하는 것은 자신의 어머니. 자신의 어머니를 무서워하고, 소중하게 생각하는데, 현재 돌아가셔 생존해 계시지 않아 그리워하는 마음을 언어로 표현함. 자신과 동생들을 보살피시다 고생하신 후 돌아가셨다고 하면서 그리운 감정을 나타냄 소중한 것은 마음 행복, 아내가 훌륭하다고 생각함. 남에게 피해주지 않고 스스로 걸을 수 있고 봉사도 하고 싶은 소망이 있다고 함 버리고 싶은 것은 부족해진 기억력, 생각이 부족한 것을 버리고 싶은 마음임	
4	내가 원하는 것은 무엇인가? 탐색해 보게 한다.	자신이 원하는 모습은 기도하고 찬양하는 사람이며, 교회에 헌금도 많이 하고 싶다고 함. 과거에 경찰이었던 때가 그립다고 함.	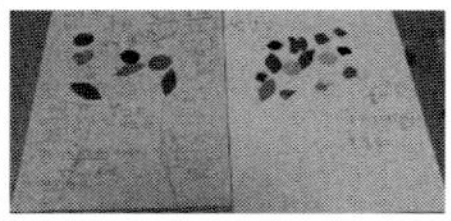
5	미래의 나의 나무를 표현하게 하였을 때 자신의 선입견에는 나무는 갈색으로 표현하였다고 하고 갈색으로 줄기를 그리고 색칠하면서 꿈 이야기를 한다.	나무에는 크고 빨간 열매가 열려 손자들이 와서 따먹게 할 것이라고 함 친구가 자신을 무시하였다고 하는 모습을 보임 자신의 생각대로 따라주지 않아 맘이 바쁘다라고 탄식하는 모습도 보임	

		친구들이 마음 씀씀이가 변했다, 물질이 없어지니까 마음도 멀어진 것 같다라고 표현함 내담자의 장사하면서 정신없이 생활하다 보니 딸과 아들을 품안에서 못 키웠던 것이 안타깝다. 그래서 손자들만이라도 자신의 손으로 품에 안아 키우고 싶은 보상심리를 나타내는 모습임	
6	감정 파이 만들기 내 안에 있는 감정 파이를 만들어 현재의 나의 기분은 어떤 것들로 채워져 있는가를 탐색하게 한다. 이는 감정 조각이 많은 면적을 차지하고 있는지를 자각하게 한다.	내담자에게 현재의 의, 식, 주의 해결이 원활하지 않은 것이 콤플렉스로 작용하고 있는 모습을 볼 수 있음. 세 항아리에는 모두 물질이 들어가 있는 것으로서 내담자의 욕구가 채워지지 않은 상태에서 자존감이 낮은 상태로 보임 감정 단어를 나타내 보라고 하였을 때 감정단어를 나타내지 못하고 생각의 단어로 많이 표현하는 것을 볼 수 있었으며 자신의 내면 탐색에 어려움이 있는 것으로 보임 하지만 긍정적 단어 사용을 많이 하는 모습임	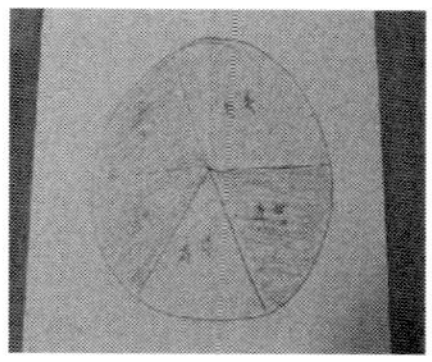
7	만다라의 색채를 통해 내담자의 내적 정서를 안정시키면서 자신의 감정을 알아차리도록 한다.	만다라를 달팽이 등껍질, 암모나이트, 소용돌이 화석 같다고 표현함 자신이 움츠려 들고 있는 무의식을 표현하고 있는 듯 함. 자신의 감정이 소용돌이 치면서, 즉 자기 자신의 내면을 강하게 드러내고 나타내고자 하지만 그것을 수용하고 받아주는 가족이 없다는 것에 대한 불만감이 폭발적인 화로 나타나는 것으로 보임. 부인이 자신에게 수고했어요. 고마워요라고 표현해 주길 바라고 있는 내담자의 모습을 찾아볼 수 있음. 부인이 자신을 인정해 주지 않는 것이 서운하다고 표현함	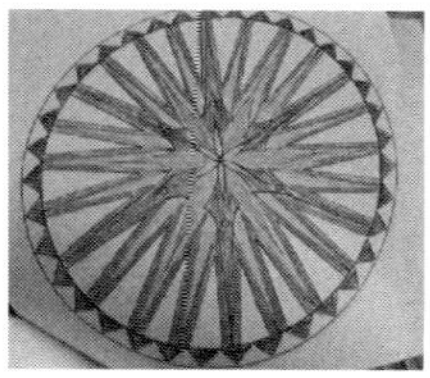
8	입술을 바라보면서 '이 입술을 통해서 듣고 싶은 말은? 하고 싶은 말은?' 탐색해 보면서 자신의 내면을 탐색해 보도록 한다.	자존감이 회복되어 가는 모습을 보임 친구들에게서 자신을 무시한 것이 아니라는 것을 문자를 받고 옛 우정을 다시 느끼게 되었다고 하면서 친구가 보내준 문자를 보여주면서 자신의 존재감을 확인하여 가는 모습을 보게 됨 듣고 싶은 '고생했다, 잘 살아 보자'라는 말을 표현하면서 요즈음 무엇인가 해보겠다고 희망을 가지고 있는 부인의 모습을 표현하면서 마음이 가벼워진 표현을 하는 모습임 웃는 모습으로 행복했으면 좋겠다고 하면서 가면을 쉽게 벗겨 버리지 못하는 특성들을 나타냄 '사는 것에 행복하다. 잘 살아 왔다. 잘 살고 있다. 잘 참아왔다'고 말하고 싶다고 함	

		입술의 모양을 '우리 부인 입과 비슷하다'고 표현하면서 투사하여 표현하는 감정적 언어를 나타내 보이는 모습임	
9	풍경구성법	내담자는 부인을 실망시켰던 것을 생각하며 사과하고 싶은 마음으로 전원주택을 지어서 생활하는 것이 노후의 계획이라고 함 계절은 '봄'이라고 표현함. 강은 우측 아래로 흘러가고 있으며 능선 끝에 산이 높다고 함. 강에는 우렁과 붕어와 잉어, 다슬기들이 살고 있음. 밭에는 상추와 고추, 오이, 열무, 참외, 수박이 있다고 함. 나무는 소나무인데 1~2년생임. 꽃은 장미 꽃임. 동물은 강아지라고 표현함 화창한 봄 날씨에 해수욕장에 온 것 같다고 함. 이런데서 살고 싶다고 함. 전원 주택이며 수영장도 있고 텃밭도 가꾸면서 좋은 경치를 즐기며 노후를 즐기고 싶다고 함	
10	계란화를 통해 현재 내담자의 활동 수준을 알아본다.	내담자는 계란 속에서 병아리가 깨어나고 있는데 지금 다 껍질을 깨어 놓고 머리 부분을 내밀어 놓았다고 표현함 언제쯤 나올 것인가?라는 질문에 2~3일 걸릴 것이라고 함 내담자의 표현대로 이번 회기를 통해 스스로 통찰하여 먹이를 찾는 병아리, 닭의 모습으로 태어날 것을 기대해 봄 지난주에 스트레스를 몽땅 방어 없이 받고 있는 내담자를 보았던 것이 가슴에 많이 남아 있다고 표현하면서 직장에서 타인을 배려할 수 있는 힘을 키우고자 매 순간 생각하고 있다고 함. 동료들이 자신의 진심을 알아주는 것 같아서 좋다고 하며 자신이 변하고 있음을 주변 사람들이 알아주는 것이 행복하다고 함	

내담자의 회기별 상담과정을 녹취록과 사진, 관찰행동 특성을 근거로 분석하였다.

⑤ 상담결과 분석

지금까지의 상담을 통해 누구와의 대화를 할 수 있었던 시간이 소중하였다고 하였다. 특히 외로움은 우울과 연관되었던 것으로 보인다. 내담자 역시

부인이 출근하고 자녀가 등교하면 집 안에서 하루 종일 가족들이 귀가하는 시간만을 기다렸다고 하였다.

미술치료를 통해 주 1회 1시간씩 상담자와 과거의 일상적인 이야기를 하면서 정서를 정리해 가며 회상하는 시간들은 자신을 수용하고 인정하는 시간이었다고 하였다.

내담자는 상담 초기 긴장하고 어수선한 모습에서 색칠을 하지 않으려는 모습을 보였지만 상담에 적극적으로 참여하면서 자신의 내면을 솔직하게 표현하여 나타냈다. 회기를 진행하면서 내담자는 자신의 역할이 원만하지 못한 것에 대한 아픔과 부인에 대한 미안한 마음을 직접 표현하지 못하였지만 하고 싶은 말을 그림을 통해 표현하는 기회가 되어 자신의 내적 감정을 편안하게 해주었다고 하였다.

상담 후기에는 자신이 알에서 깨어나고 거의 다 나오려고 한다는 표현을 하면서 내담자의 통찰이 이루어졌다고 볼 수 있다. 미래의 나무를 표현하는 모습에서도 보편적인 부모님들의 정서가 그대로 반영되어 있는 모습이었다. 장애를 지닌 자녀를 마음의 짐으로 여기고 있었지만 사회적으로 적응해 갈 수 있는 제도에 의지하고 있는 모습에서 마음의 안정을 찾아간다고 볼 수 있다.

5. 모래상자치료를 활용한 노인상담 실제

1) 모래상자치료

모래상자치료(sandtray therapy)는 소품(figure)을 소재로 삼아 마음의 내적 세계를 파악하여 모래상자에 표현함으로써 심리적 조화의 도모를 목적으로 한 심리치료기법이다. 모래상자에 표현되는 것은 내담자의 세계관이라 말할 수 있다. 그 표현은 의식성이 강한 언어로는 이해할 수 없는 무의식의 영역을 내포한 정경이며, 내담자는 그 정경을 만드는 것에서 특별한 설명과 해석

없이 현실과 마음의 내적 세계라는 양자를 통합하고 조화를 도모할 수 있다.

모래상자치료는 자기치유력이 있다. 모래놀이치료는 비언어적인 치료이기 때문에 언어표현이 어려운 사람이나 유아에게도 적용할 수 있다. 이것은 인간이 원래 가지고 있는 총체적 감각과 자기통합성의 작용을 이용한 것이므로, 특히 언어에 의한 설명이나 해석이 필요 없다는 장점이 있는 반면 그러한 이유로 다른 기법보다 어딘가 막연하고 요점이 없는 듯한 느낌을 준다는 단점도 있다.

모래상자치료는 영국의 로웬펠드가 아동들을 위한 치료기법으로 고안한 세계기법(the world technique)에서 시작되었다. 이후 스위스의 심리치료사 칼프(D. Kalff)가 세계기법에 융(C. Jung)의 분석심리학 사고를 도입하여 모래놀이(Sandspiel)로 칭하고, 아동들뿐만 아니라 성인에게도 적용 가능한 표현으로 확립하였다. 한편 세계기법의 중요성에 주목한 뷜러(C. Bühler)는 이것을 일종의 투사기법으로 표준화하여 미국에서 세계검사(World test, 1950)를 만들었다.

칼프는 모래상자치료의 과정을 동·식물의 단계, 투쟁의 단계, 적응의 단계로 구분하였다. 이 세 단계의 과정은 자아의 발달과정인 동시에 자기와 자기의 관계를 개선하는 과정이며, 사회성의 발달을 시작하는 과정이고, 부모를 포함하여 사람들과의 관계를 개선하는 과정이다. 그러나 모든 모래놀이치료가 이 같은 단계를 거치지는 않는다.

모래상자치료는 대체로 동물이나 식물 표현이 먼저 나타나고, 다음으로 어떤 것과의 대립이나 투쟁의 표현이 나타나며, 이와 같은 대립자의 통합을 거쳐 자아가 그 환경에 적응해 가는 단계가 나타난다. 이와 같은 모래상자치료의 기본적인 특성은 다음과 같다. 첫째, 모래상자치료는 하나의 심리치료기법이다. 모래상자치료는 체계화된 시스템을 갖춘 심리치료가 아니라, 내담자의 상황에서 놀이치료나 상담 중에 적당하다고 생각될 때 사용하는 하나의 표현기법이다. 둘째, 모래상자치료는 기존의 구체물을 이용하여 비언어적인 이미지를 표현한다. 셋째, 모래상자치료를 할 때 적당한 의식의 개입, 즉 표현의 진행과정에서 내담자가 능동적으로 이미지를 전개시켜 자아를 지키거나 과제달성을 모색하는 현상이 생기는데, 그 자체가 치료적 체험이다. 넷째, 모래상자치료의 원점은 아동의 놀이다. 모래상자치료의 역사를 추적해 보면 원점은 아동의 놀이에서 찾을 수 있다. 모래상자치료의 실시는 매우 자유롭지만, 내담자가 하려고 하는 것을 허용해야 하는가 제한해야 하는가에 대해 치료자가 판단하기 곤란할 때는 원점에서 생각하는 것이 바람직하다. 다섯째, 모래상자치료는 적용 대상의 범위가 폭넓은 심리치료기법이다. 유아에서 노년까지 해당되는데, 신경증 수준에 있는 사람을 중심으로 하면서 발달지체나 경계선 또는 정신권 내의 사람들에게 적용할 수 있다.

모래상자치료의 치료적 유용성은 심리적 퇴행, 놀이적 자유로움, 그리고 안전한 무대를 제공하고 이미지를 끄집어 내어 이미지에 형태를 줄 뿐만 아니라 그 형태에 대한 의식의 개입이며, 상징화와 체험이다. 모래상자치료의 대상은 5세 이상의 아동부터이며, 집단상담보다 개별상담에 이상적이다. 모래상자치료는 개방적이고 확장적인 활동이기 때문에 대상자에게 자신의 제한된 환상 속에서 모든 가능성을 탐색할 수 있도록 해준다. 모래상자의 크기와 테두리는 대상자가 내면을 탐색하는 데 방해받지 않으면서도 제한과 경계를 지각할 수 있도록 해준다. 모래상자치료는 대상자가 내부과정에 초점을 맞추도록 격려해 주고, 치료자의 격려로 아동이 대담해져서 적극적으로 상호작용이 가능해지도록 유도할 수 있다.

칼프의 모래상자치료에서 주목할 점은 치료자와 내담자의 관계를 강조했다는 것이다. 즉, 모래상자를 이용하여 장면을 만들게 하는 것은 간단하지만, 안정된 기반 없이 자신의 내면을 표현하는 것은 불가능하다. 여기서 기반이 되는 것이 바로 치료자와 내담자의 관계다. 또 한 가지 주목할 점은 융의 이론을 이용하여 모래상자의 표현을 상징적으로 해석하는 길을 열었다는 것이다. 융이 말하는 자기실현이라는 관점에서 치료자와 내담자의 '모자일체성'과 같은 관계가 성립되면 내담자의 자기실현과정이 촉진된다는 것인데, 이는 내담자가 스스로 치유되어 간다는 것을 말해준다.

한국의 경우, 모래상자치료는 일찍부터 장애아 교육에 도입되었으며, 주로 놀이치료에서는 아이들뿐만 아니라 성인을 대상으로도 널리 사용되고 있다. 모래상자치료의 모래상자는 사각형으로 안쪽을 방수로 처리한 나무나 플라스틱 소재로 만들어졌다. 모래상자의 크기는 여러 가지 의견이 있지만, 일반적으로 사용되고 있는 것은 상자 안쪽의 폭이 72cm, 세로 57cm, 높이 7cm이고, 상자 속 모래의 깊이는 7.5cm 정도다.

한눈에 전체를 볼 수 있는 크기로 하는 것이 원칙이지만, 방의 크기나 활동량에 따라 다르게 결정할 수도 있다. 에너지 수준이 낮은 사람에게는 상자가 작은 편이 나을 수 있지만, 일반적으로 표준형을 사용하고 있다. 모래상자의 안쪽은 파란색으로, 바깥쪽은 검은색으로 칠한다. 안쪽을 파랗게 칠하는 것은 모래를 팠을 때 물이 나오는 느낌을 주기 위해서다.

모래는 깨끗이 씻은 것으로 준비하고, 물 가까운 곳에서 작업하는 것이 도움이 되며, 모래상자는 바닥에 놓고 치료자는 내담자의 옆에 앉는다. 그다음 자유롭게 좋아하는 정경을 만들 수 있는 소품들을 제공한다. 이것들은 내담자의 이야기에 나타나는 구체적인 것, 도로 · 집 · 학교 · 쇼핑센터 · 사람 등을 표현하거나 추상적인 것, 이를테면 비밀 · 사고 · 신념 · 희망 · 정서적 장벽 등을 표현하는 데 사용된다.

소품의 종류는 다음과 같다. 첫째, 일반적인 항목으로 바위 · 돌 · 자갈, 조개, 뚜껑 있는 작은 상자, 양초, 가짜 보석류, 종이, 장신구, 스파게티 깡통, 작은 거울, 구슬, 작은 피라미드, 공책, 사슬, 깃털, 나무, 공깃돌, 작은 종이 깃발, 열쇠, 자물쇠, 손전등 건전지, 수정 구슬, 단추, 편자, 금색 훈장, 연필, 큰 못 등이 있다. 둘째, 작은 장난감으로 플라스틱, 나무, 비행기, 배, 울타리, 기차, 자동차 등이 있다. 셋째, 영웅으로 남녀 피겨, 중세 기사, 배트맨, 장난감 병정, 캣우먼, 파워레인저 등이 있다. 넷째, 동물로 용, 동물원의 동물, 농장의 동물, 정글의 동물 등이 있다.

모래상자기법은 모래상자를 만드는 것만으로 치료가 진행되는 것은 아니다. 대부분은 놀이치료와 상담과정에서 내담자가 만들고 싶을 때 표현하는 형태를 취한다. 모래상자도구는 상담실에 두고, 모래상자를 제작하는 치료의 흐름 속에서 내담자의 자유의지에 따라 작품을 구성하도록 권한다. 다음으로 모래상자 속에서 마음에 떠오르는 정경을 만들어 보도록 한다. 미완성인 채로 끝나는 경우도 있지만, 되도록 어떤 형태든 완성한 뒤 끝내도록 지도한다. 시간은 사람에 따라 또 그때의 기분에 따라 다르지만, 1시간 이내가 적합하다. 내담자가 제작하고 있는 동안 치료자는 내담자의 작품에 간섭하지 않으며, 두 사람 사이에 가장 자연스러운 위치에서 수용적인 태도로 지켜본다. 작품 구성이 끝나면 지나친 질문은 하지 않으며, 표현되어 가는 과정을 함께 체험하고 완성된 작품을 함께 음미하며 감상하는 자세가 바람직하다.

모래상자를 보는 방법은 다음과 같다. 첫째, 전체적인 인상을 중요시한다. 작품 전체를 보았을 때 순간적으로 어떤 인상을 받는가가 중요하다. 풍요로운, 역동적인, 잘 정리된, 구속되지 않고 자유로운, 고상한 인상을 주는 작품은 만든 사람의 정신적인 건강함의 지표가 된다. 둘째, 시리즈로 본다. 모래상자 작품은 보통 치료과정 중 여러 개를 만들기 때문에 한 작품을 기준으로 다수의 것을 단정적으로 말하려는 것이 아니다. 따라서 작품을 시리즈로 설정하여 여러 작품의 변화, 전개과정을 중시한다. 셋째, 주제를 단서로 삼는다. 모래상자 작품에 자주 등장하는 몇 가지 주제가 있다. 각각의 주제에 관하여 일반적, 경험적으로 말할 수 있는 점이 있기 때문에 그것을 작품이해의 단서로 삼는다. 예를 들면, 흔히 볼 수 있는 주제로는 동물원·목장, 강을 건넘, 전쟁, 떠남, 우물·샘, 공장, 만다라 등이 있다. 넷째, 소품의 상징성을 단서로 삼는다. 모래상자 제작에 사용되는 소품 자체가 각각 상징적인 의미를 가지고 있다. 그것들에 대한 지식은 작품을 이해하는 단서가 된다. 예를 들면, 주유소를 에너지 공급의 상징으로 이해할 수 있고, 전화박스나 휴대전화는 의사소통이나 도움을 청하는 상징일 수도 있다. 하지만 지나치게 일차원적·사전적으로 이해하는 것은 위험하다. 다섯째, 공간배치(공간 상징)를 단서로 삼는다. 이를테면 오른쪽은 외부세계·의식·현실, 왼쪽은 내면세계·무의식·과거, 위쪽은 정신적·종교적·추상적인 것, 아래쪽(손 앞쪽)은 신체적 · 구상적 · 자아 영역을 의미한다. 이와 같은 관점에 따라 모래상자의 어느 영역에 무엇이 배치되는가를 단서로 삼으면 작품을 쉽게 이해할 수 있다. 그러나 이는 다양한 견해를 배제시키기 때문에 지극히 신중하게 다루어져야 한다. 여섯째, 일차원적인 이해를 배제하고 유연하게 이해한다. 상징성에 관한 지식에 지나치게 의존하여 모래상자 작품을 일차원적 · 사전적으로 이해하는 것은 되도록 피하고, 내담자를 둘러싼 여러 가지 정보와의 관계 속에서 이해해야 한다.

2) 노인의 모래상자치료 사례

본 내담자는 현재 M시 노인요양원에서 생활하고 있는 82세 여성 노인이다. 내담노인은 키가 큰 편이었으며 건강한 모습의 외적 체격을 지닌 모습이다. 얼굴이 넓적한 편이며 목소리가 굵은 여성이었다. 내담자는 봉사자의 도움으로 휠체어를 타고 주 1회 본 상담센터를 방문하여 상담에 참여하였다.

주된 호소문제는 기관에 입소된 상태에서 자주 이탈하여 술을 마시러 나가는 행동이 있다는 것이었다. 기관에서 직접 상담센터에 의뢰하였다. 내담자에게는 자식들에게 버려졌다는 분노감이 내재되어 있었다. 내담자는 아들 둘과 딸 둘을 낳아 홀로 키웠다고 한다. 남편이 폐결핵으로 누워 있는 상황에서 생계를 유지하며 자녀들을 키웠다고 한다. 남편과 사별한 후 혼자 살다가 생활하기가 어려워 요양원에 입소되어 생활하고 있는 상황이었다.

(1) 가족의 일반적 특성

관 계	나 이	특 성
남 편	사망	교회일을 함
큰 딸	62세	결혼하여 타 지역에서 생활함
큰아들	58세	중견회사 간부로 타지에 있음
작은아들	50세	타 지역에서 일반회사 다님
작은딸	44세	타 지역에서 결혼하여 남편과 장사하면서 생활함

내담자는 병든 남편을 보살피면서도 자식들을 훌륭하게 잘 성장시켜 각자의 생활을 하도록 성공시켰다는 자부심이 강하였다.

(2) 상담자가 본 내담자에 대한 평가

내담자는 자신을 자식들이 제공하는 따뜻한 집에서 호강하며 생활해야 할 존재라고 생각하고 있었다. 내담자는 자녀들이 자신을 배신하고 버렸다고 생각하면서 자녀들에 대한 원망과 분노를 지니고 있었다. 내담자는 자녀들과 생활하다가 음주에 관련된 문제가 있는 것을 발견하고 지속적 갈등이 생기게 되자 요양원에 입소된 상태이다. 공동생활에서 제약을 받는 내담자는 술을 마음대로 먹지 못하게 되자 공동생활을 이탈하여 취하도록 술을 마시는 행동이 반복되는 상황이었다.

(3) 상담진행과정

내담자에게 현재에 충실하고 의미 있게 살기 위해 자기를 돌아보며 정서적으로 타인을 존중하는 마음을 가지도록 하였다. 모래상자치료를 통해 생애 회고 과정으로 무의식적이고 비선택적인 자신의 인생을 되돌아 보고자하는 것이다. 모래상자치료를 통해 과거의 어려움을 극복하고 현재의 문제를 과거의 체험의 장으로 이끌어 회상시키고자 한다.

회기	상담내용	사 진
1	'지나간 시간들' 자신이 열심히 자손들을 키우고 성장시키기까지 많은 험난한 길을 지나 왔음이 느껴진다. 어머니로서 살아온 세월에 비해 현재 자식들로부터 받는 보답이 없어 서운한 감정을 많이 가지고 있어 보인다. 내담자는 현재 82세라고 하며 자신의 삶은 소나무처럼 곧고 가시처럼 살아온 인생이라고 말을 꺼낸다. '내 일생의 이야기를 하면 눈물이 나요.' 나무 밑의 인형이 자신이라고 표현하며 방망이를 들고 젊은 시절에 큰일을 하고 살았던 자신이라고 표현한다. 앙상한 가지처럼 가시 돋히고 거친 여성과 강한 여성으로 자신의 정조를 지키면서 살아내야 했음을 토로한다.	

2	'자녀양육' 자신을 희생하여 교육시키고 길러준 결과가 현재의 초라한 모습이라 억울하다고 한다. 자신의 이야기를 솔직히 고백하는 내담자의 모습을 발견할 수 있었다. 내담자는 현재의 자신을 바라보며 자식 간의 관계에서 서운한 감정을 해결해야 하는 과제가 남아 있어 보인다. 막내 아들과의 화해가 필요해 보인다.	
3	'병들고 힘든 현재' 17세에 결혼하였다고 한다. 남편이 37세에 병들어 누워있는 모습이라고 말한다. 3개월간 병원에 입원하여 생활했던 때를 회상한다. 병원비가 부족하여 돈을 빌려야 하는데 재산도 없고 가난하여 돈을 꾸어주는 사람에게 양녀로 삼아달라고 하여 남편을 치료할 수 있었다고 한다.	
4	'호랑이' 현재까지 자신은 남에게 피해주지 않으려는 양심적인 생활을 하면서 지내왔다고 한다. 믿음 있는 생활로 의지하며 지나온 세월을 말했다. 억울함이 있다고 말한다. 아들에게 뺨을 맞은 것을 못 잊어 눈물을 계속 흘리는 모습이 나타난다. 62세 먹은 아들에게 뺨을 맞았다고 한다. 그 아들을 21세 때 낳아 길렀다고 한다. 44세인 아들도 있고 58세인 딸이 있다고 한다. 남편이 호랑이 같다고 말한다. 남편이 죽어갈 때 고개를 돌리면서 미안해하는 모습을 볼 수 있었다고 한다.	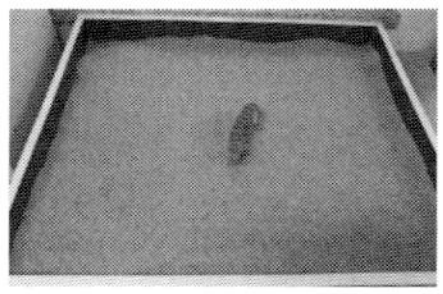
5	'기다림' 내담자는 쳐다보려 하지 않고 방향을 돌려 외면하는 모습을 보인다. 이후 눈물을 흘린다. 아들에게 사과를 받으면 마음의 짐이 덜어질 거라고 말하지만 자신은 아들이 와도 얼굴을 못 보고 안 만나보고 싶다고 강하게 말하였다. 내담자는 마음속으로 아들을 기다리고 있는 것 같다.	
6	'열심히 일하는 자신의 모습 표현' 바다에 사는 물개를 자신이라고 표현하였다. 중앙에는 들판에 광주리를 머리에 이고 가는 여인의 상을 놓고 옆에 아기를 업고 있는 여자 인형을 놓는다. 자신은 가족들도 돌보아 주지 않고 친척도 없고 오직 자식들을 잘키워 집안을 잇겠다는 마음으로 일생을 살아왔다고 한다. 내담자는 기도할 때마다 자신을 잠자듯이 데려가달라고 기도한다고 한다. 자신은 고집 부리는 곤조가 있다는 표현을 하면서 편안한 일생의 삶을 살아보지 못하였다고 하면서 회한의 눈물을 흘린다. 산에서 나무를 잘라 파는 과정에서 도움을 청할 때 남편과 아들이 도와주지 않은 서운함도 표현하였다.	

7	'남편' 제일 무서운 호랑이라고 말하면서 남편은 점잖게 대접만을 받기 원했다고 말한다. 마음만은 호랑이처럼 높게 있다고 표현한다. 자신이 남편을 죽이고 싶었다고 한다. 그래도 자녀들을 바라보며 참고 견뎌왔다고 말한다. 자신의 문제를 해결하는 것이 필요하다. 자신이 고생하고 키워준 것을 생각하고 자녀들에게 큰소리치면서 대접받기를 원하고 있다. 자녀들도 현시대를 살아가는 사람으로서 부모의 마음을 헤아려 주지 못하는 실정이다. 나이가 많이 드신 어른으로서 자신을 통찰하기는 어려워 보인다. 방어하고 회피하는 말을 자주 함으로써 안 될 것으로만 생각하고 있다. 지나간 과거에 아직도 집착하고 있는 내담자이다.	
8	'산타' 남편이라고 산타를 표현한다. 상담자가 '할아버지처럼 선물을 많이 받으셨나 봐요?'라고 질문했을 때 산타인형을 다시 뒤쪽으로 돌려 세워 놓아준다. 그들이 있는 곳에 가고 싶지 않다고 말한다. 자신은 혼자라서 그 자리에 없다고 표현한다. 자손들이 찾아오지 않고 겨울옷을 챙겨주지 않는다고 하며 전화도 오지 않는다고 불평을 한다. 인형의 뒷모습을 나타내 보임으로써 가족 간의 관계에서 대화가 단절된 모습을 볼 수 있다. 등장한 인물 등 중에서도 내담자 자신의 모습은 없다고 표현한다. 가족들에 대해 자신의 자존감을 키워 스스로 존재가치를 인정해 줄 필요성이 있다.	
9	'딸' 여자 인형을 왼쪽 위에 놓아준다. 큰딸과 둘째 딸이다. 서울 다녀와서 내담자를 만나러 오지 않았다고 이야기한다. 서울 손녀딸 결혼식이었는데 갔다 와서 아무런 이야기도 해주지 않아 섭섭하다고 한다. 본인 자신이 성질이 나빠서 찾아오면 고운 소리 안 할 것이고 딸들은 어머니의 궂은소리를 듣기 싫어서 찾아오지 않는 것이라는 것을 자신이 직접 이야기한다. 성질이 나쁜 것을 본인도 알고 고치려는 노력도 하지만 쉽게 안 되는 부분이라고 말한다. 딸들이 병원에 데리고 가서 치매검사를 한 것이 기분이 상했다고 한다. 자신의 처지를 알아주지 못하는 것으로 인해 의심하는 경향이 생겼다고 한다.	

(4) 상담결과

지금까지의 사례를 통해 모래상자치료 과정이 고독하고 대인관계에 어려움이 있었던 노인의 관계회복을 위한 시간들임을 알 수 있었다. 요양원에서 생활하면서 갈등이 심했던 노인들이 노년의 삶을 정리하고 심리적으로 치유되며, 자신의 죽음까지도 수용할 수 있었던 치료 방법이었다. 요양시설에서 장기간 지속되는 마음의 긴장, 고독과 대인관계 어려움에 대한 스트레스는 자신뿐만 아니라 함께 생활하고 있는 같은 공간의 동료들과 가족, 주변 환경에도 큰 영향을 주었다.

모래상자치료 과정은 노인들이 가지고 있는 여러 스트레스를 해소할 수 있었고, 삶의 여정 안에서 노년기인 현재의 삶을 수용하고 받아들이기까지 고통을 함께했던 시간들이었다. 경험과 시간 안에서 모래상자치료를 할 수 있는 기회를 통해서 평온해지면서 타인과 자기 자신을 수용하는 시간들이었음을 알 수 있었다. 또한 마음의 고독과 우울은 약으로 완전히 치유할 수 없어 마음의 이완과 정서적 치유는 또 다른 매체를 통해 가능했음을 짐작하게 했다. 몸과 마음을 이완시키고 안정시키면서 자신을 있는 그대로 현재의 모습을 자발적으로 수용할 수 있도록 했다.

모래를 만지는 촉감과 모래상자 안에 표현되었던 상징물들을 통해 노인들은 자연적으로 과거의 즐거웠던 시간과 고통스러웠던 시간들, 현재 처해 있는 자신의 고독하고 어려운 상황들을 기억할 수 있었다. 사례노인이 치료를 받음으로써 기관 모든 직원들과 함께 공동체 생활을 하고 있는 노인들의 스트레스가 감소되었으며 관계가 회복되면서 모두 편안함을 느낄 수 있게 되었다. 내담자에게 모래상자치료는 죽음이 삶의 과정의 일부분으로 고통에서 해방되는 것이므로 편안하게 수용할 수 있고 죽음에 대한 공포 없이 현재 자신의 존재를 수용할 수 있는 중재 매체임이 확인되었다. 고독함을 수용할 수 있었고 원만한 대인관계에 도움이 되었으며, 상담하는 동안 편안한 기분을 느꼈다고 하였다. 죽음은 피할 수 없기에 삶의 일부분이며 숙명적으로 받아들이고 신께 의탁할 수 있도록 평안함으로 수용하게 되었다고 하였다.

6. 자서전 쓰기를 활용한 노인상담 실제

1) 자서전 쓰기

자서전 쓰기는 자존감을 증가시켜 주며 과거와 화해하고 불만과 부정적인 감정을 해소해 주는 역할을 한다. 노인들이 과거의 기억을 되새기고, 더 많은 자기반성과 기억력을 발전시키며 인생의 의미를 찾아가는 노년기의 중요한 발달적 과제이다. 또한 자녀들에게 부모와 조상의 삶을 통해 자긍심을 갖고, 가족의 역사와 관습, 철학을 볼 수 있게 도와준다. 인생회고는 자신의 삶을 정리하고 재구성하는 과정을 통해 정신치료의 효과가 있다. 지나온 삶의 발자취를 정리하고 수용함으로써 자아통합감과 마음의 평안함, 초월과 지혜 등을 얻을 수 있도록 도와주는 치료적인 효과를 가지고 있으며, 다가오는 죽음에 대한 불안에 의연함을 가질 수 있게 한다.

2) 자서전 쓰기의 주제

삶에서 여러 가지 선택의 순간을 맞이하게 되는데, 전환점이 될 수도 있고 분기점이 될 수 있었던 사건이나 경험 등을 주제로 정해보면 좋다. 그중에는 가족, 일, 사랑과 미움, 건강, 고난, 관계, 가치관과 이별 등의 이야기를 적어 기록으로 남기면 좋다.

3) 자서전 쓰는 방법

삶을 진솔하게 표현하여 기록해야 한다. 자서전의 주인공은 자신이므로 꾸미지 않고 구체적으로 쓰는 것이 좋다. 편지를 쓰듯이 쉽게 읽을 수 있고 이해할 수 있는 글이면 더욱 좋다.

사진으로 쓰는 방법도 있는데, 글로 쓰는 자서전 쓰기가 어렵거나 글을 쓰는 능력이 낮을 때 유용한 방법이다. 사진을 통한 기억력 재생은 매우 정확하게 사건을 회상해 낼 수 있으며, 객관적이면서 주관적인 느낌으로 사건의 의미를 찾을 수 있다. 빠르게 지나가는 삶 속에서 남겼던 사진은 그날의 기억으로 연결된다. 자신만의 소중했던 경험에 크고 작은 사연들이 시각적인 장면으로 소중한 삶의 의미를 재음미하며 긍정적으로 삶을 생각할 수 있게 한다.

4) 새로운 인생설계(사랑 나누기)

매일 감사하는 마음으로 생활하고, 밝은 웃음을 전달할 수 있어야 한다. 호스피스 봉사활동, 자살예방 자원봉사활동 등 사회에 기여할 수 있다면 바람직하다. 그동안 자기 중심적인 삶을 설계하였다면 새로운 인생의 설계는 타인 중심적으로 바뀌어야 한다. '잘 살았다'는 말은 물질적인 풍요의 의미보다는 더 인간적인 '영적 성숙'에서 삶의 지혜를 발견하여 가르쳐 주는 사랑의 실천에서 의미를 부여해야 한다.

테레사 수녀의 아름다운 삶을 보면서 새로운 인생을 설계하는 일에 기준을 세워보는 것도 좋을 것이다. 그녀가 어느 날 밤거리에서 몸 상태가 최악인 한 여인을 데리고 왔는데, 구더기가 그녀의 몸을 파먹고 있을 정도로 상태가 심각하였다. 수녀는 침대에 눕혀 정성껏 보살폈고, 여인은 침대에서 테레사 수녀의 손을 꼭 붙잡고 세상에서 볼 수 없는 아름다운 미소를 보여주며 '감사합니다'라는 말을 남기고 숨을 거두었다. 그녀를 바라보는 테레사 수녀는 자신에게 이렇게 물었다.

> 내가 만일 그녀였다면 나는 어떻게 했을까, 나한테만 관심을 가져달라고 말했을 것이다. 그게 나의 솔직한 답이었다. 혹은 '나는 추워요', '배가 고파요', '나는 죽어가고 있어요'라고 말했을 것이다. 그러나 그녀는 그렇게 말하지 않았다. 그녀는 내가 해준 것보다 더 많은 것을 주었다. 그녀는 나에게 남을 이해하는 마음을 주었고 사랑을 주고 떠나갔다(신흥범, 1997).

<표 9-3> **나의 인생 자서전 쓰기 예시**

나의 인생 자서전 쓰기

내가 살아가는 모습에서 나를 만나보는 시간입니다. 내 삶의 여정 중 중요했던 순간들을 적어봅니다.

1. 출생
2. 초등학교 입학
3.
4.
5.
6.
7.
8.
9.
10.
11.
12.
13.
14.
15.

• 당신의 삶에 영향을 끼친 사람은 누구입니까? 떠오르는 모든 사람을 적어봅니다.

※ 자서전 작성 순서는 연도순으로 기록함
본인출생, 초등학교 입학 · 졸업, 중학교 입학 · 졸업, 고등학교 입학 · 졸업, 대학교 입학 · 졸업, 군 입대 · 제대, 회사 승진 · 포상, 결혼, 자녀 출생, 회사 퇴사, 부모님 칠순 · 팔순 · 별세 등

제10장

아름다운 삶과 죽음

1. 성공적인 삶
2. 죽음 준비교육
3. 죽음에 대한 다양한 이해
4. 전통적, 종교적 죽음 이해

제 10 장 아름다운 삶과 죽음

1. 성공적인 삶

'성공'이라는 말의 뜻은 잘살게 되었다는 것이다. 실패하지 않고 사회적으로 안정적인 위치에 올랐다는 말을 뜻한다. 많은 사람들이 성공에 대한 가치 기준을 물질적이거나 사회적인 성취에 대한 것으로 제한하고 있다. 하지만 물질적이거나 사회적인 성취가 아닌 사랑이나 봉사의 기쁨 등에 성공의 가치 기준을 가지는 사람들이 있다. 마더 테레사 수녀 같은 분이 자주 회자되는 이유는 사람들이 흔히 가지고 있는 성공에 대한 가치 기준과는 다른 모습으로 살았기 때문이라 생각된다. 그런데 죽음이라는 단어를 삶에 끼워 맞추는 순간 성공이라는 말에 대해 다시 생각하게 된다. EBS <데스> 제작팀이 했던 실험에서 죽음 교육 전, 후의 심리 상태를 알아봤는데 죽음 교육 후에 심리적 건강이 더 좋아졌다. 사람들이 성과 돈에 대한 기타 물질적, 사회적인 가치 기준이 달라진 것을 분명히 알 수 있었다. 그렇다면 이제 성공적인 삶에 대하여 생각해 볼 때, 물질적이지 않아 정확하게 잡히지는 않지만 사랑, 희생, 봉사, 자비, 자선 등을 지향하는 삶을 성공적인 삶의 모토로 삼아야 할 것 같다.

2. 죽음 준비교육

1) 죽음의 의미

죽음학(thanatology)이란 죽음과 관계있는 테마를 인문학・의학・신학・심리학 등 다양한 학문과 결합하여 인류문화의 여러 측면에서 죽음과 관련된 연구 결과와 성과를 바탕으로 죽음을 통해 삶의 본질을 탐구하는 학문이다. 임종영성학, 임종학 등으로 불리기도 한다. 영어로는 타나톨로지(thanatology)라고 한다. 그리스어로 죽음을 뜻하는 타나토스(thanatos)에서 유래되었다. 1960년대 미국 미네소타대학에서 죽음학을 표방한 첫 강의가 시작되었다. 일본에서는 삶과 죽음에 대한 사생학(死生學) 혹은 생사학(生死學)이라고도 불리는데, 도쿄대학에는 '사생학연구소'도 있다(이진순, 2015).

인간의 삶은 태어나서 죽기까지 성숙한 사람으로 창조되어 가는 과정으로, 삶과 죽음은 모든 인간의 정상적인 현상이다. 인간은 이러한 과정을 거치면서 많은 사건을 경험하고 반성하며 성찰하지만 죽음은 되돌릴 수 없다. 죽음은 일회적이며 경험의 세계를 초월하는 사건이다.

죽음에 대한 대한의학협회 '죽음의 정의 연구위원회'는 심장기능 및 호흡기능과 뇌반사의 불가역적인 정지 또는 소실로 죽음을 정의한다. 의학적인 죽음의 의미는 모든 생체기능의 영구적 정지이다. 전체 뇌기능, 호흡계의 자발기능, 순환계의 자발기능 등 이 모든 것이 비가역적으로 정지되었음을 말한다(정상수 외, 2018).

2) 법률적 죽음의 의미

법에서의 죽음은 사람의 사망 시점과 관련하여 심장의 기능이 회복불능한 상태로 정지된 때(심장설)를 사망의 시기로 보는 견해와 뇌의 기능이 회복불능한 상태로 정지된 때(뇌사설)를 사망의 시기로 보는 견해의 차이가 있다. 민법에서는 사람의 사망과 상속・유언의 효력발생・잔존배우자의 재혼・보험금이나 연금청구 등이 관련되어 있다. 이러한 관점에서 볼 때, 사망의 시점은 사망으로 판단 가능한 시점 중에서 가장 확정적인 시기로 결정하는 것이 타당하다. 왜냐하면 사망의 효과가 발행한 후에 다시 소생하게 되면 원상으로 회복하는 법률관계가 복잡해지기 때문이다. 이러한 점에서 사망으로 판단할 수 있는 최후의 시점인 심장의 박동이 정지된 때(심장설)로 보는 것이 타당하다(조만형, 2017).

일반적으로 임종(dying)과 죽음(death)은 정의가 혼용되어 사용되고 있으나 임종은 죽어가는 과정, 죽음은 생명이 정지된 상태로 볼 수 있다. 국립국어원에서는 임종(臨終 : dying)을 죽음에 임함, 임명(臨命), 부모가 돌아가실 때 그 자리에 같이 있음, 종신(終身) 등으로 말하고 있다. 죽음 사(死), 입몰(入沒), 사망(死亡), 사세(死世), 끝장, 죽는 일, 생물의 생명이 없어지는 현상, 세포 내의 연속적인 생리적 변화가 불가역적으로 되어 정지하는 상태인 것이다. 유사하게 웹스터 사전에서는 임종을 생명이 끝나가는 것, 죽음이 임박한 것, 점차 소멸되는 것이라고 하였으며, 죽음은 동식물에서 소생의 가망이 없는 모든 생체 기능의 영구적 정지, 생명의 종결, 죽는다는 사실이나 행동 및 과정이라고 하였다(양옥남 외, 2016).

3. 죽음에 대한 다양한 이해

1) 죽음에 대한 의학적 이해

현재 의학계에서 죽음의 판정기준으로 널리 인정되고 있는 것은 '심폐기능설'과 '뇌사설'이다. 심장과 폐장 그리고 뇌의 활동 정지가 죽음의 판정기준으로 언급되는 이유는 이 세 기관이 인간의 생명현상을 특정 짓게 하는 데 주된 역할을 하고 있기 때문이다. 심폐기능설에 대한 사망은 호흡이 먼저 정지되고 나중에 심장박동이 정지되는 '폐장사(lung death)'와 심장박동이 먼저 멈춘 후 호흡이 정지되는 '심장사(heart death)'로 다시 구분된다. 뇌사설은 뇌 기능의 영구적인 정지를 인간 죽음의 최종 판단기준으로 보는 입장으로서 뇌가 완전히 파괴되어 다른 모든 장기의 기능적 중지가 절박하고 불가피한 상태를 말한다(조계화 외, 2006).

2) 죽음에 대한 심리적 이해

1968년 미국 시카고 대학 정신과 의사인 엘리자베스 퀴블러 로스(Eliazbeth Kübler-Ross)는 200명의 환자를 면담 후 죽음을 '인간 최후의 성장단계'라고 했다. 또한 삶 속에 겪는 어려움, 즉 낙제, 실연, 강제퇴직, 사별, 질병 등을 '작은 죽음'이라고 하였다. 정신적으로는 죽음을 삶의 마무리, 즉 완성으로 보았다. 그러므로 삶은 죽음으로 가는 것이 아니라 삶의 완성으로 가는 것이라고 하였다.

그는 인터뷰 분석결과를 토대로 5단계의 심리적 단계를 거쳐 다가오는 죽음을 깨닫는다는 것을 발견했다. 즉, 거부, 분노, 협상(타협), 의기소침(우울), 그리고 수용의 5단계이다. 이를 구체적으로 설명하면 다음과 같다(허정무, 2011).

(1) 거부단계(denial stage)

거부단계("아니야, 난 아니야")는 임박한 죽음이라는 현실을 거부하고 무언가 잘못되었다고 느끼는 단계이다. 어떤 사람들은 '설마 그럴 리가 없다. 나는 아니다(No not me)'며 자기가 처한 현재의 상황을 받아들이지 못한다. 더 긍정적이고도 만족스러운 처방이 나올 때까지 여기저기 병원과 의사들을 찾아 전전한다. 예상치 못한 사실에 갑자기 접함으로써 나타나는 충격에 대한 자기방어이다. 이러한 경우 환자를 상담할 때는 사랑과 관심을 가지고 환자의 소중함을 일깨워 주어야 하며 충분한 시간을 가지고 기다려야 한다.

(2) 분노 혹은 저주 단계(anger or rage stage)

거부가 가족이나 친구 또는 의료진들에게 향한 분노나 저주의 감정("왜 하필이면 내가?")으로 대치되는 단계이다.

(3) 협상단계(bargaining stage)

협상("그래…, 내가, 하지만…")은 죽음을 연기시키기 위해 타협하는 데 노력하는 단계이다. 협상의 대부분의 경우는 신(神)과 환자 사이에 이루어진다.

(4) 우울단계(depression stage)

우울(의기소침)의 단계("아, 슬프다!")는 어쩔 수 없는 자신의 운명임을 알고 커다란 상실감과 좌절감에 빠지는 단계이다. 죽음을 수용하려는 마음으로 가족과 친구들에게 마지막 인사를 고할 시간이 된 것이다. 이 단계에서는 세상과 자신을 분리시킬 준비를 하게 된다.

(5) 수용단계(acceptance stage)

마지막 수용("이제 떠날 시간이다")단계에서 환자는 이제 우울감도 분노도 더 이상 느끼지 않게 된다. 자신의 운명을 받아들여 내적 평화를 얻고 감정적 반응이 약화된다. 임종하는 사람들이 자신에게 닥친 마지막을 어느 정도 조용한 기대를 가지고 생각하는 때이다. '긴 여행 전의 마지막 휴식'과 같은 상태가 된다. 이때 환자에게 죽음을 실제적으로 준비하면서 가치 있는 일을 찾게 한다.

3) 죽음에 대한 학문적 이해

(1) 법학적 측면

죽음의 책임을 법학에서는 의미나 가치보다 더 우선한다. 즉, 노화 또는 질병 등에 의한 자연적인 죽음보다 외부의 자극인 살인으로 인한 죽음을 더욱 논하게 된다. 법학에서 말하는 죽음에 대하여 세 가지의 설은 첫째, 호흡이 호흡 종지설, 둘째, 맥박 종지설, 셋째, 뇌파 종지설이 있다. 법학적으로 죽음을 인간이 호흡을 멈추거나, 맥박이 뛰지 않거나, 뇌파의 멈춤으로 구분하고 있는 것이다.

(2) 철학적 측면

철학을 '아는 것을 사랑하는 학문'이라 이해하여 고차원적인 학문으로 여기지만 죽음을 알기에는 철학도 부족한 부분이 많다. 죽음의 문제를 이야기하는 학문도 이상하지만, 생각할수록 미궁으로 빠지기 때문에 철학에서는 전통적으로 죽음에 대한 이야기를 회피한다.

4. 전통적, 종교적 죽음 이해

1) 전통적 죽음 이해

한국에는 무속신앙, 불교문화, 도교문화, 유교문화와 기독교 문화가 혼합되어 현대문화를 형성하고 있어서 각각 죽음에 대한 이해가 다르다. 삼국시대에는 무속신앙을 바탕으로 이승과 저승을 나누어 죽음을 이승에서 저승으로 옮겨가는 삶의 연속으로 생각했다. 죽은 사람에게 입히는 수의를 준비하는 것도 같은 이유이다. 신라시대에는 불교문화가 있었으나 무속신앙이 가지고 있는 죽음에 대한 이해가 공존하였고, 화장하는 풍습이 생겨났다. 유교문화에서는 사별의 상실감과 슬픔에 대하여 초종, 장송, 상제의식의 새로운 유교식 상례를 형성하였다. 한국의 전통적 죽음에 대한 이해는 삶과 죽음을 영혼과 육신의 결합과 분리에 따라 구분하고, 이승과 저승의 세계를 모두 수용하고 있다.

중세서구사회에서 생각하는 죽음은 자연과 신의 법에 의해 이 세계가 연결되어 있다고 생각하여, 죽음에 대해 긍정적인 관점으로 모두에게 있는 삶의 일부이며 마지막이라 여기지 않고 다시 만날 것을 기대하고 약속하는 의미로 이해하고 있다. 죽음이 구원과 천국으로 가는 문이라고 생각하여 죽음에 이르기까지의 삶의 여정을 중요시하게 되었다. 그래서 죽음의 순간을 자신의 행동을 재검토하는 유일한 기회로 삼기도 하였다.

중동사회의 죽음 이해는 종교관과 밀접한 영향이 있는 듯하다. 죽음에 대해 만유의 창조주인 알라에게 귀의하는 것으로 이해하고 개인의 죽음을 모든 것의 종말이라고 생각하지 않았다. 그러므로 영혼이 육체와 분리된 후 천상 세계로 돌아가는 것으로 여기고 있다.

아프리카 사회에서의 죽음 이해는 근본적으로 죽음을 긍정적으로 인식, 죽음을 개인의 삶의 전체성에 완전히 통합된다는 관점으로 죽음의 반대가 출생이며 출생이 인간을 연결하는 하나의 사건으로 죽은 사람들과 후에 다시 태어날 사람을 연결하는 것이라 생각한다. 즉, 사후 세계는 현실의 이세계(離世界)이며, 삶의 세계가 사후의 세계라 인식하고 있다.

2) 종교적 죽음 이해

모든 종교는 죽음에 관한 이야기와 죽음을 이해하기 위한 수단이라 할 수 있다. 종교를 통해 인간의 시작과 끝에 대한 존재의식을 가지게 되기 때문이다. 누구라도 신앙을 가지게 된다면 그것은 신에 대한 이해와 자신에 대한 이해 그리고 타인에 대한 이해가 새롭게 변화를 가져오게 되는 기회가 된다.

이스라엘의 유대교는 죽음에 대하여 신의 영역에 있는 것으로 생명이 있는 동안 올바르게 신이 원하는 삶을 산다면 죽음을 두려워할 대상이 아닌 것으로 이해한다. 한 마디로 죽음은 신의 결정에 의해 결정된다고 생각하는 것이다.

헬라문화를 가진 그리스인들은 죽음에 대한 이해가 부정적으로 어둡고 위험한 세계로 생각하고 있다. 죽음을 저주로 생각하고 이해하고 있다. 기독교에서는 죽음을 하나님께 순종하지 못한 이유로 인한 결과로 이해하고 있으며, 죽음 너머에 있는 세계인 천국과 지옥이 있는 것으로 믿고 있다. 중동지역을 대표하는 이슬람문화는 알라에게 순종하는 삶의 방식으로 생명이 있는 동안의 믿음을 심판하는 것을 죽음이라 이해하고 있다. 사후에 대한 것은 기독교문화와 비슷한 편한 사후와 벌을 받는 사후로 생각하고 있다.

아시아지역에 주로 분포된 힌두교는 죽음을 나라에서 나라로 지역에서 지역으로 옮겨가는 문으로 이해하고 있다. 윤회의 이치를 믿고 죽은 후에는 영혼이 빠져나와 다른 곳에 존재하게 되는데, 이때 당하는 죽음이 통과하는 문이 된다고 믿는다. 불교에서는 죽음을 다시 태어나는 윤회로 보고, 영원히 반복된다고 본다. 유교에서는 죽음을 대자연의 법칙으로 이해하고 있다. 죽음 이후의 세계에는 관심이 없으며 존재의 이유에 대하여 관심을 가지고 있다.

제11장

아름다운 이별과 애도 그리고 용서

1. 아름다운 죽음
2. 애 도
3. 상 실
4. 용 서

제 11 장 아름다운 이별과 애도 그리고 용서

1. 아름다운 죽음

죽음에 대해 미처 준비하지 못하였거나, 준비하지 않는 것은 마침표를 찍지 않고 글을 끝내는 것과 같다. 계획했던 일을 미처 다 이루지 못했을 때 삶이 끝날 것 같은 초조함이 있을 수 있다. 인생은 유한하기 때문이다. 그런 유한한 인생을 점 하나 찍지 못해, 아니면 찍는 것이 두려워서 전전긍긍하며 처음부터 생각조차 하지 않으려는 시도는 지혜롭지 않은 모습이다. 죽음을 안다는 것은 불가능하다. 죽는 것은 연습도 실습도 할 수 없는 것이기 때문이다. 그런 이유로 인하여 여러 현자는 죽음을 미리 준비하라고 한다. 그 누구도 자신이 소장하던 물건을 남김없이 써버리거나 빈틈없이 정리해두고 죽음을 맞지는 못한다. 죽음은 우리가 미처 예상하지 못한 순간이기 때문이다(이경신, 2016).

건강하게 사는 것이 웰빙이라면 웰빙도 마무리해야 할 시기가 있다고 본다. 웰빙을 마무리하는 것이 웰다잉이다. 웰빙이 사는 것에 대한 지혜를 추구하는 것이라면 웰빙은 사는 것에 대한 완성이라 생각한다. 우리는 이런 질문을 마주하게 되었을 때 어떤 생각이 드는지 생각해 보자.

'지금 생각나는 사람이 있다면?'

'지금 해보고 싶은 일이 있다면?'

'지금 당신이 죽는다면 누구에게 연락해서 무슨 말을 하겠습니까?'

평상시라면 아무렇지 않게 다가올 질문일 수 있겠지만, 죽음에 대해 진지하게 고민을 해보는 순간 내 삶이 웰빙, 즉 건강해진다. 흔히 '오는 순서는 있어도 가는 순서는 정해지지 않았다'는 말이 있다. 그래서 더욱더 '웰다잉' 해야 한다.

"사람이 죽는다는 것은 확실한 일인데도 나는 죽지 않는다는 무의식의 신념 때문에 인간은 불행하다"라고 했던 독일의 실존주의 철학자 하이데거의 말처럼 삶에 대한 오만함으로 불행해지기 전에 언젠가 나를 찾아오게 될 죽음을 위한 자리를 마련해야 한다(한국방송공사 생로병사의 비밀 제작팀, 2014).

조앤 린과 존 해롤드의 저서 『죽음을 대비하라』에는 기억, 재평가, 화해, 재결합에 대한 이야기가 소개된다(Joanne Lynn & Joan Harrold, 2007). 나에게 영향력을 준 사람을 기억하고 내가 영향을 준 사람을 기억하고, 자신의 삶을 냉철하게 평가해 보고, 나와 타인과의 평화를 모색하여 관계를 회복하라는 의미로 해석할 수 있는 이러한 내용이 아름다운 죽음을 준비하는 모습이고, 다른 말로는 아름다운 삶을 사는 모습이라 정의할 수 있을 것이다.

일본 대기업 사장의 생전 장례식…고령화 사회의 '종활' 바람

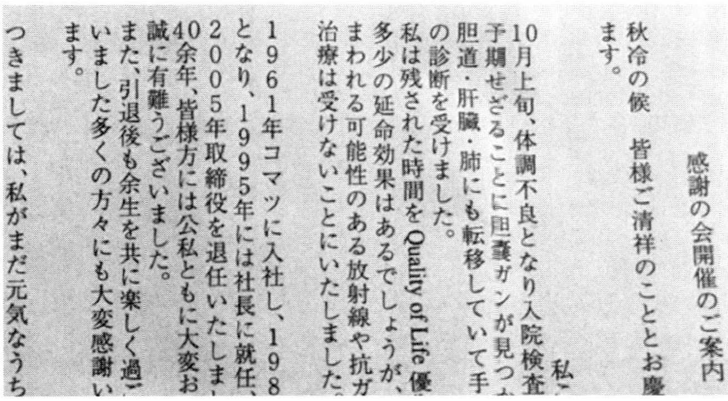

感謝の会開催のご案内
秋冷の候　皆様ご清祥のこととお慶
ます。
私
10月上旬、体調不良となり入院検査
予期せざることに胆嚢ガンが見つ
胆道・肝臓・肺にも転移していて手
の診断を受けました。
私は残された時間をQuality of Life 優
多少の延命効果はあるでしょうが、
まわれる可能性のある放射線や抗ガ
治療は受けないことにいたしました。
1961年コマツに入社し、198
となり、1995年には社長に就任、
2005年取締役を退任いたしま
40余年、皆様方には公私ともに大変お
誠に有難うございました。
また、引退後も余生を共に楽しく過
いました多くの方々にも大変感謝い
ます。
つきましては、私がまだ元気なうち

안자키 사토루 전 고마쓰 사장이 신문에 감사의 모임이라는 이름으로 낸 '생전 장례식' 광고

대기업 회장의 이례적 '생전 장례식'이 일본 사회에 반향을 일으키고 있다. 생전 장례식을 여는 이는 건설 기계로 유명한 대기업 고마쓰의 전 사장 안자키 사토루(80)다. 안자키 전 사장은 20일 <니혼게이자이신문>에 실은 광고에서 "남은 시간 삶의 질을 우선하겠다"며 "약간의 연명 효과가 있다고는

하지만 부작용 가능성이 있는 방사선 치료와 항암제 치료는 받지 않기로 했다"고 밝혔다. "'1961년 고마쓰 입사 뒤 퇴임한 2005년까지 40여 년 동안 신세를 진 이들 그리고 퇴임 뒤 여생을 같이 즐긴 이들에게 감사의 마음을 전하고 싶다"고도 했다. 그는 1995년부터 2001년까지 사장을 역임하고 이후 회장과 고문 격인 상담역을 거쳤다. 퇴임 뒤에는 강연활동 등을 해왔다. <마이니치신문>은 대기업 사장 출신이 생전 장례식을 여는 것은 이례적인 일이며, 인터넷에서는 인생의 마지막을 정리하기 위한 활동이라는 뜻의 '종활'(終活)로 받아들여지고 있다고 전했다

일본에서 '생전 장례식'은 에도 막부 시대에도 간혹 있었다고 할 만큼 역사가 오래됐지만, 활발해진 것은 고령화 사회가 진전된 최근의 일이다. 연예인들이 이벤트 형식으로 여는 경우가 많았다. 전 적군파 의장으로 지난 14일 숨진 시오미 다카야가 2010년 연 생전 장례식도 화제를 모았다. 시오미는 여객기를 납치해 북한으로 간 1970년 '요도호 사건' 등을 주도한 일로 19년을 복역한 뒤 노년에는 주차관리원으로 일하며 시민운동도 했다. 그의 생전 장례식은 오키나와 미군 기지 문제 해결을 위한 시민운동 자금 모금을 겸한 것이었다. 생전 장례식은 주위에 감사의 마음을 전하는 목적이 크기 때문에 사후에 작더라도 다시 장례식을 여는 경우도 많다. 시오미의 경우에도 친지들을 중심으로 소규모 장례식이 열렸다.

생전 장례식 자체는 아직 이례적이지만, 2010년께부터 유행한 '종활'은 비즈니스로까지 발전했다. 일본은 65살 이상 고령자 비율이 27.7%를 차지하는 고령사회인데다가 출산율은 낮아서, 고령자들이 장례식부터 유산 정리까지 스스로 준비해 놓아야 주위에 부담을 주지 않는다는 의식이 확산되고 있다. 이 때문에 생전에 미리 장례식 비용을 치르는 장례식 생전 계약이 증가하고 있다. 생전에 묘를 미리 사놓는 경우도 많고, 물품 정리 대행 사업도 있다. <엔에이치케이>(NHK) 방송은 종활 사업 시장 규모를 연간 1조엔(약 10조원)대로 추산했다.

출처 : 한겨레신문(2017. 11. 22).
http://www.hani.co.kr/arti/international/japan/820214.html#csidx57a46a4a1784df4ac842dbb4454a1d5

2. 애 도

애도는 의미 있는 애정 대상을 상실한 후에 오는 마음의 평정을 회복하는 정신과정이며, 애도는 주로 사랑하던 사람의 죽음(사별)과 관련된 것으로 알려져 있지만, 모든 의미 있는 상실에 대한 정상적인 반응을 일컫는다. 애도의 지배적인 기분은 고통스러운 것이고, 이러한 기분은 외부 세계에 대한 흥미의 상실, 상실한 대상에 관한 기억에의 몰두, 새로운 대상에게 투자할 수 있는 정서적인 능력의 감소 등을 수반한다. 정상적인 애도는 병리적인 것이 아니며 치료를 필요로 하지 않는다. 시간이 지남에 따라 개인은 상실에 적응하고 관계에서 즐거움을 느낄 수 있는 능력을 회복한다.

애도 과정에 있는 사람은 비록 현실을 파악하고 있고 사랑하던 대상이 더 이상 존재하지 않는다는 것을 인정한다고 해도, 처음에는 상실한 대상에 대한 애착을 거두어들일 수 없다. 대신, 그는 현실을 부인하고 상실한 대상의 정신적 표상에 매달림으로써 고통으로부터 도피하고자 한다. 이로 인해 대상의 상실은 자아의 상실로 변형된다. 그러나 애도 과정의 단계를 통과함으로써, 이러한 자아상실은 차츰 치유되고 정신적 평정은 회복된다.

애도 작업은 서로 관련된 3개의 연속적인 단계를 거치며, 한 단계에서의 성공은 다음 단계에 영향을 미친다.

① 상실과 상실의 상황을 이해하고 수용하고 대처하는 단계
② 상실한 대상에 대한 애착과 동일시를 철회(탈집중)함으로써 적절한 애도를 수행하는 단계
③ 개인의 성숙 수준에 맞는 정서적 생활로 복귀하며, 흔히 새로운 관계를 형성하는 단계(재집중)

나이와 상관없이, 정서적 성숙의 수준, 고통스러운 정서를 견디는 능력, 자율적인 자존감 조절 능력, 상실한 대상에 대한 의존의 정도, 상실이 발생한 상황 등과 같은 내적 및 외적 요인들이 애도 과정을 수행하는 능력에 영

향을 미친다. 아동일 경우, 자기와 대상 항상성의 수준, 죽음의 구체적 의미를 이해하는 능력, 고통스러운 정서를 견디는 능력, 부모와의 지지적 관계 경험을 포함한 발달적 요인들에 따라 애도의 결과가 달라진다.

상실한 대상이 사람이 아닌 경우에도 애도라는 용어를 사용할 수 있다. 예를 들면, 조국의 자유 혹은 이상에 대한 신념과 같은 추상적 실체에 대한 표상을 상실할 때도 슬픔과 애도가 발생할 수 있다. 사고나 외과 수술로 인해 신체 일부를 상실하거나 나이가 들어감에 따라 신체적 능력을 상실할 때에도 애도는 필요하다. 그 밖에도 마음을 쏟았던 무생물적 대상(예를 들면, 집), 안정감의 원천이었던 어떤 것(직업), 중요한 분리(이혼, 친구의 이사, 자녀의 독립, 분석의 종결)와 같은 상실들도 애도를 필요로 할 수 있다.

프로이트(S. Freud)는 정상적 애도와 우울증을 구별하였지만, 많은 정신분석가들은 우울증과 병리적 애도를 보다 정확히 구별할 필요성을 느끼지 못하고 있다. 어떤 형태의 우울증은 대상 상실이 아니라 생물학적 병인에 의해 야기된다. 병리적 애도 반응 중에는 방어적으로 애도를 하지 않거나 애도 반응의 기간을 연장시키는 것 등이 있다. 볼칸(Volkan)은 이것을 "대상과의 연결됨"을 통해 상실한 대상의 표상을 영구히 간직하려는 시도라고 말했다.

1) 애도의 과정

애도과정은 가족과의 사별 때문에 극심한 인격적인 위기와 정서적 충격을 경험한 가족이 사별에 적응해 나가기 위해 경험하는 슬픔의 과정으로, 비탄과정이라고도 한다. 애도과정은 남아 있는 가족 구성원이 고인과의 유대를 끊고, 고인이 없는 환경에 다시 적응하면서 새로운 관계를 형성해 나가는 과정이다. 애도과정은 사별에 따른 슬픔을 떨치고 일어서서 이상적인 사회생활에 복귀하기까지의 여러가지 체험과 그 체험으로 인한 여러 깨달음을 모두 포함한다. 프로이트가 히스테리 환자의 상실체험에서 '상(喪)의 작업'을 이론화한 것에서 애도에 관한 연구가 시작되었으며, 많은 연구자가 사별자의 심리와 정신치료의 문제에 관심을 가져 왔다.

정신분석가족치료에서 애도과정의 개념은 프로이트의 억압이론(抑壓理論)을 개인 대신 가족 전체에 적용한 것이라 할 수 있다. 프로이트의 이론에서는 죽음 또는 상실에 대한 비탄(悲歎)이 불충분하기 때문에 증상이 나타나는 경우가 있다고 말하지만, 가족체계 전반에서도 사자(死者)에의 불충분한 애도가 문제를 불러일으키는 경우가 있을 수 있다. 치료자의 역할은 가족이 부인하고 있는 것을 명확히 하고 그 비탄을 철저하게 맛보며, 거기에서 벗어나도록 도와주는 데 있다.

워덴(Worden)은 애도과정에서 중요한 과제를 다음과 같이 제시하였다.

첫째, 상실의 현실을 받아들인다.

둘째, 비탄의 고통을 받아들인다.

셋째, 죽은 자로부터의 도움이나 우정이 없는 환경에 적응한다.

넷째, 죽은 자를 향해 있는 많은 심적 에너지를 새로운 관계자에게 돌린다.

2) 애도의 특징

애도는 상실 이후에 나타나는 자연스러운 반응으로서, 그 자체로 병리적인 것으로 간주되지는 않는다. 오히려 상실 후 애도 과정을 제대로 거치지 않을 경우 억압된 정서, 해결되지 않은 감정 등이 시간이 지난 이후 폭발적인 형태로 분출되거나 대인관계와 일상생활에 대한 복귀를 어렵게 하는 장애요인으로 작용할 수 있다. 따라서 상실 이후 충분히 애도과정을 거치고 이를 통해 애착을 가졌던 대상이 이 세상에 더 이상 존재하지 않거나 이전과 같은 형태로 유지될 수 없음에 대하여 충분히 인식하고 받아들일 수 있도록 하는 것이 필요하다.

살면서 누구나 사랑하는 사람과의 이별, 중요한 직업적, 심리적, 환경적 변화를 통한 상실을 경험한다는 점에서, 애도는 심리학 연구의 중요한 영역으로 자리 잡아 왔다. 즉, 애도가 적절하게 이루어지지 않았을 경우에 나타나는 부정적인 증상 및 영향에 대한 연구가 주를 이루었으며, 구체적으로는 애도와 우울 증상의 관계들이 대표적이다.

또한 애도를 통한 삶의 의미에 대한 재발견, 외상 후 성장 등의 애도가 가지는 긍정적 역할에 대한 연구도 진행되었다. 이러한 연구에서는 상실을 통하여 삶과 죽음에 대하여 새롭게 정의하고 새로운 역할에 대하여 학습하며 성장하는 과정, 심리적·영적 성숙이 일어나는 과정 등이 다루어졌다.

3) 지속되는 애도(Prolonged Grief, Complicated Grief)

애도 반응은 지극히 정상적인 반응이다. 그런데 이런 과정을 벗어나, 시간이 흐른 후에도 계속 고인을 그리며 애도 반응을 지속하는 경우가 있다. 사랑하는 사람이 죽은 후 약 6개월 이상이 지났음에도 여전히 고인에게 극단적인 관심을 기울이며 고인을 회상하고 그리워하는 것이 그 예다. 이럴 경우 깊은 슬픔과 우울감, 일상생활에서의 위축, 불안, 초조감 등의 질환적인 증상들을 보이기도 한다. 상실에 의한 스트레스가 과도하게 작용을 한 것이다. 연구에 따르면 이때 항우울제(SSRI : 세로토닌 재흡수 차단제)가 효과 있다는 보고도 있다.

최근에는 이런 '지속되는 애도'를 외상 후 스트레스의 반응의 하나로 생각하는 경향도 있다. 특히 질병, 사고가 아닌 자살로 가족을 상실한 경우, 유가족들은 정신적 외상을 경험하게 되고, 분노, 죄책감, 고립감 등의 혼돈을 경험하게 되면서, 불면증, 우울증으로 정신과 상담을 받는 경우가 많다. 한편으로, 자살 유가족들의 자살 위험도는 일반인보다 6배 높다고도 알려져 있다. 아무리 슬퍼도 정상적인 애도 반응을 거쳐 일상생활로 돌아가게 된다면 큰 문제는 없다. 그러나 애도의 반응이 다음 단계로 연결되지 않고 지속되거나, 가족의 죽음에 대하여 지나치게 죄책감을 느끼고 집착하는 등 '지속되는 애도' 증상이 나타나면 자칫 우울증이나 약물, 알코올 문제들로 이어질 수 있으므로 전문가와의 상담을 통해 도움을 받는 것이 좋다.

3. 상 실

상실이란 어떤 것이 아주 없어지거나 사라지는 것이며, 어떤 사람과 관계가 끊어지거나 헤어지는 것이다. 누구나 일상생활에서 크고 작은 상실(loss)을 경험한다. 상실의 대상은 친구, 가족, 돈, 직업, 대인관계 등 다양한 것들이 될 수 있다. 하지만 상실에 대한 반응과 각자 느끼는 고통은 사람들마다 매우 다를 수 있다. 누구에겐가는 돈을 상실하는 것이 그 어떤 상실감보다 클 수 있으며, 어떤 사람에게는 가까운 친구와의 관계를 상실하는 것이 부모를 잃는 것보다 더 고통스러울 수도 있다. 상실감은 우리에게 슬픔과 고통을 안겨주어 일상생활에 큰 영향을 미친다.

1) 상실의 종류

우리가 살아가는 동안 겪게 되는 상실을 좀 더 세분화하면 물질적 상실과 관계적 상실, 심적 상실, 기능적 상실과 역할상실, 조직의 상실 등으로 구분할 수 있다.

물질적 상실은 자신이나 가족이 중요하게 여기고 의미를 부여한 물건들을 잃어버리는 것이다. 자신이 애정을 쏟은 만큼 고통과 슬픔이 따르게 된다. 관계적 상실은 죽음, 이사, 이혼, 직업전환, 개인적인 관계의 변화 때문에 정서적으로나 신체적으로 더 이상 관계를 지속할 수 없는 것이다. 이 중에서 죽음에 의한 관계상실은 무엇보다도 가장 큰 슬픔과 고통을 안겨준다. 이 같은 고통스러운 반응은 상실의 고통을 극복하고 생명력 있게 살아가기 위한 정상적이고 건강한 반응이라 할 수 있다. 물질적 상실과 관계적 상실은 유아기부터 경험한다.

심적 상실은 자기 자신의 가능성에 대한 상실, 미래를 위한 계획의 포기, 희망의 소멸 등 개인의 능력이나 자신감, 소망 등을 상실하는 것이다. 이는 개인 내적인 상실이라 하더라도 외부사건이나 관계경험에서 비롯된다. 이런 경험은 사춘기에 접어들면서 현실적 자각이 활발하게 이루어지면서 겪기 시작하여 성인기에 이를수록 더 많아진다. 그러나 심리적 상실이 반드시 자신의 기대나 현실적 수준의 차이에서만 오는 것은 아니다. 중요한 임무를 달성하거나 자신이 원하던 것을 얻고 난 이후에 상실감을 느낄 수도 있다. 예를 들면, 어려운 상황에서 공부하여 박사학위를 받은 뒤 공허감과 허탈감을 경험하는 경우가 있다.

기능적 상실은 신체적 또는 신경생리적 기능을 잃어버리는 것이다. 이는 선천적 기능상실, 교통사고나 산업재해 등의 외부사고에 따른 상실, 그리고 나이가 들어가면서 나타나는 노화현상의 결과다. 역할상실은 사회적 역할이나 조직사회에서의 역할상실을 말하며 이는 은퇴, 명예퇴직 등으로 나타나고, 자신뿐만 아니라 가족에게도 부정적인 영향을 미치면서 우울증을 동반하기도 한다. 조직의 상실은 가정이나 사회조직 안에서 그물망처럼 연결되어 있는 조직망의 체계상실을 뜻한다. 예를 들면, 한 50대 여성의 가정에서 자녀는 공부를 위하여 외국에 나가 있고 남편은 다른 도시에서 근무함으로써 가족 간 관계가 소원해지고 지금까지 해 왔던 역할이 없어져 가정이라는 조직이 제 역할을 하지 못하는 상태가 된 경우에 이 여성의 이러한 상실은 심리적 고통, 신체적·인지적·행동적 증상으로 나타날 수 있다.

2) 상실의 영향

심리적 고통으로는 무력감, 집중의 어려움, 불안, 죄의식, 분노, 불신감, 과민함, 무감각, 위축, 기억장애 등이 있다. 신체적 증상으로는 두통과 피로, 한숨 또는 숨가쁨, 불면, 식욕상실 또는 과식, 구강건조, 안절부절못함, 심한 발한, 변비 또는 설사, 어지럼, 성적 장애, 가슴이 답답한 흉부긴장 등이 있다. 인지적 증상으로는 잃은(혹은 떠나간) 사람에 대한 집착, 환각, 환상, 사고혼란 등이 있으며, 행동적 증상으로는 원망, 방황, 사회적 퇴행, 의식이 없는 행동, 불안정한 행동, 고인의 유품(사별로 인한 상실의 경우)에 대한 집착 등이 있다.

우울증에 영향을 주는 심리·사회적 스트레스들 중 '상실'은 가장 큰 요인이다. 가족의 죽음 같은 상실의 경험은 건강의 상실(예 신체 질병), 경제력 또는 성취감의 상실(예 사업 실패), 관계의 상실(예 이혼) 등과 비교할 때 충격의 강도가 높은 것으로 알려져 있다. 특히 배우자, 부모, 자녀 등의 죽음을 경험하게 되면, 일반적으로 우울해지고 '왜 나에게 이런 일이 벌어졌는가?' 하는 생각에 분노하게 된다. 특히 생의 동고동락을 함께한 배우자와의 사별은 큰 심리적인 충격을 주는 것으로 알려져 있는데, 이는 부부관계가 좋고, 결혼생활이 오랜 기간 지속되었을수록 더욱 강하다. 이처럼 예기치 못한 죽음, 즉 젊거나 평소 병이 없었던 가족의 죽음은 남은 사람들에게 예상하지 못한 일에 대한 충격, 죽음에 대한 두려움, 슬픔을 더욱 많이 느끼게 한다. 가까운 지인, 가족의 죽음은 나의 노력으로 회복될 수 없고, 대체할 수도 없는 상황인 것이다. 시간이 지나면서 상실의 경험에서 벗어나 일상생활로 복귀하는 것이 힘들어지면 우울증상으로 연결될 수 있다.

뇌영상(fMRI)을 이용한 연구에서도 어머니의 죽음을 회상할 때, 뇌의 전두엽(frontal lobe) 부위의 활성이 나타나는 것으로 보아, 상실의 경험은 스트레스로 작용할 수 있으며, 감정을 조절하는 과정에 영향을 미칠 수 있다고 생각된다.

스트레스만으로 우울증이 발생한다고 이야기할 수는 없는 것처럼, 가족이나 주변 사람들의 죽음이 모두 우울증을 유발한다고 말할 수는 없다. 하지만, 개인에 따라 가족의 죽음이라는 상실을 받아들이는 충격의 정도는 다양한 것이 사실이다. 일반적인 애도 단계에서는 누구나 어느 정도의 우울 증상을 느끼지만(물론 정도의 차이는 있지만), 이러한 우울 증상이 발전되어 개인의 생활 전반에 영향을 주게 된다면 우울증에 걸릴 위험이 높다. 다시 말해 '일반적인 애도 단계에서 느껴지는 우울 증상'은 '상실의 경험이 개인에게 부정적 생활 사건으로 영향을 주어, 우울증상이 발현되는 우울증'과 다르게 바라보아야 한다.

3) 상실의 단계

라이트(Wright, 1993)는 상실이 충격단계, 퇴행적 혼란단계, 회복단계, 화해단계를 거쳐 극복된다고 주장하였다. 먼저 충격단계에서는 갑작스럽게 가족을 상실하게 된 충격 때문에 사고 능력의 감퇴, 호흡곤란, 실수, 때로는 잘해 주지 못한 것에 대한 죄책감을 느낀다. 충격을 받은 뒤 퇴행적 혼란단계에 이르고, 이때 심신이 지쳐 피로감과 우울증으로 모든 것에 대하여 부정적인 생각에 사로잡힌다. 이러한 감정에서 벗어나 편안한 느낌을 갖기 위해 충격적인 사건들을 강하게 거부하거나 때로는 부끄럽게 여겨 타인과의 관계를 단절해 버리려고 한다. 이 과정에서 내성적인 사람들은 자신의 감정을 표현하지 않으며 외향적인 사람들은 울부짖거나 통곡, 분노, 하소연 등의 행동을 보인다. 이 같은 행동들은 감정의 정화작용으로 볼 수 있으므로 그대로 수용해 주는 것이 도움이 된다.

회복단계는 상실에 대하여 현실적으로 수용하여 자신을 발견해 나가는 과정으로서 비교적 안정적인 언어로 긍정적 변화를 추구하고자 한다. 이 시기에는 누군가와 가까워지려고 하기 때문에 주변에 긍정적으로 지지하고 이해해 주는 사람이 있는가에 따라 회복기간이 단축될 수도 있고 연장될 수도 있다. 화해단계는 현실적 적응력이 강화되는 시기다. 자신의 소망이나 목표를 자연스럽게 표현하며 새로운 것에 대하여 반응하고 의심과 자기연민에서 벗어난다.

4. 용 서

용서(容恕, forgiveness)란 일반적으로 피해자가 가해자에 대한 감정과 태도의 변화를 통한 의도적이며 자발적인 과정이며, 공격적인 마음과 복수 같은 부정적인 정서를 버리는 것이다. 행위의 잘못을 보지 못하고, 용서의 필요성을 알지 못하며, 가해자가 행동에 대한 책임을 갖지 않고 변명하며, 가해자가 의식적으로 깨닫지 못하는 망각이나, 법관과 같은 사회의 대표에 의해서

인지된 가해를 허락하는 사면이나, 그리고 관계 회복이라는 화해와는 다르다. 어떤 상황 속에서 용서는 부채, 융자, 채무 혹은 다른 요구들 때문에 모든 요구들에 대해 무죄임을 선언하고 포기하는 법적 용어이다.

심리학 개념이나 덕목으로서의 용서는 종교 사상, 사회과학, 의학에서 탐구되어 왔다. 용서는 용서하는 사람을 위하여 쓰이는 용어이다. 가해자 편의 책임에 관계없이 또 어떤 회생적 정의(restorative justice)를 기대하지 않는 것이다.

위스콘신 대학교의 로버트 엔라이트(Robert Enright) 박사는 국제 용서 연구소(International Forgiveness Institute)를 창립하고, 용서연구의 주도적인 역할을 하고 있다. 최근 연구는 어떤 종류의 사람들이 용서를 잘하는가에 초점이 맞추어져 있다. 오랜 연구를 통해 일반적으로 신경질적이며 노여움이 많은 사람들은 오랜 기간이 지난 후에도 다른 사람들보다도 용서하기가 힘들다는 것이 밝혀졌다. 특히 이러한 사람들은 그들에게 피해를 준 사람을 피하기를 원하고 2년 반 후에는 복수를 원하기도 한다고 한다.

연구 결과 용서를 하는 사람들이 분노를 가지고 있는 사람들보다 더 행복하고 건강하게 산다고 한다. 사람들이 용서를 할 때 심장 혈관 및 신경계의 기능이 향상된다고 한다. 또 위스콘신 대학교의 연구에서는 용서하는 사람들이 질병에도 적게 고통을 겪는다고 한다.

스탠포드 대학교의 프래드 루스킨(Fred Luskin) 박사는 『용서 배우기(Learning to forgive)』라는 저서를 통하여 용서는 용서의 효과를 통하여 학습된다고 하였다. 그는 삶의 기술(a life skill)로서 용서를 가르치기 위하여 매년 8월 첫 번째 주말을 '용서의 날 세계용서연맹(the Worldwide Forgiveness Alliance on Forgiveness Day)'로 정하였다. 그는 북아일랜드 분쟁으로 살해된 북아일랜드의 가톨릭과 개신교들의 가족들을 연구하였는데, 분노를 덜 하고, 상처를 잘 감당하며, 그리고 더 낙관적인 사람들이 여러 상황 속에서 용서를 더 잘하며, 더 동정적이며 자긍심이 많다고 한다. 그의 연구는 스트레스를 감소시키며 활력을 증가시키는 연구를 보여준다.

> 그대에게 잘못을 저지른 사람이 있거든, 그가 누구이든 그것을 잊어버리고 용서하라. 그때 그대는 용서한다는 행복을 알 것이다. 우리에게는 남을 책망할 수 있는 권리가 없다.
>
> –톨스토이–

수많은 사람들과 관계를 맺으며 인생을 살아가는 동안 우리는 상처를 주기도 하고, 상처를 입기도 한다. 대개 자신이 타인들에게 준 상처는 기억하지 못해도 남들이 나에게 입힌 상처는 오래 간다. 상처의 깊이가 클 경우에는 원한이나 미움, 증오, 복수심 등과 같은 이름으로 상흔이 남아 평생을 따라다니며 괴롭히기도 한다.

사전적 정의에 따르면 '용서'는 '지은 죄나 잘못을 벌하거나 꾸짖지 않고 덮어주는 것'이다. 하지만 용서는 생각만큼 쉬운 일이 아니다. 오랜 시간 동안 종교에서 용서를 강조해 왔음에도 삶의 한 태도로 좀처럼 스며들기가 어려운 것이 사실이다. 용서는, 심지어 내가 용서했다고 생각하는 동안에도 쉽게 이루어지지 않는다. 말로는 다 용서했다고 해놓고도 문득 상처를 준 사람을 미워하고 있을 때, 상처받은 기억 때문에 아파하고 분노할 때, 우리는 용서라는 감정이 얼마나 어려운 것인지를 깨닫게 된다.

누군가는 용서에 대해 '인간이 할 수 있는 가장 위대한 일'이라고 말하기도 한다. 타인이 나에게 한 잘못을 용서한다는 것은 쉽지 않은 일이다. 그렇기 때문에 그만큼 숭고한 일이기도 하다. 그럼에도 불구하고 우리가 용서를 배우고 실천해야 하는 것은 바로 나를 위해, 혹은 모두를 위해 용서가 큰 힘을 발휘하기 때문이다. 분노, 원한, 증오 등과 같은 것들보다 용서로 이룰 수 있는 일이 훨씬 더 크고 위대하다. 은식기를 가져간 장발장에 대한 신부의 용서는 그 어떤 단죄보다 크고 위대한 결과를 가져왔음을 기억하자.

"원한을 품는 것은 다른 사람에게 던지려고 뜨거운 석탄을 손에 쥐고 있는 것과 마찬가지이다. 화상을 입는 것은 결국 자기 자신이다"라고 부처는 말했다. 부정적 감정을 품고 있으면 결국 다치고 피해를 입는 쪽은 자신이다.

용서는 잘못을 한 상대방을 위해서가 아니라 바로 나 자신을 위해, 지극히 개인적인 관점에서라도 배우고 실천해야 한다. 왜냐하면 남을 용서하는 과정을 통해 심리적으로 자신이 먼저 치유되기 때문이다. 내 마음에서 용서받아야 할 사람, 용서받아야 할 과오를 놓아줌으로써 나 자신을 자유롭게 해방시킬 수 있다.

용서는 잘못을 잊어버리는 망각이 아니며, 타인에게 베푸는 자선도 아니다. 타인의 잘못으로부터 내가 자유로워지고자 하는 정신적 날갯짓이다. 집착에서 벗어나서 자유로워지고 스스로가 정신적으로 더욱 발전할 수 있는 것, 그것이 선지자들이 말하는 '용서가 주는 구원'임을 기억하자.

(1) 용서는 상대를 위한 것이 아니라 나를 위한 것

심리학 박사 프레드 러스킨은 "용서란 평온한 감정이다. 그런 감정은 자신의 상처를 덜 개인적인 것으로 받아들이며, 자신의 감정에 책임을 지고 그 사건에서 피해자가 아닌 승리자가 되었을 때 성겨난다"고 했다. 마음속에 나에게 상처 입힌 사람에 대한 원망과 미움으로 가득 차 있다면, 즐거움과 행복을 느낄 여유가 없기 때문에 더 나은 인생을 살 수 없다. 미래를 위해 한 발짝 나아가려면 진정한 용서를 통해 '평화로움'을 느껴야 가능하다. 상대방을 향한 미움에서 자신을 놓아주어야 내가 가지고 있는 정신적 고통에서 벗어날 수 있다. 용서는 남을 위해 베푸는 이타적인 마음인 동시에 자신에게 베푸는 사랑이라는 것을 명심하자.

(2) 용서해야 과거에서 벗어날 수 있다

누구도 자신에게 상처 입히는 일이 일어나길 바라지는 않는다. 원치 않았던 과거의 일에 집착하면 현재에 집중할 수 없게 된다. 누군가를 미워하는 데 감정을 다 쏟아부으면 마음에 여유가 사라지게 된다. 용서는 과거에 갇힌 나를 꺼내 앞으로 나아가게 만든다.

(3) 용서하지 않으면 나도 용서받을 수 없다

인생을 살면서 한 번쯤 타인에게 상처를 준 경험이 있을 것이다. 이때 나는 어떤 의도를 가지고 있었는지를 기억하자. 악의를 가지고 했던 행동이었을 수도 있고, 피치 못하게 저지른 실수일 수도 있다. 마음을 넓게 가지고 상대방을 이해해 보려고 노력해 보자. 내가 앞으로 받게 될 수많은 용서에 대해 생각하면 용서하기가 좀 더 수월할 것이다. 용서를 우리가 받은 것을 되돌려 주는 것이고, 갚아야 할 것으로 생각하면 남을 더 쉽게 용서할 수 있을 것이다.

(4) 잊어버리는 것은 용서가 아니다

'잊어버리는 것'과 '용서'는 다른 개념이다. 많은 사람들이 '용서'와 '잊어버리는 것'을 혼동하곤 한다. 이는 망각일 뿐 마음 한편에는 아직도 원망이 그대로 남아 있다. 단지 기억하지 않음으로써 증오의 감정을 잠시 꺼둔 것뿐이다. 망각은 고통을 피하기 위해 상처받은 감정을 묻어버린 것이기 때문에 마음속에 분노와 미움을 모두 털어버리는 참된 용서를 행한 것이 아니다. 이렇게 파묻힌 감정은 기억이 되살아나거나 시간이 지나면 부정적으로 표출되기 쉽다. 예전과 같은 일이 반복되지 않으려면 오히려 그것을 기억함으로써 과오를 범하지 말아야 한다.

(5) 용서로 무엇을 바꾸려 하지 마라

영화 '오늘'에서 주인공은 자신의 약혼자를 죽인 소년이 또 다시 범죄를 저질렀음을 알고 자신의 선택을 후회하며 분노한다. 엄청난 노력으로 용서를 실천할 때, 우리는 자신의 용서가 상황을 개선시키거나 혹은 상대를 개심(改心)하게 만들기를 기대한다. 그러다가 원하는 대로의 결과가 나오지 않으면 자신의 결정을 후회하며 괴로움 속에 번민한다. 용서는 타인에게 지우는 빚도 아니며 멍에도 아니다. 용서는 내게 잘못을 저지른 타인을 선한 마음으로 이해하고 잘못을 덮어주는 행위다.

제12장

남겨진 사람과 떠나는 사람

1. 남겨진 사람들
2. 남은 이의 홀로서기
3. 떠나가는 사람의 증상에 따른 준비
4. 떠나가는 사람의 정서적 반응
5. 영원한 이별여행

제12장 남겨진 사람과 떠나는 사람

1. 남겨진 사람들

‘베르테르 효과’라는 유명한 말이 있다. 이상형이나 사회적 영향력이 큰 유명인이 자살할 경우 그것을 모방한 일반인의 자살시도나 자살률이 급증하는 현상을 말한다. 괴테의 『젊은 베르테르의 슬픔』이 유럽 전역에서 선풍적인 인기를 끌었을 당시 주인공 베르테르를 따라 자살한 젊은이가 급증한 데서 따온 말이다. 이렇듯 누군가의 갑작스러운 죽음은 주변 사람들에게 적지 않은 충격과 슬픔으로 다가온다. 하물며 그 대상이 가족이라면 더더욱 그러하다. ‘산 사람은 어떻게든 살기 마련이다’라는 말이 있지만, 사랑하는 사람을 떠나보내는 남은 이들에게는 심한 고통이 있다.

떠나보내는 이의 대상에 따라 슬픔과 고통도 다르다. 부모님과 사별했을 때에는 사랑해 주시던 분들이 떠나고 계시지 않으며, 세상에서 언제든지 의지할 수 있는 대상이 사라졌다는 것은 큰 상실의 고통이 따른다. 한편으로는 그렇게 의지만 했기에 사랑을 드리지 못해 죄송한 마음과 후회의 마음을 가지기도 한다. 부부간의 사별은 부모님과의 사별보다 더 각별한 스트레스를 주는 것으로 조사되었다. 견딜 수 없는 상실감에 사별한 배우자의 뒤를 따라 자살하는 사람도 종종 있다. 2019년 자살 예방 백서에 따르면 2017년 기준으로 전체 사망 수는 12,463명에 달했다. 자살 유가족은 누군가의 자살에 노출된 후 상당 기간 높은 수준의 심리적, 신체적, 사회적 고통을 경험하는 사람들을 의미하는데, 가족은 물론 친구, 지인까지 해당된다. 국내외 연구논문에 따르면 일반적으로 자살자 주변에는 5~10명 정도의 자살 유가족이 발생한다. 어쩌면 부모와 했던 생활보다 부부가 함께 생활한 시간이 더욱 많기에 부부의 사별은 그만큼 더 큰 좌절과 상실의 아픔으로 나타난다. 싸우기도 하며 원망과 불평의 대상이었기도 하지만 막상 혼자 살아가는 것은 암울하기만 하다. 자식을 잃은 경우는 상실감이 더욱 심하다. 흔히 사람들은 자식이 죽었을 때 가슴에 묻는다고 한다. 자식을 앞세워 보낸 것은 자신이 죽은 것과 같은 마음이기 때문이다. 아무리 울어도, 시간이 흘러도 흐르는 눈물이 마를 수가 없다. 부모와의 사별은 1년, 배우자와의 사별은 3년, 자식은 평생이라는 말이 있듯 떠나보내는 대상에 따라 슬픔과 고통이 다르다(최준식, 2018). 대상들의 흔적들이 사라지는 과정은 남아 있는 사람들의 몫으로 자연스럽게 남게 된다. 해약을 해야 하고, 말소하고, 취소와 취하를 해야 한다. 사망증명서로 이어지는 과정에서 함께 느낄 수 없는 사무적인 모습들은 남은 이들에게 다시 한번 고립을 느끼게 한다. 그래서 경험 있는 사람들은 그들을 도와주려 할 때 씻는 것도, 버리는 것도, 정리하는 것도 하지 않는다(Roland Schulz, 2019).

> 일식집 직원으로 함께 근무하며 사랑을 키우다 10년의 연애 끝에 결혼한 아내는 대홍 씨의 전부였다. 열심히 돈을 모아 2009년 드디어 꿈에 그리던 자신들의 가게를 열었지만 아내는 얼마 후 위암 말기라는 진단을 받았고, 그로부터 불과 6개월여 만에 세상을 떠났다. 발견 당시 이미 병이 깊었던 탓에 아내는 수술도, 항암 치료도 제대로 받지 못했다. 아내가 죽은 후 대홍 씨는 견딜 수가 없는 상실감으로 방황했다. 살아가야 할 이유도 희망도 찾을 수가 없었고 우울증과 지독한 불면증이 찾아왔다. 당시 대홍 씨의 가장 큰 고통은 아내가 없는 자리라고 하였다. 그 후 대홍 씨의 아내가 떠난 1년 뒤에도 대홍 씨의 마음엔 슬픔과 그리움이 여전했지만, 처음 1년 전에 비해 많은 안정을 찾았고, 아내는 없었지만 정상에 가까운 일상으로 복귀하였다. 물론 여기엔 대홍 씨를 위한 사별 가족을 위한 치유 프로그램이 도움이 되었다(한국방송공사 생로병사의 비밀 제작팀, 2014).

2. 남은 이의 홀로서기

앞서 이야기한 대홍 씨처럼 홀로 남은 사람들을 돕는다는 것은 매우 어려운 일이다. 남겨진 사람들의 마음을 위로하고 치료하는 것은 전문 상담가의 영역처럼 보이기도 한다. 그렇지만 우리 주변 가까운 곳에서 일어나는 일들, 특히 가족과 같은 사람을 상실한 고통을 그저 전문가에게만 의지하기에는 다소 무리가 있다. 그래서 우리가 사별의 고통을 가지는 남은 이들의 상태를 살펴보아야 한다.

남은 이들에 대해 이해해야 할 것은 먼저 슬픔을 대하는 반응에 있어서 큰 개인차가 존재한다는 점이다. '내 반쪽이 떨어져 나가는 느낌', '내가 없어진 느낌', '죄책감', '분노', '부정의 감정' 등의 모습들은 개인적인 성향과 상황에 따라 다르겠지만, 비슷한 반응의 양상이 나타난다. 또한 사별을 경험한 후 시간이 지나면 회복되기도 하지만 정상적인 생활을 찾기는 어렵다. 이렇게 시간이 소요되어야 하는 경우에는 장기적인 기다림을 가지고 접근해야 한다. 사별한 사람의 마음을 공감해 주고 표현해 주는 말과 글은 힘든 감정을 이겨낼 수 있는 힘을 제공할 수 있다. 이와 함께 할 수 있는 관심과 배려는 전화와 방문을 통해서 이루어지는 것으로 쓸쓸함과 허전함을 채워줄 수 있는 방법이 될 수 있다. 사별한 이의 이야기를 들어주는 것도 실제적으로 도움을 주는 방법이다. 무슨 이야기를 하고 있는지 마음의 소리를 들어주고, 가만히 옆에 있어 주기만 해도 된다. 이때 주의할 점은 남은 사람을 중심으로 생각하고 오래 시간을 방문해 있지 않고, 준비가 되지 않았음에 상황을 자꾸 강요하지 않아야 한다(조계화 외, 2006).

3. 떠나가는 사람의 증상에 따른 준비

1) 병으로 인해 떠나가는 사람

완치될 수 없는 심각한 병이 있다는 것을 알게 되면 환자와 가족들은 생각한 것보다 많은 것들을 실제 행동으로 옮겨야 한다. 환자에게 고통을 주지 않는 방법을 찾는 것이 최선의 방법일 것이다. 환자는 죽어가는 과정에서 정신적으로는 공포, 좌절, 상실을 겪고 있을 것이며, 육체적으로도 고통의 시간을 겪게 된다.

신체적인 증상은 병 또는 병을 치료하는 과정에서 식욕부진 또는 약물 사용으로 인하여 체중이 빠지거나 외모가 변화되는 것을 볼 수 있다. 이런 증상들은 환자에게 영향을 줄 수밖에 없다. 거울이나 유리창에 비친 환자 자신의 모습에서 과거의 아름다운 모습을 기억하면서 다르게 변한 자신을 대면하는 환자의 마음에 대한 이해와 도움이 필요하다.

2) 노화로 인해 떠나가는 사람

노인이 되면 소화력이 떨어지고 면역력이 약해져 질병에 노출되며 각종 질환에 취약하고 만성질환이 높은 비율로 발생한다. 전체 노인의 86%가 당뇨, 관절염, 고혈압 등 만성 퇴행성 환자로 나타난다(최영숙, 2019). 그리고 사회적 활동이 감소하면서 잠자는 시간도 변하게 된다. 이제부터는 주변을 정리하면서 죽음을 맞이할 준비를 해야 한다.

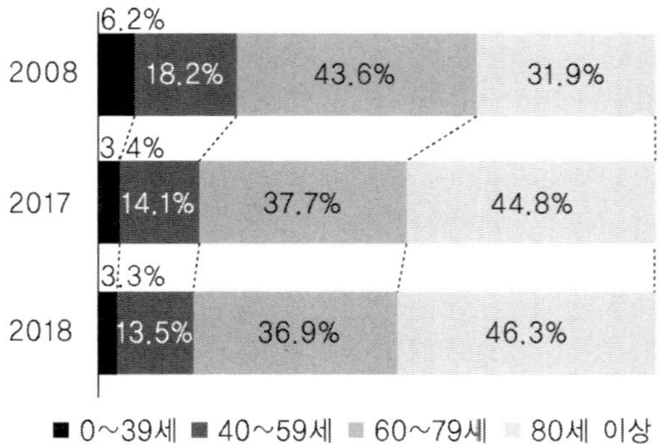

|그림 12-1| **연령별 사망자 구성비**

출처 : 통계청(2019). 2018년 사망원인통계. 통계청 보도자료.

4. 떠나가는 사람의 정서적 반응

1) 죽음을 앞둔 사람의 정서적 반응

떠나가는 사람의 반응은 몇 가지 반응이 나타나는데, 첫 번째 반응은 절망과 두려움이다. 사후세계에 대하여 믿지 않게 되면 삶의 시간을 연장하려고 할 것이며, 죽음을 맞이할 때도 공포와 두려운 모습으로 맞이한다. 두 번째 반응은 부정이다. 죽음이 임박했을 때 부정하는 행동은 일시적인 방어수단이며 시간이 지남에 따라 '부분적 순응'으로 바뀌기도 하지만 끝까지 죽음을 부정하기도 한다. 세 번째 반응은 분노이다. 세상에 대한, 주위 사람에게 오래 살고 싶은 욕구가 분노의 형태로 표출되는 경우이다. 심지어는 자신에게조차 억울하고 분하다는 생각이 치솟아 오르게 된다. 네 번째 반응은 슬픔이다. 시시각각으로 다가오는 죽음의 그림자를 느끼게 될 때, 절망과 두려움, 부정, 분노는 우울감을 동반한 극도의 상실감으로 바뀌게 된다. 다섯 번째 반응은 주변을 정리하는 모습을 나타내는 것인데, 죽기 전에 여러 대상과 화해하고, 매듭짓지 못한 일을 마무리지으려고 한다. 여섯 번째 반응은 수용이다. 자신의 상황을 부정적으로 보지 않고 자기가 겪고 있는 상황을 있는 그대로 인정하게 된다. 수용의 단계에서는 죽음이 더 이상 장애물, 즉 절망, 두려움, 분노, 슬픔의 대상이 되지 않게 된다. 일곱 번째 반응은 희망이다. 그동안의 인생 여행이 어느 순간 목적을 잃어 삶이 무의미하게 여겨질 뿐일 때 죽음 너머의 새로운 인생의 목적지가 존재한다면, 현재의 삶에 나타나는 많은 문제는 큰 의미로 다가오게 된다. 죽음이 끝이 아니라는 뜻을 가진 많은 종교들과 사상들을 가진 사람에게는 죽음이 희망적인 정서로 다가올 것이다. 여덟 번째 반응은 여유와 웃음의 정서적 반응이다. 죽음을 맞이하는 사람 중에서 자긍심과 자부심이 강한 사람들은 얼마 남지 않은 시간을 마음의 여유와 웃음으로 맞이한다. 예를 들면, 현자들(소크라테스, 장자, 스콧 니어링 등)의 죽음을 맞이하는 모습은 여유와 위트가 있었다(오진탁, 2007).

2) 떠나보내는 사람들이 할 일

예견하지 못한 사고사의 경우를 제외한 죽음에는 떠나는 이와 보내는 이의 소중한 시간이 존재한다. 이 시간을 어떻게 보내느냐 하는 것은 떠나는 이와 보내는 이에게 매우 중요한 의미가 있다. 배우자와의 다하지 못했던 사랑 고백이나 부탁, 함께 쓰는 자서전이나 유언장을 작성하는 것 등은 좋은 시간을 보내는 방법이다. 가족끼리 함께 할 수 있는 여행 또한 떠나는 이와 보내는 이의 마음이 잘 전달될 수 있는 시간이 된다.

> 서울대병원의 허대석 교수는 6세 소아 백혈병 환자의 이야기를 들려주었다. 오랜 기간 병원에서 치료받던 아이의 임종이 멀지 않았음을 알게 된 부모는 아이를 집으로 데려가 평소에 키우고 싶어 했던 강아지를 키우게 해주었다는 이야기다. 항암치료를 오래 받았던 아이는 그동안 면역력이 떨어져 강아지를 키울 수 없었는데, 이제 마지막 순간이 다가오니 부모는 아이에게 좋은 기억을 남기게 해주고 싶어 강아지를 선물한 것이다. 그렇게 아이는 한 달 후에 강아지를 품에 안고 웃으면서 임종했다(한국방송공사 생로병사의 비밀 제작팀, 2014).

3) 남겨진 사람들

우리 인생에는 상실의 여러 모습들이 있다. 작게는 잃어버린 동전에서부터 함께 놀던 친구와 헤어지는 등 원하지 않은 많은 이별은 모두 상실이라고 할 수 있는데, 가족의 죽음을 통한 이별의 상실은 가장 큰 상처로 깊고도 오랜 기간 동안 남아 있게 된다. 어떤 사람은 떠나보낸 사람을 좀 더 잘 대해주지 못했다는 자책에 힘들어하고, 떠나보낸 사람이 없는 상황을 동정받아야 하는 상황이 사회적으로 스스로를 은둔시키는 경우도 있다. 남겨진 사람들이 상실의 아픔에 대처하는 방법을 살펴보면 다음과 같다(한국방송공사 생로병사의 비밀 제작팀, 2014).

<표 12-1> **상실의 아픔에 대처하는 방법**

상실의 단계	증 상	방 법
충격과 좌절 단계	부정, 분노, 자책, 감정 조절 실패로 몸과 마음에 이상이 생긴다.	현실 수용 시도, 몸과 마음이 원하는 대로 내버려 둔다.
고독과 우울 단계	고인의 부재로 인한 고독과 우울감, 외로움, 슬픔 등의 감정으로 인해 직장 및 사회생활에 문제가 생기기도 한다.	1년 정도 지속될 수 있고, 그 이상 지속될 때에는 전문가와 상담 필요하다. 주위 사람들의 도움을 수용하고 만남과 교류를 통해 극복하는 것이 좋다.
수용과 적용 단계	고인이 없는 삶에 고통이 줄고 익숙해진다.	충분히 슬퍼하고 고통을 표현하는 과정을 통해 극복하게 된다.

출처 : 한국방송공사 생로병사의 비밀 제작팀(2014). 오늘이 내 인생의 마지막 날이라면 : 함께 준비하는 이별, 웰다잉. 서울 : 애플북스, p. 190.

남겨진 사람들의 주제는 떠나보낸 뒤 가족들이 해결해야 하는 문제로 보아야 한다. 충분히 슬퍼할 수 있도록 기다려 주는 것, 고통의 표현을 받아주고 안아주어 현재의 상처를 극복할 수 있도록 도와주고 평범한 일상생활로 돌아갈 수 있도록 해야 한다.

5. 영원한 이별여행

1) 이별여행

누구나 이별을 할 때 멋있고 후회 없는 아름다운 이별을 원할 것이다. 이러한 이별을 하기 위해서는 이별에 대한 준비가 필요하다. 여행을 떠날 때도 가볍게 떠날 수 있는 여행이 있고 많은 준비가 필요한 여행도 있다. 노년의 이별여행 준비는 '죽음에 대한 준비'이므로 중요한 의미가 있기 때문에 여러 가지 준비가 필요하다.

KBS <생로병사의 비밀>에서는 다양한 집단과 연령대의 국민 총 165명을 대상으로 이별 준비에 대한 설문 조사를 진행하여 '사랑하는 사람과 함께 있는 것', '주변정리', '다른 사람에게 부담을 주지 않고 고통 없는 이별' 등의 결과를 도출하였다(KBS 생로병사의 비밀, 2014).

김수환 추기경의 이별 준비가 자주 회자되고 있는 이유는 그분이 준비한 이별 방법에 기인한 것이다. 첫째는 화해였고, 두 번째는 감사와 사랑이었으며, 마지막으로 자신의 신체를 기증하는 것을 끝으로 수명을 다한 아름다운 이별의 모습을 보여주었다. 갑자기 죽게 될 때도 의미 있는 죽음의 모습으로 아름다운 이별의 모습을 보여줄 수 있다.

2) 영원한 이별

영원한 이별은 죽음에 대한 전 생애적 관점이다. 삶과 죽음은 동전의 양면과 같아서 살아가고 있다는 것은 역설적으로 죽어가고 있다는 것과 마찬가지이다. 그렇다면 우리는 언제 죽음에 대해 인식하게 되는가?

아동기에는 죽음에 대한 정확한 개념을 갖기 힘들며 10세 정도가 되어서야 비로소 인지 발달을 통해 분리와 상실을 느끼게 되고, 죽음이 무엇인지 이해하기 시작한다. 이후 나이가 들어감에 따라 죽음에 대해 명확히 인식하게 되나 청년기에는 죽음에 대해 심각하게 생각하지 않는다. 이 시기에는 죽음이 어느 세대, 누구에게나 갑자기 찾아 올 수 있는 것이라는 것은 모두 알고 있지만 나이가 젊을수록 죽음은 남의 이야기라고 생각하며, 죽음을 마치 노년기에만 일어나는 일인 것처럼 생각한다. 즉, 초기 성인기까지는 사람이 늙는다는 것과 죽을 수 있다는 사실이 자신과는 동떨어진 일이라고 생각하며 취업, 학점, 연애, 결혼과 같은 당면한 문제들을 해결하는 데 시간을 보내게 된다. 따라서 죽음에 대해 보다 명확히 인식하게 되는 시기는 대부분의 경우 성인기 이후라 볼 수 있다. 성인기에 접어들면서 결혼을 하고 자녀의 출산과 양육을 경험하거나 물리적인 나이가 들게 됨에 따라 세대 내 역할 변화를 통해서 자연스럽게 노화와 죽음을 인식, 인정하게 되는 것이다. 점차 자신의 부모를 비롯하여 친척의 죽음, 친구의 부모, 직장 동료의 부고를 접하고, 문상을 가는 일도 잦아지게 된다.

많은 사람이 보다 직접적으로 죽음에 대해 직면하고 수용하게 되는 것은 노년기이다. 노년기에 접어들수록 친구나 지인의 사망으로 인해 죽음에 대한 직면하게 되고, 살아왔던 날들보다 앞으로 살아갈 날이 얼마 남지 않았다고 생각하게 되며, 죽음에 대해 점차 수용하게 된다. 하지만 노년기에 접어들었다고 해서 죽는 것에 대한 공포를 극복한 것은 아니다. 자신의 삶을 되돌아보면서 만족감과 의미를 더 많이 느끼게 되면 자아통합감(integrity)을 갖게 되어 상대적으로 두려움이 덜한 상태에서 죽음을 직면하게 되지만 자신의 지나온 삶에 대해 후회와 비애를 더 많이 느끼게 되면 절망감(despair)을 갖게 되고 죽음에 대해 두려움과 억울함을 느끼게 된다.

이와 같이 죽음에 대한 태도는 생애 주기에 따라서도 다르지만 그 밖에도 다양한 요인들이 존재한다. 예를 들어, 퀴블러 로스(Kübler－Ross, 1969)는 말기 암 환자 200여 명을 인터뷰한 결과를 바탕으로 사람들이 죽음을 받아들임에 있어 몇몇 공통된 정서반응을 보이고, 부인－분노－타협－우울－수용과 같은 일련의 과정을 거쳐 죽음을 수용한다고 주장하였다. 물론 죽음에 대한 태도가 모두 비슷한 단계를 거치는 것은 아니고 앞서 제시된 정서들 중 두세 가지가 동시에 나타나기도 하며 문화적인 차이도 크다. 또한 타인의 죽음에 대해서 생각해 보는 것과 나의 죽음에 대해서 직접적으로 직면하는 것은 전혀 다른 태도를 갖게 할 것이다.

- A : 40~50년간 함께 살며 희로애락을 같이 해왔던 남편이 죽음
- B : 결혼한 지 만 3년 된 부부, 얼마 전 남편이 죽음

다른 모든 죽음과 마찬가지로 배우자와의 사별은 관계의 종결 그 이상의 의미를 가진다. 인생의 동반자로 정을 쌓고, 자녀의 출생, 양육 등 인생의 어려움과 즐거움을 함께 공유한 사람이 떠난 뒤 홀로 남겨진 것이기에 사별 후의 슬픔과 허전함은 장기간 지속된다. 앞선 사례를 들었을 때 대부분 전자는 노화나 질병으로 인한 사망일 것이고, 후자는 사고로 인한 사망으로 생각할 것이다. 또한 후자의 경우에 더 많은 충격과 상실감을 경험할 것이라 생

각할 수도 있다. 하지만 사랑했던 사람의 죽음으로 인해 남겨진 자의 슬픔, 죄책감, 아픔 등 상실 뒤에 따르는 여러 감정을 경험하게 되는 것은 모두가 겪는 일이어서 A와 B중 누가 더 슬플 것이라고 쉽게 이야기할 수 없다.

배우자의 죽음을 마주하는 것은 매우 개인적인 경험이다. 따라서 관찰자의 기준을 적용하여 '나 같으면 그 정도 기간이 지났으면 훌훌 털고 일어날 텐데'라 생각하거나 '○○는 배우자가 젊을 때 죽었는데도 혼자서 꿋꿋이 잘 살더라'라는 식으로 슬픔을 겪는 사람을 평가하는 것은 올바른 것이라 볼 수 없다. C는 한 달 만에 자신의 직장에 복귀해서 일하는데, D는 1년 동안 계속된 슬픔으로 아무 일도 할 수 없다고 해서 D가 C보다 더 심각한 상태라 할 수 없다. 오히려 한 달 만에 직장에 복귀한 C가 '정상으로 돌아온 듯 보이는' 것에 주의를 기울여야 할 수도 있다.

물론 다양한 이유에서 예외는 있지만 상실이라는 깊은 슬픈 감정에서 회복되는 데에는 생각보다 오랜 시간이 걸리기 때문에 많은 연구자들은 사랑하는 사람의 상실 후에는 최소 1년에서 2년여의 시간이 필요하다고 보고하고 있다. 따라서 겉모습이 괜찮다고 해서 그가 잘 지낸다고 생각해버리는 오류를 범하면 안 된다. 그리고 살아남은 사람이 예전 상태로 돌아가는 것은 사실상 불가능하다는 것을 인정해야 한다. '예전으로 돌아가는 것'이 아니라 '사랑하는 사람의 죽음을 인정하고, 상실된 상태를 안고 살아가는 것'이다.

둘이었다가 홀로 남겨지는 것은 양육 등 그동안 상대방에게 의지해 왔던 부분을 자신이 맡아야 함을 의미하며, 깊은 개인적 상실을 경험하게 한다. 남자의 경우는 아이들을 돌보는 것부터 밥 짓기, 빨래, 청소를 비롯하여 필요한 물건을 때맞춰 구입하거나 집 안팎 관리, 공과금 납부 등 많은 부분을 맡아서 처리해야 한다. 아내의 경우에도 만약 집에서 살림과 자녀 양육을 주로 맡아왔다면 남편의 사망은 가정에 많은 혼란을 준다. ○○의 아내, □□의 엄마 역할에서 갑자기 가장의 역할을 안게 되어 정체감의 혼란이 생기며, 경제적으로도 고통을 얻을 수 있다. 특히 초기 성인기에 사별할수록 남녀 모두가 어린 자녀에 대한 양육, 자녀가 느끼는 고통에 대한 위로, 배우자가 없음에 대한 자신의 고통을 복합적으로 감내해야 함에 따라 슬픔의 시간이 상당히 오랫동안 지속될 수 있다.

노인의 경우에는 사별을 어느 정도 당연하게 여겨서 주변에서 사별을 경험한 노인 집단의 신체건강, 정신건강의 악화를 간과하는 경향이 있지만 노년기에 배우자의 죽음으로 홀로 남은 사람들도 건강에 대한 두려움과 자녀와의 관계 문제, 배우자가 없는 상태에서 자신의 역할을 수행할 수 있는 능력에 대한 고민 등을 경험하게 된다. 즉, 노년기의 배우자와의 사별도 초기의 사별과 같이 매우 심각한 정신적 고통인 것이다.

인간의 평균수명과 사회적 활동, 생물학적 요인, 결혼 연령들을 고려할 때 노년기에는 여성이 홀로 남을 가능성이 더욱 높으며, 리 등(Lee et al., 2001)의 연구와 같이 몇몇의 연구에서 노인 남성들에 비해 여성이 사별에 대해 더 잘 적응한다는 결과를 보이긴 하지만 삶의 대부분을 함께 보내고, 가치관을 공유하였던 배우자를 떠나 보내는 것은 남녀 모두에게 깊은 개인적 상실을 경험하게 한다.

사별은 슬픔과 노력의 과정을 통해 적응해 가는 것이다. 사별의 고통과 사별한 이후의 적응에 대한 연구들은 사별과 그 이후 삶에 대한 적응의 어려움에 대해 잘 보여주고 있다. 예를 들어, 스트뢰베(Stroebe et al., 2012)는 사별한 지 4개월 된 사람들을 대상으로 연구를 진행하였는데, 사별 후에도 고인과의 지속적인 유대관계(continuing bonds: 고인이 계속 존재할 것 같은 느낌, 포기를 거부하고 나와 그가 계속 연결되어 있다는 느낌)를 가지고 있는 사람들이 더 큰 심리적 부적응을 보이며, 특히 예기치 못한 죽음인 경우에는 이러한 지속적 유대감이 고통을 더욱 증가시키며 시간이 지나도 우울감이 높은 모습을 보인다는 결과를 보고하였다. 그렇다면 우리는 사별에 대해 어떻게 대처할 수 있을까?

사별은 극복하는 과정이라기보다는 긴 혼란과 슬픔, 또 긍정적으로 생각하려는 노력의 과정들을 겪으면서 적응해 나아가는 과정이다. 사별에 대처하기 위한 이중 과정 모델(Stroebe & Schut, 1999)에서는 상실 그 자체를 다루는 것에 초점을 두는 방식과 새로운 삶에 적응하기 위한 회복에 초점을 맞추는 방식으로 사별에 대한 대처를 구분하고 이 두 가지 방식들이 서로 순환하는 역동적인 과정이라 소개한다. 즉, 사별 이후에는 그와 관련된 생각이나 떠오르는 기억들로 인하여 슬픔에 마주하기도 하지만, 여기에 머무르지 않고 사별에 대한 생각을 최소화하고 긍정적으로 생각하려는 노력들을 기울이기도 하면서 점차 사별에 대해 적응한다는 것이다.

이 글을 읽는 많은 사람들에게 죽음은 아직 먼 미래의 일로 느껴질 것이다. 하지만 가끔은 죽음이 바로 옆에 있음을 직시할 필요가 있다. 연령에 상관없이 죽음에 대해서 생각하는 것을 통해 삶에 대해 사유하는 기회를 가져보자. 죽음에 대한 인식과 생의 유한함에 대한 이해는 우리로 하여금 주어진 시간을 더욱 성실하고, 가치 있게 쓰고자 노력하게 하여 하루하루를 살아가는 힘이 될 수 있다.

제13장

식물인간과 여러 가지 죽음

1. 식물인간
2. 뇌 사
3. 안락사
4. 존엄사
5. 자 살
6. 죽음과 도덕성

제 13 장 식물인간과 여러 가지 죽음

1. 식물인간

식물인간은 의식불명인 채 장기간 혼수상태에 빠져 있는 환자를 말한다. 심장정지 등으로 심한 저산소성 뇌손상을 받은 환자들이 깊은 혼수상태에 빠졌다가 지속적으로 생존하는 경우나 질병이나 두부외상 등으로 의식에 장애가 와서 장기간 계속되는 환자를 지칭한다. 지속적인 간호로 10년 이상 생존한 예도 있다.

인간에게는 운동・감각・정신작용의 '동물성 기능'과 음식물의 소화흡수・호흡・노폐물의 배설・혈액순환 등의 '식물성 기능'이 있는데, 교통사고, 뇌졸중, 일산화탄소 중독 등으로 동물성 기능은 정지된 채 식물성 기능만 제대로 하고 있는 상태이다.

식물인간 상태는 정의에 따라 다르지만 대략 1~3개월 이상 지속되면 이를 지속식물 상태라고 하며, 이 경우 의식이 회복될 가능성은 매우 낮다. 팔다리를 움직이지 못하기 때문에 스스로 자세를 바꾸지 못하고 의사 표현을 하지 못한다. 호흡은 정상이지만 스스로 기도 유지를 할 수 없다. 환자의 각성 상태는 정상이고 수면각성주기도 유지되며 자발적으로 눈을 뜨기도 하지만, 의식이 전혀 없어 주위의 자극에 대하여 반응이 없다(박 철, 2010).

식물인간 상태를 뇌사와 구분할 필요가 있다. 식물인간 상태는 대뇌의 전반적인 손상에 의해 발생한다고 알려져 있다. 그러나 뇌사는 대뇌를 포함하여 뇌간(숨골, 뇌줄기)까지 비가역적인 손상을 받아서 발생한다. 따라서 식물인간 상태에 놓인 환자는 인공호흡기를 필요로 하지 않는 경우가 많다. 그래서 적절한 음식물을 공급하고 욕창, 요로감염 등의 합병증이 발병하지 않도록 주의하면 비교적 장기간 생존하는 경우가 많다. 따라서 식물인간 상태에 있는 환자에게서 장기를 적출하는 것은 법으로 금지되어 있다(박 철, 2010). 간혹 장기간 식물인간 상태에 있다가 회복하는 환자에 대한 보고가 발표되고 있다. 이와 같은 환자들이 회복하는 기전과 회복을 촉진시킬 수 있는 약물에 대해서는 아직 알려진 바가 없다. 식물인간 상태에 놓인 환자는 스스로 움직일 수 없기 때문에 욕창을 방지하기 위하여 일정한 시간마다 자세를 바꾸어 주어야 한다. 또한 흡인성 폐렴, 요로감염 등의 합병증이 발생하기 쉽기 때문에 이에 대한 주의가 필요하다.

2. 뇌 사

뇌사는 의학적으로 뇌의 기능이 완전히 멈춰 회복할 수 없는 완벽한 죽음의 상태를 말한다. 임상적으로 뇌활동이 회복이 불가능하게 비가역적으로 정지된 상태이다. 뇌사 진단의 필수 전제 조건으로 심각한 급성의 비가역적 뇌손상을 일으키는 원인이 병력, 진찰, 혈액검사, 뇌영상검사에서 확인되어야 한다. 또한 뇌사 상태와 비슷한 증상을 보일 수 있는 각종 대사성 질환(저체온증, 저혈압 등)이 없어야 한다.

이와 같은 전제 조건이 충족된 상황에서 혼수, 뇌간(숨골, 뇌줄기)에서 기원하는 모든 반사의 소실, 무호흡 증상이 모두 확인될 때 뇌사를 진단할 수 있다. 즉, 뇌사 상태는 뇌혈류 핵의학 영상에서 두개강 내로 혈류가 흐르지 않는 상태를 말한다.

뇌사를 일으키는 원인 질병은 매우 다양하다. 일반적으로는 뇌졸중, 간질중첩증, 뇌외상 등에 의해 뇌사가 발생하지만 허혈성 뇌병증 및 뇌부종을 유발할 수 있는 모든 질환이 뇌사의 원인이 될 수 있다. 뇌사는 사고와 판단을 주관하는 대뇌피질은 물론, 맥박과 호흡 등 기본적인 생명 활동을 주관하는 뇌간(腦幹)까지 파괴되어 기능이 정지된 상태로, 심장이 움직이며 체온을 느낄 수 있으나 정상적으로 회복할 가능성이 전혀 없기 때문에 심장과 폐가

정지된 일반적인 사망과 동일하다. 뇌사는 뇌간의 기능이 남아 있어 인공호흡으로 수년 이상 생명을 이어나갈 수 있는 식물인간 상태와는 근본적인 차이가 있다. 뇌사상태에 빠지면 인공호흡기로 일시적으로 생명을 유지할 수는 있으나 대사기능이 저하되어 있기 때문에 어떤 치료에도 2주 이내에 사망한다.

1971년 핀란드의 국민보건국은 '시체 조직의 적출에 관한 훈령'을 공포함으로써 최초로 뇌사를 인정하였다. 2008년 기준 뇌사를 법적으로 인정하는 나라는 우리나라를 포함하여 핀란드, 미국, 프랑스, 영국, 일본, 대만, 스페인 등 55여 개국에 이르고 있다.

1) 한국에서의 뇌사판정

한국은 「장기 등 이식에 관한 법률」을 1999년 2월 8일 제정하여, 1년간의 경과기간 뒤 2000년 2월 9일부터 뇌사를 공식적으로 인정하고 있다. 그 전까지는 '심장정지 상태(심장사)'만을 사망의 판단으로 적용해 왔다. 법률에 따르면 '뇌사판정기준 및 뇌사판정절차에 따라 뇌 전체의 기능이 되살아날 수 없는 상태로 정지되었다고 판정된 사람'을 뇌사자로 규정하고 있다.

뇌사판정을 받기 위해서는 뇌사판정기관의 장이 뇌사판정 신청을 받으면 지체 없이 현장에 출동하여 뇌사판정 신청을 한 환자의 상태를 파악한 후 보건복지부령으로 정하는 바에 따라 전문의사 2명 이상과 진료담당의사가 함께 작성한 뇌사조사서를 첨부하여 뇌사판정위원회에 뇌사판정을 요청하여야 한다. 이에 따라 뇌사판정의 요청을 받은 뇌사판정위원회는 전문의사인 위원 2명 이상과 의료인이 아닌 위원 1명 이상을 포함한 과반수의 출석과 출석위원 전원의 찬성으로 뇌사판정을 한다(법률 제18조).

뇌사판정 선행조건 및 판정기준(법률 시행령 제21조)

판정기준은 치료 가능성이 없고 깊은 혼수상태로 자발적인 호흡 없이 인공호흡기로 생명을 유지하는 등 여섯 가지 선행조건과 여덟 가지 판정기준을 모두 충족시켜야 한다.

① 선행조건

- 원인질환이 확실할 것
- 치료될 가능성이 없는 기질적(器質的)인 뇌병변(腦病)이 있을 것
- 깊은 혼수상태로서 자발호흡이 없고 인공호흡기로 호흡이 유지되고 있을 것
- 치료 가능한 약물중독이나 대사성 장애의 가능성이 없을 것
- 치료 가능한 내분비성 장애의 가능성이 없을 것
- 저체온상태(직장온도가 32℃ 이하인 상태)가 아닐 것
- 쇼크상태가 아닐 것

② 판정기준

- 외부 자극에 전혀 반응이 없는 깊은 혼수상태일 것
- 자발호흡이 되살아날 수 없는 상태로 소실되었을 것
- 두 눈의 동공이 확대·고정되어 있을 것
- 뇌간반사(腦幹反射)가 완전히 소실되어 있을 것
- 자발운동, 제뇌경직, 제피질경직, 경련 등이 나타나지 않을 것
- 무호흡검사 결과 자발호흡이 유발되지 않아 자발호흡이 되살아날 수 없다고 판정될 것
- 뇌파판정 결과 후 재확인하였을 때도 그 결과가 같을 것
- 뇌파검사에서 평탄뇌파가 30분 이상 지속될 것

한편 뇌사자로부터 적출하여 이식할 수 있는 장기는 신장·간장·췌장·심장·폐, 골수·안구, 대통령령으로 정해진 장기(췌도, 소장, 소장과 동시에 이식하기 위한 위장·십이지장·대장·비장) 등이다. 일반적으로 장기 등의 적출은 이식대상자가 정해진 경우에만 가능하지만, 뇌사자의 안구·신장·췌장 및 췌도는 적출 후 상당기간이 지난 후에도 이식이 가능하여 이식대상자를 선정하기 전에 적출이 가능하다.

3. 안락사

안락사는 환자를 고통에서 해방시켜서 안락하게 죽게 하는 것이다. 영어의 euthanasia는 '좋은 죽음'을 의미하는 라틴어에서 유래한다. 의학적으로 허용되는 범위의 안락사는 자발적 안락사, 의사조력사망, 연명의료 결정의 세 가지로 나뉜다. 안락사는 한자어를 그대로 풀이하면 편안하고 즐거운 죽음이라는 뜻이다. 네덜란드, 벨기에, 룩셈부르크를 포함한 선진국에서는 회복할 수 없는 중병에 걸린 환자에게 자발적이며 적극적인 안락사를 허용한다(橋田壽賀子, 2018). 가망이 없는 환자에게 강제적인 의료행위를 통하여 생명을 유지하려고 하지 않고, 편안하게 죽음으로 갈 수 있도록 도와준다는 것이다. 물론 어느 정도를 가망이 없는 것으로 규정해야 하는 것인지에 대한 의문점은 남아 있다. 그러나 이러한 취지는 의학과 과학의 발전이 죽음을 해결할 수 없기 때문에 고통의 순간을 지속하면서 생명을 유지하지 않기를 바라기 때문이다. 무의미한 연명치료로 인한 지속적인 고통에서 벗어나 삶의 마지막을 평온하면서 편안하게 보낼 수 있어야 한다. 이러한 맥락에서 안락사는 존엄사와 뜻을 같이한다고 해도 무방해 보인다. 존엄사가 가지는 뜻은 최선의 의학적 치료를 다하였음에도 회복 불가능한 사망의 단계에 이르렀을 때 질병의 호전을 목적으로 하는 것이 아니라 오로지 현 상태를 유지하기 위하여 이루어지는 무의미한 연명 치료를 중단하는 것이다. 그래서 존엄사는 '무의미한 연명 치료 중단'이라고 바꾸어 부르기도 한다(한국방송공사 생로병사의 비밀 제작팀, 2014). 안락사와 존엄사는 자신의 죽음을 의사 또는 제3자에게 맡기고 결정하지 않고, 스스로 결정하고자 하는 마지막 권리이다. 죽어가는 모습은 제 각각이겠지만, 어느 누구나 죽을 때 인간으로서 가지고 있는 품위를 지키고 싶어 한다. 그렇기 때문에 주변에서는 이러한 기대와 바람을 묵과하지 않아야 한다.

안락사는 몇 가지 유형으로 나눌 수 있다.

① **순수한 안락사** : 죽음의 고통 완화를 목적으로 모르핀 투여가 행하여지며, 그것이 병자 생명의 단축을 수반하지 않는 경우
② **간접적 안락사** : 그와 같은 조치가 불가피하게 병자의 생명을 약간 단축하는 경우
③ **부작위(不作爲)에 의한 안락사** : 적극적인 의료조치를 강구해도 병자의 생명을 약간밖에 연장하지 못하고, 그럼으로써 오로지 그에게 고통을 주기만 하는 경우, 그 조치를 행하지 않는 경우
④ **적극적 안락사** : 병자의 생명을 적극적으로 끊음으로써 그를 죽음의 고통에서 해방시키는 경우. 좁은 의미의 안락사

1) 안락사의 합법성을 주장하는 견해

안락사의 네 가지 개념 중에서 순수한 안락사는 병자의 생명을 단축하지 않기 때문에 형법상 문제가 없다. 이에 반해서 실시방법이 병자의 생명을 단축하는 경우에는 형법상의 살인죄나 촉탁살인죄의 요건에 해당된다. 이 경우에 어떤 조건하에서 안락사가 죄가 되는지 알기 어렵다는 문제가 있는데, 간접적 안락사 및 부작위에 의한 안락사에 대한 일반적 견해로서는 합법적인 행위로 본다.

가장 문제가 되는 것은 적극적 안락사인데, 학설 중에는 합리주의 또는 인도주의를 근거로 내세움으로써 이를 긍정하는 견해가 있다. 그중에서도 학설의 영향을 받아서 일반론으로서 다음과 같은 요건하의 안락사는 합법이라고 한 판례가 있다.

① 병자가 현대 의학의 지식과 기술상 불치의 병에 걸리고, 그 죽음이 눈앞에 와 있을 것
② 병자의 고통을 보는 것이 참을 수 없을 정도로 심할 것
③ 행위가 병자의 죽음의 고통 완화를 목적으로 하고 있을 것
④ 병자에게 의사표시능력이 있는 경우에는 촉탁, 승낙이 있을 것

⑤ 원칙적으로 의사가 그것을 행할 것
⑥ 방법이 윤리적으로도 타당할 것

한편 ④의 요건에서도 알 수 있듯이 이와 같은 견해에 의하면 안락사에 대한 병자의 동의가 반드시 필요한 것은 아닌데, 이는 이 판례가 행위자의 인도주의적 동기에 안락사가 허용되는 근거로 보고 있기 때문이다. 원래 안락사 행위가 합법인지 문제가 된 사안에 대해서 모든 재판소는 구체적인 행위의 합법성을 인정하지 않고 살인죄, 촉탁살인죄의 성립을 인정하고 있다.

이에 대해 환자의 의사나 권리를 중시하는 학설에서는 이와 같은 인도주의, 합리주의라는 병자와 무관계한 이유에 의해서 그 살해를 허용하는 것은 타당하지 않으며, 오히려 안락사의 합법성의 근거는 그 행위가 고통에 가득 찬 짧은 생명보다는 편안한 죽음을 선택한다는 병자의 자율적인 의사에 의거하고 있는 점이 인정되어야 한다고 주장한다. 이 견해에 의하면 죽음을 희망하는 의사를 표명할 수 없는 의식불명의 병자에 대한 안락사는 합법일 수가 없다. 또한 안락사이기는 하지만 살인행위의 합법성을 인정하는 것은 인간 생명의 절대적 보호라는 법의 명분에 반한다는 안락사 위법론도 유력하다. 이에 의하면 적극적인 안락사는 항상 위법인데, 그와 같은 행위를 한 자를 비난할 수 없다고 인정되는 경우에는 그 형사책임이 예외적으로 부정되는 것은 있을 수 있다.

4. 존엄사

안락사의 목적이 병자를 고통에서 해방시키는 점에 있는 데 반해서, 병자에게 인간으로서의 존엄을 유지시키는 것을 목적으로 하는 것이 존엄사(death with dignity) 또는 자연사(natural death)이다. 이는 회복의 가망이 없는 병자에게 무익한 연명조치를 계속하는 것을 멈추고, 자연스러운 죽음을 맞이하게 하는 행위로, 생명연장을 위한 적극적인 의료행위를 하지 않는다는 점에서는 앞에서 언급한 부작위에 의한 안락사와 유사한 개념이다. 그러나 존엄사는 인공호흡기의 스위치를 끊는 등의 작위에 의해서 행하여지는 경우도 있다. 그런 병자는 의식불명이며 연명조치 중단의 가부에 대해서 의사를 표명할 능력이 없고 또한 육체적 고통을 느끼지 못하는 것이 보통이며, 생명 연장 조치를 계속하면 상당히 장기간에 걸쳐서 생명을 유지하는 예도 있는 점 등에서 부작위에 의한 안락사는 물론, 다른 안락사의 유형과도 다르다. 현대 의료기술의 진척은 이전에는 절망적이었던 중증환자의 생명을 구하는 것을 가능하게 하는 동시에 종국적인 회복 가망이 없는 채로 연장조치만이 강구되는 병자를 많이 낳게 되었다. 천연성 식물상태 환자(식물인간)가 그 전형적인 예이다. 적극적 안락사에 반대하는 논자도 존엄사 및 자연사를 긍정하는 경우가 많은데 미국에서는 식물상태에 있는 환자에게는 헌법상의 '프라이버시의 권리'에 유래하는 연명조치 거절권이 있다고 한 퀸란 판결(소위 카렌사건, 1976년) 이래, 존엄사를 인정하는 판례가 몇 가지 나오고 있다. 또한 의사능력이 있는 상태에서 작성된 자신이 말기상태가 되었을 때는 인위적인 연명조치를 중단할 것을 요구한다는 취지의 지시서(living will)에 법적인 효력을 주는 '자연사법'이나 유사한 이름의 법률도 성립되어 있다. 그러나 의식이 없는 환자는 치료거절권을 행사할 수 있는 현실적인 의사를 지니고 있지 않다. 또한 건강할 때의 의사표명은 식물상태 시의 의사라고도 할 수 없다. 따라서 여기에서는 연명조치의 중단이 병자의 참된 이익에 합치하는지를 타인이 판단하는 것이 필요한데, 누구에게 그 판단권을 부여할지에 대해서는 여전히 문제가 있다. 병자 가족의 의사를 무시하고 연명조치를 중단하는 것은 허용되지 않는다는 견해도 있다. 하지만 연명조치의 중단을 희망하는 가족의 의사에 따랐다고 해서 행위가 합법이 되지는 않는다. 또한 병자의 죽음이 어느 정도 진전되어야 일체의 의료조치의 중단이 허용되는지 또는 인공심폐, 비공영양, 항생물질투여 중 어느 범위에 대해서만 중단이 허용되는지 등 미해결의 문제가 많다.

1) '살 가치가 없는 생명'의 말살 위험

중증 정신장애자, 중증 기형아 등에게는 '자비심에 의한 죽음(mercy killing)'을 부여해야 한다는 '생존 무가치한 생명의 말살', '비 임의의 안락사'는 나치 정권하의 독일에서 실행된 적이 있는데, 이것이 절대적으로 허용되지 않는다는 것은 현재 모든 사람이 인정하는 점이다. 의료조치를 중단해서 인간다운 죽음을 부여한다는 존엄사·자연사의 주장은 어디까지나 병자의 의사에 따른 그의 이익을 옹호하려는 것이며, 살 가치가 없는 생명의 말살이라는 것은 이질적인 것이다. 천연성 식물상태 환자 등에 대해서는 사회보장적 조치를 충실하게 이행함으로써 충분한 의료를 확보하는 것이 선결이라고 주장되는 까닭이다.

5. 자 살

자살(suicidium)이라는 말은 17세기에 라틴어 'sui(self)'와 'cidium(to kill)'을 뜻하는 'caedere'에서 파생된 합성어로, 자신의 자유의사에 의해 자신의 생명을 끊는 행위이다. 죽고 싶다는 생각에서 시작하여 시도의 단계를 지나 죽음으로 이어지게 되는 자신을 향한 공격행위이다. 자살의 원인으로는 심리적 갈등을 동반한 불합리한 외적 환경에 대해서 자신의 힘으로는 도저히 극복할 수 없음을 인식하고, 도피하기 위해 자신의 의지와 물리적인 힘을 사용하는 것이 있다.

전 세계적으로 매일 하루에 1,000명이 스스로 목숨을 끊는다고 한다. 자살은 어떤 특수계층이나 특정 연령대에 국한되지 않는다. 또한 사회 전반에 폭넓게 걸쳐 나타나며 해마다 자살에 대한 비중이 늘어나고 있다.

대한민국의 사망원인 중 5위가 바로 자살이고, OECD 회원국 중에서 자살률 1위의 불명예스러운 위치에 있다. 우리나라는 2011년 이후 2017년까지 6년 연속 자살률이 감소하며 큰 성과가 나타났으나, 2018년의 자살률이 증가하였고 이는 우리가 조금 더 자살에 대한 경각심을 가지고 주변을 돌봐야 함을 보여준다.

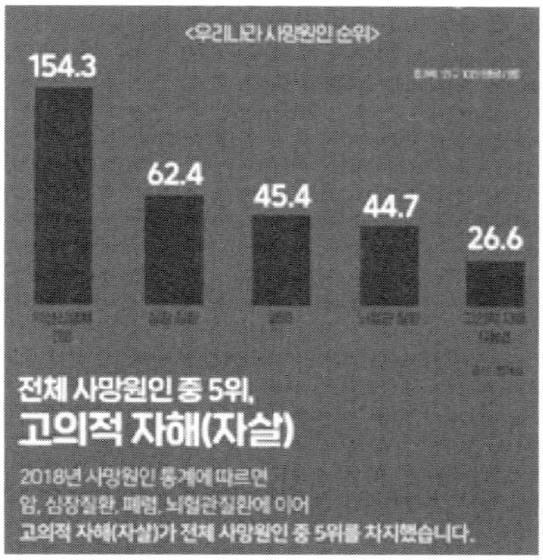

|그림 13-1| **우리나라 사망원인 순위**

출처 : 중앙자살예방센터(2019). https://m.post.naver.com.

6. 죽음과 도덕성

탄생과 죽음은 실습이 허용되지 않는다는 말이 있다(Sallie Tisdale, 2019). 태어나는 것과 죽는 것은 마음대로 할 수 있는 것이 아니라는 의미로 생각된다. 그래서 각자가 가지고 있는 가치관의 기준에 의해 생명과 죽음을 정하게 되었을 때 발생되는 결과는 개인과 사회적 파장을 가져오게 된다. 인류는 최첨단 고도성장을 통해 삶의 질을 높여왔다. 기술 발전의 가파른 성장은 편리와 윤택한 삶을 영위하는 데 도움이 되었으나, 이와 함께 삶의 의식인 부분이 뒷받침되지 못해 도덕적 경각심에 대해 이야기하게 된다. 죽음의 도덕성은 개인의 책임과 사회의 책임을 묻게 하는 부분으로 사회적인 역량 강화가 절실히 필요하다.

제14장

여러 나라의 죽음 이야기

1. 한국 사회에서의 죽음

2. 서구 사회에서의 죽음

3. 중동 사회에서의 죽음

4. 그 외 여러 장례문화

제 14 장 여러 나라의 죽음 이야기

> 약 4,800여 년 전, 점토판에 새겨진 인류 최초의 이야기 '길가메시'에는 죽음에 대해 이야기하고 있다. 반은 신이고 반은 사람인 길가메시는 친구였던 엔키두의 죽음으로 인해 절망에 빠져 죽음을 세상에서 가장 못된 괴물이라고 생각한다. 길가메시는 죽음이 언젠가 자신을 데려갈 생각에 두려웠고, 죽음을 없앨 방법을 찾으러 떠나게 된다. 그러나 죽음을 없애는 방법은 찾을 수가 없었다. 집으로 돌아온 길가메시는 결혼하여 자녀를 낳게 되는데, 자녀를 통해 자신의 몸은 비록 죽을지라도 자신의 생명은 아이를 통해 계속 이어질 거라는 깨달음을 얻게 된다(오진원, 2017).

'장례', '죽음'이라는 문제는 동서양뿐만 아니라 세계 어느 나라 사람들에게 해결하지 못하는 미제이다. 중국의 막강한 권력을 자랑했던 진시황도 죽지 않기 위해 불사약을 찾으려 했으나, 찾지 못하고 죽음을 맞이했다. 진시황뿐만 아니라 많은 사람이 시대와 장소를 불문하고 죽음에 대해 생각했다. 죽음 뒤에 무엇이 있을까? 그래서 생겨난 문화가 바로 장례문화이다. 장례문화의 특징 중 한 가지는 죽은 사람만 장례에 해당하지 않고 살아 있는 사람도 장례문화에 포함된다는 것이다. 결국 삶과 죽음은 수레바퀴와 같고, 동전의 양면과 같다. 서로 별개일 수 없는 삶과 죽음은 각 나라와 사람들에게 맞는 여러 가지 문화로서 다가오게 되었다.

1. 한국 사회에서의 죽음

한국 사회의 죽음을 이해하기 위해서는 한국의 사상과 종교적 전통에 대한 이해가 필요하다. 한국은 무속, 불교, 도교, 유교, 기독교 등의 종교적 문화가 사상과 혼합되어 현대의 문화에까지 오게 되었다. 무속신앙(삼국시대)에서는 이 세상은 이승과 저승으로 나뉘었으나 서로 연결되어, 죽음을 통해 이승에서 저승으로 옮겨간다고 생각했다. 삶과 죽음은 하나로서 죽음을 삶의 연속으로 해석하여 죽은 사람이 저승으로 간다는 생각으로 춤과 노래를 행하였다. 불교문화(신라)에서는 죽음에 대한 관념은 변하지 않았으나 화장하는 풍습이 생겨났다. 고려시대에는 무속신앙과 불교적 문화가 더해진 유교식 상례가 제정되어 유교식 토장과 불교식 화장법이 함께 주류를 이루었다.

조선시대에는 유교가 국교가 되면서 불교식이었던 화장이 금지되었고, 사별한 사람들을 위로하기 위한 초종의식, 장송의식, 상제의식의 세 단계로 이루어진 상례가 주류를 이루었다. 조선시대 이후에는 무속신앙, 도교, 불교, 유교, 기독교 등의 문화가 혼재된 특성이 나타났다.

<표 14-1> **유교 장례의식**

초종의식	사별한 사람들이 죽음으로 인한 상실(충격, 비탄) 경험
장송의식	상실감을 수용
상제의식	죽음의 사실을 받아들이고 슬픔을 어느 정도 극복

출처 : 조계화 외(2006).

한국의 죽음문화는 삶과 죽음을 영혼과 육신의 결합과 분리에 따라 구분하고 이승과 저승의 세계를 수용하는 것에 근본을 두고 있는 것으로 나타난다(조계화 외, 2006).

2. 서구 사회에서의 죽음

초기 중세시대에는 자연과 신의 법에 따라 이 세계가 연결되어 있다고 생각하여 사후 세계에 관해 다소 긍정적 관점을 가지고 있었다. 죽음을 모든 사람에게 일어나는 일련의 사건이며 재회를 약속하는 의미로 이해하였고, 중세시대에는 죽음이 곧 구원이며 천국으로의 입문이라 생각하였다. 홀로 심판의 날을 직면해야 한다는 두려움과 불안감이 있었지만, 죽는 순간에 어떻게 죽는지가 매우 중요한 문제가 되었고, 자신의 행동을 재검토하는 유일한 기회로 여기게 되었다. 죽음 후의 의식은 죽게 한 이를 기억하기 위한 욕망과 슬픔 및 비탄을 표현하는 데 초점을 두었다.

미국은 19세기 산업화로 이행하면서 장례를 하나의 문화적 패키지로 제도화했다. 미국인들은 장례를 죽은 자에 대한 명상과 현실에 남겨진 자신들의 삶을 반추하는 계기로 인식했고, 유한한 삶을 아쉬워했다(박선영, 2008). 그러나 미국은 영국의 청교도들이 정착하여 세운 나라로서 죽음 뒤에는 천국에서 다시 재회할 것을 믿는 기독교 죽음 문화이다.

> 네가 흙으로 돌아갈 때까지 얼굴에 땀을 흘려야 먹을 것을 먹으리니 네가 그것에서 취함을 입었음이라 <u>너는 흙이니 흙으로 돌아갈 것이니라</u> 하시니라(창세기 3장 19절).
>
> 그가 그의 밭머리에 있는 그의 막벨라 굴을 내게 주도록 하되 충분한 대가를 받고 그 굴을 내게 주어 당신들 중에서 <u>매장</u>할 소유지가 되게 하기를 원하노라 하매(창세기 23장 9절).

기독교의 죽음문화는 구약성서를 통해 그 기원을 알 수 있다. 구약의 창세기부터 시편 이후까지는 죽음의 보편성과 아울러 연관된 인생의 허무함을 제시하고 있다. 특히 죄와 관련이 있는 죽음은 죄의 결과라고 말한다.

로마인들은 죽은 자에 대한 자비심을 매우 민감하게 드러냈다. 그 대표적인 사례는 임종의 순간에 행해졌던 절차이다. 임종이 임박하면 시신을 맨땅에 내려놓은 다음 입맞춤으로 죽어가는 자의 마지막 숨결에 동참했고, 절명한 후에는 그 주변에 있던 사람들이 죽은 자의 이름을 큰 소리로 부르는 의식을 거행했다. 로마시민들은 죽음을 가톨릭이라는 종교를 통해 극복해 왔다. 임종 시에는 동네 교회에서 장례식을 치르고 교회에서는 조종을 울려 망자의 천국행을 기원했는데, 이는 죽음을 종교와 일치시켜 죽음에 대한 슬픔을 종교로써 이겨내는 행위였다(박선영, 2008).

3. 중동 사회에서의 죽음

이슬람 문화권에 속하는 중동 사회의 사람들의 대부분은 죽음이 만유의 창조주인 알라에게로 귀의하는 것이라고 믿었다. 죽음을 모든 것의 종말이라고 생각하지 않았고, 영혼이 육체와 분리된 후 천상 세계로 돌아가는 것으로 여겼다.

수메르/ 아카드 문명에서 발견되고 알려진 신화와 문헌들이 표현하는 것은 죽음이라는 문제를 인간 존재의 중심 문제로 여겼다는 것이다. 인간은 죽어서 영혼이 되며, 대개 무덤을 거쳐 지하세계에 들어가는 것으로 인식하였다. 이러한 영혼들이 들어가는 지하 세계의 전체를 아랄루(Aralu)라고 불렀으며, 땅밑의 거대하고 우주적인 공간으로 인식하였다. 수메르와 아카드의 사람들은 사람이 죽을 때, 어둡고 먼지투성이이며, 공포로 가득한 영역으로 들어가 지하세계를 주관하는 신들 앞으로 안내되고, 이들에게 심판을 받게 된다고 생각하였다. 그들이 받는 심판의 기준은 불명확하며, 그 공간 자체는 아무런 희망이나 즐거움이 없는 세계로 묘사되고 있다(서창립, 2015).

4. 그 외 여러 장례문화

아프리카에서는 근본적으로 죽음을 긍정적으로 인식하고, 죽음이 개인의 삶의 전체성에 완전히 통합된다는 관점을 가지고 있다. 사후 세계는 현실의 이세계(離世界)이며, 삶의 세계가 사후의 세계라 인식한다(조계화 외, 2006). 중국 남부 지방이나 필리핀, 인도네시아 등 동남아시아 여러 지역을 가다 보면 깎아지른 절벽에 관을 매달아 놓은 문화를 볼 수 있는데, 동물이나 악귀들의 공격으로부터 안전하게 시신을 보호하려는 것이다. 이렇게 시신을 매달게 되면 영혼이 편안하게 쉬고, 하늘로도 쉽게 올라갈 수 있다고 믿었고, 이렇게 하면 조상의 영혼이 후손들을 보호하고 도와줄 것이라고 믿었기 때문이다(오진원, 2017).

뉴질랜드의 마오리족은 사람이 죽으면 그 영혼이 뉴질랜드 북쪽 끝에 있는 케이프 레잉가 쪽으로 상상의 섬을 향한 긴 여행을 떠난다고 생각한다.

아프리카 케냐 장례식

출처 : http://formtv.co.kr/wp-content/uploads/2018/10/20170902_145246케냐-장례식1.jpg

전통 암벽무덤과 타우타우(Tau-tau)의 모습

출처 : http://www.indonesia.travel.kr.ko.dest.

1) 신문 기사를 통해 본 죽음에 관한 다른 이야기

(1) 뉴질랜드에서는 왜 테러 희생자를 애도하며 하카 춤을 출까

뉴질랜드 학생들이 크라이스트처치 알누르 모스크 앞에서 하카를 추며 희생자를 추모하고 있다.

2019년에 발생한 자칭 '백인 우월주의자'의 총격 테러로 50명이 목숨을 잃은 뉴질랜드에서 추모의 의미로 마오리족의 전통춤 '하카'(haka)를 추는 장면이 전 세계에 반향을 일으키고 있다. 이민족·이교도에 대한 증오가 낳은 참사를 사랑과 연대로 극복하고 있다는 평가가 나온다. 참사 1주일 만에 뉴질랜드 크라이스트처치 알누르 모스크(이슬람사원) 근처에서 수천 명이 운집한 가운데 열린 추모식에서 가말 포우다 이맘(종교지도자)은 특별히 '하카 의식'을 언급하며 감사를 표했다. 그는 "(테러 후) 뉴질랜드인들이 보여준 눈물과 하카, 사랑, 연민에 감사드린다"고 했다. 하카는 주로 마오리족 용사들이 전쟁에 나가기 전 승리를 기원하기 위해 추는 것으로 알려진 전통춤이다. 여러 사람이 다리를 벌리고 서서 발을 구르거나 고함을 치며, 눈을 부릅뜨고 혀를 내미는 동작 등이 특징이며, 뉴질랜드 국가대표 럭비팀 '올 블랙'이 경기 전 상대방의 기선을 제압하기 위해 괴성을 지르며 이 춤을 추는 장면은 유튜브에서 3,500만 회 이상 조회될 정도로 널리 알려져 있다.

**뉴질랜드 럭비 대표팀 '올 블랙'이 경기 전 하카를 추는 장면
(유튜브 동영상 캡처)**

매튜 투카키 뉴질랜드 마오리위원회(Maori Council) 상임이사는 이날 영국 BBC방송에서 "하카는 종종 전쟁 무용으로 받아들여지지만, 사실 이 춤의 주된 테마는 존중"이라고 설명했다. 실제 하카 춤은 마오리족 사이에서도 상황에 따라 혹은 누가 전수했느냐에 따라 춤을 추는 방식이 다르다. 지역·부족마다 고유한 하카가 있어서 전체적으로는 수백 가지 형태가 있다고 한다.

상대에 대한 위협·경고라는 하카 춤의 의미도 세월이 흐르며 달라졌다. 현재 뉴질랜드에서는 영국 왕족 등 외국 귀빈이 방문했을 때 말고도 생일잔치나 결혼식, 기념일, 부족장이나 고위직 인사의 장례식 등 다양한 상황에서 하카를 춘다.

테러 참사 후 많은 학생들, 심지어는 폭주족까지 인종을 초월해 하카 춤을 추면서 테러 희생자를 애도하는 장면이 뉴질랜드인에게는 어색하지 않은 이유다.

뉴질랜드 폭주족들이 지난 20일 이슬람사원 총격사건의
희생자들을 애도하기 위해 하카춤을 추고 있다.
(크라이스트처치=AFP연합뉴스)

마오리위원회의 도나 홀은 "이런 장면은 놀랍지 않다"고 말했다. 그는 "(하카는) 우리에게 발생한 일에 대한 영혼의 반응"이라며 "많은 이들이 (테러) 충격에 빠져 있는 지금 같은 때에 이런 '사회통합적 대응'은 우리 나라를 위해 대단히 중요하다"고 의미를 부여했다(출처 : 세계일보 2019. 3. 22).

(2) 편리하긴 하겠지만…日서 '드라이브 스루' 장례식장 등장

일본에서 차에 탄 채로 조문하는 '드라이브 스루'(Drive-Thru) 방식의 장례식장이 등장해 주목받고 있다. 아사히신문, 교토통신 등에 따르면 관혼상제 업체 '렉스트 아이'(Lext Ai)는 이날 나가노(長野)현 우에다(上田)시에 '드라이브 스루 장례식장'을 열었다. 운영 방식만 보면 이 장례식장은 드라이브 스루 패스트푸드점과 크게 다르지 않다. 조문자는 차에서 내리지 않은 채 접수대에 차를 멈춘 다음 태블릿PC의 방명록에 이름을 적고 불을 붙이지 않는 전열식 향을 직원에게 건낸다.

일본 나가노(長野)현 우에다(上田)시의
'드라이브 스루(Drive-Thru) 장례식장'에서
업체측이 조문하는 시범을 보이고 있다.

조문자는 접수대 뒤 큰 창 너머로 빈소의 모습을 볼 수 있다. 조문자가 도착하면 빈소의 램프에 불이 들어오는데, 상주들은 모니터 화면을 통해 조문자가 향을 올리는 것을 확인할 수 있다.

조문자는 접수대 뒤 큰 창 너머로
빈소의 모습을 볼 수 있다.

이 업체가 이런 새로운 방식의 장례식장을 도입한 것은 한 사람이라도 더 많은 사람이 빈소에 오면 고인이 기뻐할 것이라는 판단에서다. 보통의 장례식장에 가기 힘든 고령자, 혹은 신체가 부자유스러운 사람도 드라이브 스루 방식이면 빈소에 가는 부담을 덜 수 있다. 렉스트 아이는 "'남에게 피해를 주지 않으려 장례식장에 가지 않았다'는 고령자의 말을 듣고 새 방식의 장례식장을 도입하기로 결심했다"며 "복장을 갖추지 않고 조문을 할 수 있는 것도 장점"이라고 말했다.

그는 "원래 새로운 방식은 받아들이기 힘들다"며 "드라이브 스루 장례식이 익숙하지 않기는 하지만, 도전하지 않으면 시대에 맞는 새로운 방식이 탄생할 수 없다"고 말했다(출처 : 연합뉴스 2017. 12. 17).

제15장

장례 이야기

제 15 장 장례 이야기[1)]

1. 장례의 이해와 장례식장 의례

1) 한국 전통 상례의 절차와 의미

전통적으로 상례의 절차는 19개의 대절차로 되어 있고, 대절차는 다시 60여 항목의 소절차로 구분되어 외형상으로는 상당히 복잡하게 구성된 것처럼 보인다. 그러나 상례의 의례적 목적이 죽음을 인식하고, 살아 있는 사람에게 죽음으로 인한 슬픔을 극복하게 함으로써 정상적인 생활로 회복하도록 하는 데 있기 때문에 각 절차의 단계는 관계성을 가진 죽음에 대한 완벽한 논리 체계를 가진다. 아울러 이러한 의례의 실제 진행에서도 당시의 상황에 따라 절차를 생략하거나 통합하여 실행하기도 하여 매우 복잡한 양상으로 전개되었음을 알 수 있다. 이러한 전통 상례의 절차를 대략 살펴보면 다음과 같다.

① 초종(初終) : 1일째
② 습(襲) : 1일째
③ 소렴(小斂) : 2일째
④ 대렴(大斂) : 3일째
⑤ 성복(成服) : 4일째
⑥ 조상(弔喪) : 4일째~
⑦ 문상(聞喪) : 4일째~
⑧ 치장(治葬) : 4일째~천구 전까지, 3개월

1) NCS 직업기초능력의 "장례서비스" 학습모듈의 내용을 재구성하여 반영함

⑨ 천구(遷柩) : D－1일째, D일은 택일한 발인일을 말한다.

⑩ 발인(發靷) : D일

⑪ 급묘(及墓) : D일

⑫ 반곡(返哭) : D일

⑬ 초우제(初虞祭) : D일

⑭ 재우제(再虞祭) : D＋2일

⑮ 삼우제(三虞祭) : D＋3일

⑯ 졸곡(卒哭) : D＋5일

⑰ 부제(祔祭) : D＋6일

⑱ 소상(小祥) : 13개월 차

⑲ 대상(大祥) : 25개월 차

⑳ 담제(禫祭) : 27개월 차

㉑ 길제(吉祭) : 29개월 차

㉒ 탈상(脫喪)

『예기(禮記)』의 「제의(祭義)」편에 "군자(君子)는 종신(終身)토록 행할 상(喪)이 있다는 것은, 기일(忌日)을 말하는 것이다. 기일(忌日)에는 다른 일을 하지 않으니 이 날을 상서롭지 않은 것으로 여기는 것은 아니다(君子有終身之喪 忌日之謂也 忌日不用 非不祥也)"라고 한 것은 탈상(脫喪)이 예(禮)가 아님을 말하는 것이다.

2) 현대 장례의 이해

우리 민족의 전통 죽음 의례는『주자가례(朱子家禮)』가 전래되어 조선 사회에 정착하는 과정에서 유교화한 모습으로 토착화되어 오늘에 이르고 있다. 어느 민족이나 죽음에 대해 갖는 동일한 시각은 죽은 자에 대한 공경과 공포이다. 이러한 관념을 바탕으로 죽음 의례의 틀로 존재하는 것이기 때문에, 전통의 틀을 유지하는 가장 보수적인 문화로 이어져 내려오고 있는 것이 죽음 의례와 문화이다. 그러나 현재 우리에게 남겨진 죽음 의례와 문화는 일제 강점기와 산업화 과정을 거쳐 급격한 변화를 겪으면서 지금의 모습으로 남게 되었다. 이러한 변화의 과정에서 뚜렷하게 나타나는 특징은 전통 의례에 반영된 전통적 생사관에 기인한 문화적 측면이 약화되고, 근대화 요구에 따른 사회 제도의 정비라는 측면이 더 강하게 나타남을 볼 수 있다. 아울러 전통 의례에서 보이는 조상 숭배의 관념이 사자의례적(死者儀禮的) 관점으로 전환되면서 죽음을 사건화하고 통제하고자 하는 측면도 나타나고 있다. 1970년대에 국가 권력에 의해 가정의례를 통제한 '가정의례준칙'은 우리의 장례 문화를 일거에 변화시키며 후퇴시킨 대표적인 사례가 된다. 이러한 가정의례준칙의 단초를 제공한 것은 1934년 조선총독부령으로 공포한 '의례준칙'이며, 당시 조선총독부령의 의례 준칙에는 농산어촌의 진흥 사업과 자력갱생 사업에 방해가 되는 의례의 낭비적 요소를 줄이는 것을 목적으로 제정된 것으로 발문에 기록하고 있다. 그러나 이러한 표면적 이유와는 달리 황국신민화라는 식민 지배 의식이 자리하고 있음을 부인할 수 없다.

이러한 식민지 시대의 논리가 대부분 반영되어 시행된 것이 1969년 제정된 「가정의례준칙에 관한 법률」이다. 가정의례준칙의 목적은 복잡하고 허례허식으로 치우친 가정의례를 모든 국민이 알기 쉽게 하여 간편하게 실천할 수 있게 하기 위함과, 지역과 씨족마다 각각의 방식으로 시행되는 가정의례를 통일된 절차로 일치시키는 것 등이었다. 이처럼 가정의례준칙은 지나치게 번잡한 의례 절차를 최소화함으로써 간편하게 실천할 수 있도록 한다는 취지였는데, 그 이면에는 불필요한 낭비를 줄이겠다는 의도가 자리하고 있었다. 그러나 제도적으로 권고와 훈시의 성격을 갖게 됨으로써 실효를 거두지 못하자 정부는 1973년 「가정의례에 관한 법률」 및 「가정의례에 관한 법률 시행규칙」을 마련하여 더욱 강력히 규제하게 된다. 당시 허례허식의 관행으로 인식되었던 대표적인 6가지 사항의 금기를 명문화하였는데, 청첩장과 부고장 등 인쇄물에 의한 개별 고지, 기관·기업체·단체 또는 직장 명의의 신문 부고, 화환 및 화분 기타 이와 유사한 장식물의 진열과 사용 또는 명의를 표시한 증여, 답례품의 증여, 굴건제복의 착용, 만장의 사용 등이다. 이러한 변화 과정을 거쳐 오늘날 우리가 진행하고 있는 죽음 의례에 이르렀다.

현대 장례의 의례적 특성이 전통 상례를 계승하여 문화적으로 전승된 것이기 때문에 현대 장례 절차에 대해 획일적으로 정의하기는 어렵지만, 일반적으로는 전통적 요소를 포함한 의례 진행으로 삼일장 또는 오일장의 일정으로 진행되고 있다.

3) 제 례

유교에서 제례는 산 자와 죽은 자를 연결해 주는 끈이라고 할 수 있다. 죽은 조상을 신으로 받들어 모시는 제례는 삶과 죽음의 세계를 매개시켜 주는 상징적인 행위로 인식될 수 있으며, 이런 면에서 유교의 종교성을 주장하기도 한다. 조상의 제사는 돌아가신 날을 기준으로 밤에 지내는 기제사, 명절이나 일정한 절기의 아침에 지내는 차례, 4대조 이상의 조상을 기리기 위해 묘소에서 1년에 한 번 낮에 지내는 시제가 대표적이다. 그러나 현재 우리나라에서 개신교의 경우 제사를 지내지 않고 기일에 추모(혹은 추도) 예배를 드리는 것으로 제사를 대신하고 있다. 불교, 천주교 등의 종교에서는 제례를 행하고 있다.

2. 장례식장 절차

1) 장례식장 표준약관의 주요 내용

(1) 장례식장 이용요금 산정기준

안치실, 빈소, 접객실의 이용료는 안치 일시를 기준으로 24시간을 1일로 하여 산정한다. 다만, 24시간에 미달하는 시간은 그 시간이 12시간 이상인 경우에는 1일로 산정하고 12시간 미만인 경우에는 시간단위로 산정하되, 1시간 미만의 시간은 1시간으로 산정한다.

(2) 이용시설의 계약기간

사업자와 이용자는 다음과 같이 안치실, 빈소, 접객실, 예식실, 안치일시, 입관일시 등을 정한다.

(3) 장례식장의 금품요구 및 물품이용 강요 금지

사업자는 이용자에게 계약에서 정한 이용료 이외의 일체의 금품이나 물품을 요구하지 못하며 사업자가 제공하는 장례용품의 이용을 이용자에게 강제하지 못하도록 한다.

(4) 계약해지

계약의 해지는 계약관계를 종료시키는 중요한 조치이므로 사업자의 부당한 해지사유를 무효화하며, 사업자의 고의 또는 과실로 계약해지 시 이용료 반환과 함께 손해배상을 청구할 수 있도록 한다.

(5) 휴대물에 대한 책임

사업자에게 보관시킨 이용자 휴대 물건의 멸실, 훼손, 도난 등에 대하여 그 손해를 배상하도록 한다.

(6) 계약의 해석

약관이란 사업자에 의해 일방적으로 사전에 작성된 계약조건이기 때문에 대부분 사업자에게 유리하게 작성되는 것이 보통이다. 따라서 명확하게 해석되지 않는 조항이 있는 경우 작성자 불이익의 원칙에 의해 해석한다.

<표 15-1> 장례식장 표준약관

장례식장 표준약관

표준약관 제10029호

제1조(목적) 이 약관은 장례식장을 운영하는 사업자(이하 '사업자'라 한다)와 장례식장을 이용하는 유족 등(이하 '이용자'라 한다) 간의 장례식장의 이용에 관한 제반 계약사항을 규정함을 목적으로 합니다.

제2조(관계법령의 적용) 이 약관에서 규정되지 아니한 사항 또는 이 계약의 해석에 관하여 다툼이 있는 경우에는 사업자와 이용자가 합의하여 결정하되, 합의가 이루어지지 아니한 경우에는 약관의규제에관한법률, 민법, 상법 등 관계법령 및 공정타당한 일반관례에 따릅니다.

제3조(용어의 정의)

① '장례식장'이라 함은 안치실, 빈소, 접객실, 예식실 등 시신을 모시고 조문객의 조문을 받으며 예식을 올리기 위한 일체의 시설을 갈합니다.

② '안치'라 함은 시신의 부패와 세균번식 등을 막기 위하여 시신보관용 냉장시설에 시신을 모시는 것을 말합니다.

③ '염습'이라 함은 시신을 씻은 다음에 수의를 입히고 염포로 묶는 것을 말합니다.

④ '입관'이라 함은 시신을 관속으로 모시는 것을 말합니다.

⑤ '빈소'라 함은 조문객의 조문을 받기 위하여 마련된 장소를 말합니다.

⑥ '접객실'이라 함은 조문객을 대접하기 위하여 마련된 장소를 말합니다.

⑦ '예식실'이라 함은 고인에 대한 예식을 올리기 우해 마련된 장소를 말합니다.

⑧ '발인'이라 함은 이용자가 장사를 치르기 위해서 장례식장에서 관을 가지고 장지로 떠나는 것을 말합니다.

제4조(계약기간) 계약기간은 ( )년 ( )월 ( )일부터 ( )월 ( )일까지로 합니다.

제5조(이용시설) 사업자와 이용자는 다음과 같이 안치실, 빈소, 접객실, 예식실, 안치일시, 입관일시 등을 정합니다.

안치실	호	안치일시	월 일 시 분
빈 소	호	입관일시	월 일 시 분
접객실	호		
예식실	호		

제6조(이용료)

① 이용료는 안치실 · 빈소 · 접객실 · 예식실의 이용로, 염습비, 예식비, 청소 및 관리비 등으로 구성합니다.

② 안치실 · 빈소 · 접객실의 이용료는 안치일시를 기준으로 24시간을 1일로 하여 산정합니다. 다만, 24시간에 미달하는 시간은 그 시간이 12시간 이상인 경우에는 1일로 산정하고 12시간 미만인 경우에는 시간단위로 산정하되, 1시간 미만의 시간은 1시간으로 산정합니다.

③ 이용자가 직접 염습을 하는 경우에도 사업자는 염습을 하는 데 소요되는 실비(수시비 등)를 청구할 수 있습니다.

④ 이용자는 발인하기 전에 제1항 내지 제3항의 규정에 의한 이용료의 전액을 지급하여야 하며, 이때 사업자는 각 내역에 따른 계산서를 교부하여야 합니다.

제7조(사업자의 의무)

① 사업자는 계약을 체결하는 장소인 사무실내의 보기 쉬운 곳에 이 약관과 이용료(내역별 금액)를 게시하여야 하며, 이용자의 요구가 있을 때에는 이 약관을 교부하여야 합니다.

② 사업자는 이용자가 장례절차(종교별, 가문별 등)에 따라 엄숙하고도 편리하게 장례를 치를 수 있도록 장례식장을 쾌적하게 유지해야 하고, 적절한 양질의 서비스를 제공하여야 합니다.

③ 사업자 및 그 종업원은 이용자에게 계약에서 정한 이용료 이외의 일체의 금품이나 물품을 요구하지 않으며, 사업자가 제공하는 장례용품의 사용을 강제하지 아니합니다.

제8조(이용자의 의무)

① 이용자는 장례식장의 질서를 유지하기 위한 사업자의 공정타당한 제반 요청사항을 최대한 준수하도록 노력하여야 합니다.

② 이용자는 장례식장의 이용과 관련하여 타인에게 불편을 주지 않도록 다음의 행위를 하지 말아야 합니다.

1. 장례식장 내에 인화성, 폭발성 등이 있는 위험한 물품을 반입 또는 보관하는 행위
2. 타인의 장례 또는 조문에 방해가 되는 고성방가, 소란, 지나친 종교행사 등 불쾌감을 주는 일체의 행위
3. 장례식장의 시설물, 기구 등을 멸실・훼손하는 행위

제9조(계약해지)

① 사업자 또는 이용자는 상대방이 고의 또는 과실로 계약을 위반하는 경우에는 계약을 해지할 수 있습니다.

② 제1항에 의하여 계약이 해지된 경우, 이용자는 시설물 및 기구를 반환하고 그때까지의 기간 동안의 이용료를 사업자에게 지급하여야 하며, 사업자는 이미 이용자에게서 수령한 금액이 있는 때에는 그 기간 동안의 이용료를 공제한 나머지 금액을 이용자에게 반환하여야 합니다. 이때 사업자는 각 내역에 따른 계산서를 교부하여야 합니다.

③ 제1항에 의하여 계약을 해지한 사업자 또는 이용자는 상대방의 고의・과실로 인해 손해를 입은 경우에는 제10조의 규정에 의하여 상대방에게 손해배상을 청구할 수 있고, 이때 제2항에 의하여 지급할 이용료나 반환해야 할 금액에서 상대방이 책임져야 할 손해배상액을 공제할 수 있습니다.

제10조(계약위반으로 인한 책임) 사업자 또는 이용자는 고의 또는 과실로 계약을 위반하여 상대방에게 손해를 입힌 경우에는 그 손해를 배상할 책임을 집니다.

제11조(사고로 인한 책임) 사업자는 시설물의 하자, 종업원의 고의・과실 등 사업자의 책임있는 사유로 인하여 장례식장 내에서 발생한 사고에 대해서는 그 사고로 인한 손해를 배상할 책임을 집니다.

제12조(휴대물에 대한 책임)
① 사업자는 이용자 또는 조문객이 휴대한 물건(이하 '물건'이라 합니다)을 사업자나 종업원에게 보관을 맡긴 경우에는, 그 물건의 멸실 · 훼손 · 도난 등에 대하여 불가항력으로 인한 것임을 증명하지 아니하면 그 손해를 배상할 책임을 면하지 못합니다.
② 사업자는 이용자 또는 조문객이 보관을 맡기지 아니한 물건이라도 사업자나 종업원의 고의 · 과실로 인하여 멸실 · 훼손 · 도난 등이 된 때에는 그 손해를 배상할 책임을 집니다.
③ 사업자는 이용자 또는 조문객의 물건에 대하여 책임이 없음을 게시한 때에도 제1항과 제2항에 의한 책임을 면하지 못합니다.
④ 화폐, 유가증권 등의 고가물에 대하여는 이용자 또는 조문객이 그 종류와 액을 명시하여 사업자나 종업원에게 보관을 맡기지 아니한 경우에는, 사업자는 그 멸실 · 훼손 · 도단 등에 대하여 손해를 배상할 책임을 지지 아니합니다.

제13조(면책) 사업자는 손해가 천재지변 등 불가항력적인 사유로 인하여 발생한 때에는 배상할 책임을 지지 아니합니다.

제14조(재판관할) 이 계약과 관련된 분쟁에 관한 소는 민사소송법상의 관할법원에 제기하여야 합니다.

2) 장례식장 계약서 작성하기

(1) 장례식장 계약서

시신운송차량이 도착하면 유족을 접수처로 안내하고 간단한 서류를 작성하게 한다. 서류작성 시 유의해야 할 사항은 고인, 상주의 인적사항을 반드시 기재하고 그 밖에 매장 · 화장 여부, 병사 · 사고사 여부, 빈소 사용 기간 등을 확인한다.

① 상주를 상담실로 안내한다.
② 임대차 계약서에 고인 및 상주의 인적사항을 기재한다.
③ 계약서 작성 시 장례일정 등 주요 사항(사망종류, 입관방법, 장지, 상제, 참고사항 등)을 기재한다.
④ 계약서 작성 시 안치료, 임대료, 쓰레기 수거료는 계약 일자별로 기입하고 염습료 및 예식실(영결식장) 사용 등은 횟수를 기록한다.
⑤ 유족의 종교나 상조 이용 등으로 자체 입관을 결정한 경우, 입관실 사

용료 및 사용시간을 설명하고, 추가 접객실 사용 요청 시에는 추가 빈소 배정 및 요금을 설명한다.

⑥ 계약 일시와 계약자 인적사항을 확인하고 계약자의 서명을 받는다.

(2) 사망자 정보 제공 동의서

「장사 등에 관한 법률」 제33조의3 제3항 및 같은 법 시행규칙 제22조의2에 따른 사망자 정보등록을 위해서 사망자정보 제공 동의서에 대해 설명하고 사망자 인적사항 및 유족 인적사항을 기재하고 서명을 한다.

<표 15-2> **사망자정보 제공 동의서**

사망자정보 제공 동의서

1. 정보를 제공받는 자 : ○○○○병원
2. 정보제공 목적 : 「장사 등에 관한 법률」 제33조의3에 따른 연금・복지 급여의 관리 등
3. 정보제공 대상 : 보건복지부장관이 사망자정보 제공이 필요하다고 인정하는 중앙행정기관, 지방자치단체, 공공기관 등
4. 사망자 인적사항

성명	성별	주민등록번호	최종 주민등록 주소	사망일	장사시설 이용일

5. 유족 등의 인적사항

사망자의 관계	동의자 성명	생년월일	주소	정보제공에 동의함 (서명 또는 인)

※ 유족 중 1명만 기재 (정보 변동 시 추가 기재 가능)

「장사 등에 관한 법률」 제33조의3 제3항 및 같은 법 시행규칙 제22조의2에 따른 사망자 정보등록에 대한 사항에 동의합니다.
※ 사망자정보 등의 제공을 거부할 경우 장사시설 이용이 제한될 수 있습니다

20 년 월 일

유족 성명 (인)

3. 화장예약

1) 화장의 정의(장사법 제2조)

'화장(火葬)'이란 시체나 유골을 불에 태워 장사하는 것을 말하고, '화장시설'이란 시체나 유골을 화장하기 위한 시설을 말한다.

2) 화장시기(장사법 제6조 · 시행령 제5조)

화장은 사망 또는 사산한 때부터 24시간이 지나야 할 수 있으며 24시간 이전에 화장을 할 수 있는 경우는 아래와 같다.

① 다른 법률에 특별한 규정이 있는 경우
② 임신 7개월이 되기 전에 죽은 태아
③ 「감염병의 예방 및 관리에 관한 법률」 제2조에 따른 감염병으로 사망한 시신에 대하여 특별자치도지사 · 시장 · 군수 · 구청장이 감염병의 확산을 방지하기위하여 긴급한 조치가 필요하다고 인정하는 경우
④ 「장기 등 이식에 관한 법률」 제18조에 따라 뇌사 판정을 받은 후 같은 법 제4조 제1호에 따른 장기 등의 적출이 끝난 시신

3) 화장시설 또는 장소(장사법 제7조 · 시행령 제6조)

누구든지 화장시설 외의 시설 또는 장소에서 화장을 하여서는 아니 된다. 하지만 화장시설 외의 장소에서 화장을 할 수 있는 경우는 아래와 같다.

① 사찰경내에서 다비의식으로 화장을 하는 경우
② 화장시설이 설치되지 아니한 도서지역에서 「감염병의 예방 및 관리에 관한 법률」 제2조에 따른 감염병으로 사망한 시신에 대하여 시장 · 군수 · 구청장이 감염병의 확산을 방지하기 위하여 긴급한 조치가 필요하다고 인정하는 경우

4) 화장신고(장사법 제8조 제2항)

화장을 하려는 자는 화장시설을 관할하는 특별자치도지사·시장·군수·구청장에게 신고하여야 하며 신고 내용은 다음과 같다.

① 신고유형 : 사전 신고제
② 신고의무자 : 화장을 하려는 자
③ 신고기관 : 화장시설을 관할하는 특별자치도지사·시장·군수·구청장
④ 구비서류 : 「의료법 시행규칙」 별지 제6호 서식의 사망진단서(시체검안서) 또는 읍·면·동장의 확인서(죽은 태아의 경우 제외)

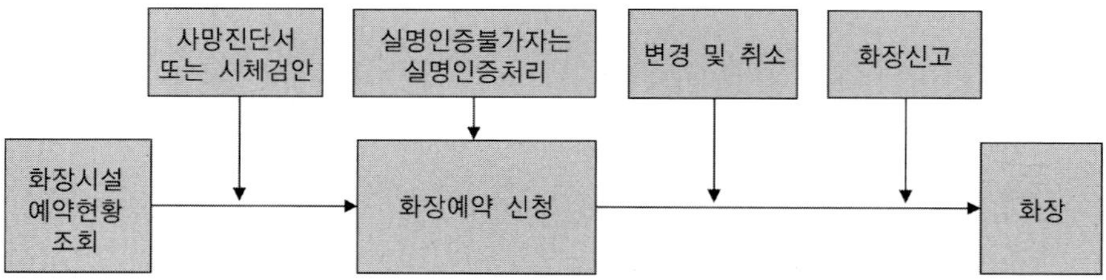

|그림 15-1| **화장예약 흐름도**

4. 빈 소

1) 빈소의 정의 및 유의사항

빈소란 산 자가 죽은 자에 대한 애도를 표하는 장소이며 영좌를 설치하여 죽은 자를 추모하고, 상주와 유족를 위로하는 곳이다. 또한 상주와 유족들이 문상객을 맞이하며 인사를 나누고, 그 이후 문상객이 제단에 모셔진 고인의 영정에 문상을 드리는 장소를 말한다. 과거에는 빈소에 고인이 안치 된 관을 병풍 뒤에 모시고 문상을 하기도 하였으나, 최근에는 제단에 영정을 모시고 종교별로 제수를 진설하고 초와 향을 피우는 등 문상객을 받는 곳이 대부분

이며, 고인은 안치실에 모신다. 또한 빈소는 종교적 의례(독경, 기도, 분향 등)가 이루어지는 장소이기도 하다.

빈소는 문상객과 유족들이 3일 정도 머무를 수 있는 장소이므로 분향으로 인한 연기의 제거를 위한 환기시설과 냉·난방 장치가 잘 작동하는지를 확인해야 한다.

2) 위패 및 명패 작성 방법

(1) 위패

① 전통식

예 顯현 考고 學학 生생 府부 君군 神신 位위(부친인 경우)

顯현 妣비 孺유 人인 安안 東동 金김 氏씨 神신 位위(본관이 안동 김 씨 모친인 경우)

② 불교

예 [先선 嚴엄 父부 (본관) 后후 人인(법명) (성명) 靈영 駕가](부친인 경우)

[先선 慈자 母모 (본관) 孺유 人인(법명) (성명) 靈영 駕가](모친인 경우)

(2) 명패

① 천주교 : 예 홍길동 베드로(세례명이 베드로인 경우)

② 개신교 : 예 장로 홍길동(직분이 장로인 경우)

3) 빈소 설치 물품

(1) 공통 설치 물품

① 영정 : 제단 위에 올려놓는 사람의 얼굴을 그린 그림이나 사진으로, 보통 양쪽 상단에 검은 띠를 두른다.

② 교의 : 신주를 모시는 용도로 제작한 의자를 말한다. 교의에 신주, 영정 등을 모신다.

③ 위패 및 명패 : 고인의 위를 대신하여 모시는 나무패를 말한다.

④ 제단 : 영좌 설치용 물품들을 올려놓는 단을 말한다.

⑤ 향로 : 향을 피우는 용도로 사용하는 작은 화로를 말한다.

⑥ 향탁 : 향로를 올려놓는 탁자를 말하며, 경우에 따라 위패와 촛대 등을 올려 놓기도 한다.

⑦ 촛대 : 제사용 초를 세우고 고정하기 위해 사용하는 도구를 말한다.

⑧ 초 : 종교적으로 어두울 때 빛을 밝히는 용도로써 사용하며, 영적 세계와 이승의 매개체로 여겨져 왔다. 그러나 천주교와 개신교에서는 종교적으로 다른 의미를 부여한다. 개신교 일부 교단에서는 초를 사용하지 않는다. 천주교에서는 일반초가 아닌 축성된 초를 사용한다.

⑨ 돗자리 : 제사용 돗자리는 보통 왕골로 된 것을 사용하며, 문상객들과 상주가 절을 할 때 불편하지 않게 하는 용도로 사용된다. 향탁에서부터 바깥쪽으로 펴서 깔아 놓는다.

⑩ 영정 리본 : 액자에 부착하여 영정임을 나타내는 리본이다.

⑪ 부의록 : 상가로 들어오는 부의(부조하는 뜻으로 보내는 돈이나 물건)를 기록하는 장부를 말한다.

⑫ 방명록 : 빈소에 찾아오거나 장례에 참석하였던 사람들을 기록하기 위하여 방문자의 이름과 소속 등을 적는 책자를 말한다.

⑬ 향 : 모든 제사 의식에서 가장 먼저 향불을 피우며, 이러한 절차를 분향이라고 한다. 향은 부정함을 제거하며 심신을 깨끗하게 한다는 의미를 지니고 있다.

⑭ 술잔 : 헌작할 술을 담는 잔을 말한다.

⑮ 주전자 : 술잔에 술을 담기 전에 미리 담아두는 용도로 사용한다.

⑯ 퇴주기 : 제례 시에 헌작하고 물린 술을 담는 그릇을 말한다.

⑰ 근조기 : 고인을 애도하는 의미를 지니며 자사의 회원임을 나타내는 의미를 가진 깃발이다.

(2) 종교별 설치 물품

① 천주교

- 성경
- 상장예식서 : 「가톨릭 상장례 예식서」의 가장 큰 특징은 한국 천주교회의 공식 전례서인 로마 표준 예식서 「장례 예식서」를 교회 안에서 널리 사용되고 있는 「성교예규」와 한국의 주요 종교들의 상장례 예식을 바탕으로 죽음에 대하는 우리 민족의 종교 심성을 반영한 한국적인 예식서로 개정, 보완했다는 점이다.
- 십자고상 : 십자가는 예수의 죽음을 상징하며, 그리스도교의 상징이 된 가장 오래되고 보편적인 그리스도교의 표시이다. 십자고상은 제대위에 올려놓을 수 있게 고안된 십자가를 말한다.
- 성수 : 천주교에서 물건을 축성하기 위해 사용되는데, 원래의 의미는 그리스도교 입교예식인 세례식 때 사용하는 성세수를 가리킨다. 일반적으로는 사제가 축성한 물을 말한다.
- 성수통, 성수채 : 성수통은 천주교에서 성수를 담아놓는 용기를 말하며, 성수채는 성수를 살포하기 위해 고안된 기구이다. 성수채는 물에 담갔다가 뿌리는 솔 형태, 짧은 손잡이 끝에 여러 개의 구멍이 나 있는 공 모양의 덩이가 달린 형태가 있다.
- 헌화용 꽃 : 문상객이 고인의 넋을 기리는 의미로 제단에 올려놓는 꽃을 말한다. 보통 흰색 국화꽃을 사용한다.

② 개신교

- 성경 : 평소 고인이 즐겨 읽고 좋아하던 성경 장과 절을 펴서 하나님의 말씀과 고인이 영원히 함께 있음을 보여주는 기독교장례문화이다.
- 음악재생 장치를 이용하여 찬송가 또는 성경을 조용하게 틀어놓는다.
- 헌화용 꽃 : 문상객이 고인의 넋을 기리는 의미로 제단에 올려놓는 꽃을 말한다. 보통 흰색 국화꽃을 사용한다.

③ 불교

- 다라니경 : 불교의 경전으로써 범어인 다라니는 모든 것을 다 가졌다는 뜻이다. 지옥, 아귀, 축생 지옥 등 나쁜 곳에 떨어지지 않게 한다고 해서 멸악취다라니라고도 한다.
- 카세트테이프(또는 CD) 천수경 등

④ 기타

- 혼백(불교, 전통식) : 신주를 만들기 전에 고인의 혼이 임시로 머물도록 만들어 영좌에 봉안하는 신위를 말한다.
- 축문집 : 제사를 지낼 때 신에게 바치는 글로 보통 백지에 붓으로 작성하며, 제사가 끝나고 나면 보관하여 다음 제사에 다시 사용하거나 태운다. 정형화한 책자로 제작한 축문집을 사용하기도 한다.

5. 장례용품

1) 장례용품의 개념

장례용품이란 장례를 치르는 기간 동안 사용되는 용품으로 염습과 입관에 필요한 수의, 관 등의 고인용품과 향, 양초, 위패, 부의록 등의 의전용품(또는 빈소용품) 그리고 유족용품 등으로 구분할 수 있다.

2) 장례용품의 구분

(1) 수의

수의는 '시신(송장)에게 입히는 옷'으로, 염습할 때 시신에게 입히는 옷과 부속품(襲具)을 가리키나 통상 수의(壽衣)라고 한다. 시신을 수의로 가리고 감쌈으로써 시신이 뒤틀리거나 부패하지 않도록 한다. 또한 가족의 사랑을 표현하며, 시신을 아름답게 꾸미는 목적도 있다. 조선시대 문헌에는 대부분

'수의(襚衣)'로 표기되어 있으나, '수의(壽衣)'라는 표현도 있다. 수의는 초상이 났을 때 돈이나 물건을 보내는 부의(附議)로 사용하는 옷을 뜻하기도 한다. 수의(습의)는 망자의 옷을 사용하는 것이 원칙이지만, 망자가 평상시에 입었던 옷과 함께 가족이나 친구, 왕이 보내는 옷 등을 사용하기도 한다. 20세기 이후 '수의(襚衣)'라는 용어보다는 '수의(壽衣)'가 일반적으로 사용되고 있다. 조선시대 수의는 평상시 입던 옷이나 생시의 예복에 해당하는 옷을 사용하였다. 따라서 시대별로 유행하는 옷이 사용되었다. 때문에 옷의 종류, 즉 명칭과 형태가 달라졌다. 평상시에 입던 가장 좋은 옷을 수의로 사용하였기 때문에 수의의 옷감은 주로 명주나 비단종류가 사용되었다. 조선시대 출토 복실을 수습하면, 그 시대의 평상복을 수의로 사용했음을 알 수 있다. 옷의 크기 또한 시대에 따라 달라졌다.

18세기 초・중반까지는 평상시에 입던 옷을 수의로 사용하거나 새 옷으로 수의를 만들어도 평상시의 치수와 다르지 않았지만, 1790년대를 즈음하여 수의의 크기가 매우 장대해졌다. 충북대학교 소장 전주 이 씨(1722~1792) 수의와 이연응(1818~1879)의 수의를 보면 남녀 수의를 매우 넉넉하게 큰 치수로 새로 장만하는 풍습이 생긴 것을 알 수 있다(김진아, 2001).

1986년 『한국민속종합조사보고서』에는 경기도 안성에서는 수의를 명주로 만들고, 강원도 춘천에서는 삼베를 사용하는데, 그 이유는 모시는 자손의 머리가 하얗게 되며, 명주는 구더기가 나기 때문이라고 한다. 강원도 고성군 토성면 어촌마을에서는 무명으로 만들고, 강원도 명주군 학산리 반가에서는 생시에 입는 비단옷으로 수의를 한다. 충청북도 진천에서는 대부분 명주로 만든다. 경상북도 안동에서는 치마저고리는 모본단 본견에 명주 안을 받치며 바지, 겹바지, 핫바지, 고의 등 속옷도 명주로 짓는다. 경상남도 사천은 명주나 베로 만든다. 제주도는 수의를 '호상옷'이라고 부른다. 백색 마포나 명주로 만들고 무명이나 화학섬유는 절대 쓰지 않는다고 한다. 2001년에 발간된 『경기민속지』에 의하면, 경기도 북부지역에서 수의를 삼베로 만들고, 명주로 만들지 않는 가장 큰 이유는 "시신이 명지(명주)에 들면 썩지 않기 때문"이라고 했다. 경기도 이천시를 조사한 경우에도 수의를 만들 때는 윤달이 있는 해에 손 없는 날을 택하여 떡 한 말을 찌고 하루에 다 만들었다고 한다.

지방별로 수의의 옷감은 다양하며 2000년대 초까지는 명주가 더 많이 사용된 것 같으나 현재는 삼베로 만드는 것으로 대다수가 인식하고 있다. 이는 매장보다 화장이 더 많은 비중을 차지하고, 대부분의 장례를 병원이나 장례식장에서 치르는 현재의 장례제도의 변화와도 관련이 있다(송미경, 1989).

(2) 관(木棺, 石棺)

관은 사전적 의미로 '시체를 담는 궤'라고 하며 '장례를 치를 때에 주검을 담는 상자'라고도 한다. 시신의 보호와 운구의 편의를 위해 사용하는 것으로, '널'이라고도 하며 유해(遺骸)를 넣는 장구(葬具)이다. 무덤의 주체를 이루는 것으로 화장할 때 유골을 담는 항아리와는 구별되며, 유해를 바로 땅 속에 묻을 때 사용하는 것이 가장 일반적이나 관을 보호하기 위한 시설인 묘곽(墓槨)이나 묘실(墓室)을 만들고 그 안에 두는 경우도 있다. 관의 형태는 보통 머리 쪽이 넓고 발 쪽이 좁은 두광족협(頭廣足狹)의 장방형이다.

관의 재료는 나무 · 돌 · 토기 · 도기 · 옹기 · 기와 등이었지만 나무가 가장 많이 사용되었다. 관은 짐승이나 곤충, 나무뿌리 따위의 침해로부터 주검을 보호하기 위한 도구였다. 경북 경주시 황남대총과 천마총에서 출토된 목관, 부산광역시 복천동에서 출토된 가야시대 목관은 느티나무를 사용하였으며, 경북 경주의 금관총과 98호분 및 창녕 송현동의 가야고분에서는 녹나무, 백제 무령왕릉에서는 일본산 금송, 충남 부여 능산리 고분에서는 비자나무를 켜서 만든 널빤지로 조립한 목관을 사용하였음이 확인되었다. 이처럼 삼국시대까지는 다양한 종류의 나무를 사용하여 목관을 만들었다. 그러나 고려시대 목관의 재질에 대한 연구는 아직 진행되지 않아 구체적으로 알 수는 없다. 조선시대에는 주로 소나무와 잣나무 등을 많이 사용하였다. 오늘날에는 관의 재료로는 오동나무가 가장 흔하게 사용되고 있고 가끔 은행나무도

쓰인다(국립민속박물관, 2014). 이처럼 목관 재료가 다양한 이유는 시기별로 가장 구하기 쉬운 나무를 선택하여 재료로 사용하였기 때문으로 보인다.

(3) 입관용품

- 명정(銘旌) : 죽은 사람의 신분을 밝히기 위해 붉은 비단이나 종이에 품계, 관직, 본관 성씨 등을 기재한 기(旗)를 말한다. 명정은 죽은 사람이 누구인지 알리려는 의도와 죽은 사람을 사랑하고 공경하는 마음으로 망자의 이름을 써서 다른 사람이 알아보게 하려는 목적이다.
- 관보(棺褓) : 시신을 입관하여 결관 후에 관을 덮는 천으로 종교별로 구분되어 있다.
- 소창(결관포 또는 결관바) : 발인 시 운구의 편의를 위해 입관 후 관을 묶는 천(또는 끈)으로 관의 크기에 따라 3번 또는 5번 묶는다. 요즘은 운구용 결관끈이 제작되어 묶지 않고 관에 끼워서 사용할 수 있다.
- 보공(補空) : 시신이 관 안에서 움직이지 않도록 하는 것으로, 원래는 입던 옷으로 하였으나, 현대에는 두루마리 휴지나 초석(톱밥) 또는 관 내부를 고정해 주는 안치대를 사용하고 있다.
- 염보 : 관 안에 한지를 깔았으나, 최근에는 이 한지를 대신하여 천으로 된 염보를 사용하고 있다. 장매와 같이 십자가 모양이며, 종교별로 표시를 달리하고 있다.

6. 시신 유골 운구

1) 유골 운구에 필요한 물품 준비

유골이란 화장 후 남은 고인의 뼈 조각들을 가리킨다. 매장과 달리 화장은 유골을 처리(예를 들어, 매장 또는 안치 등)할 별도의 장소가 필요하다. 이때 사용되는 시설은 봉안시설 및 자연장지, 산골 등이 있다.

이때 별도의 장소까지 유골을 옮기는 것을 유골 운구라 말한다. 유골 운구의 사전 준비로서 필요한 물품을 미리 파악하고 준비하여야 한다.
고인 유골 운구 업무에 있어서 필요한 물품은 유골함, 보자기, 한지 등을 비롯한 서류들이 있으며 세부적인 내용은 다음과 같다.

(1) 유골함 및 부속품

유골함이란 유골을 담는 함을 말한다. 유골함을 만드는 재료로서 나무, 도자기, 세라믹 등이 있다. 그리고 모양에 따라서 정사면체, 육각면체, 원기둥 등이 있으며, 외경사이즈는 가로, 세로, 높이에 따라 각각 18~25cm 사이의 길이로 구성된 것이 일반적이다.
유골함 속에 유골을 담을 때에는 직접 유골을 넣는 것이 아니라 보통 한지에 싸아서 유골함 속에 담는다. 그리고 유골함을 안전하게 감쌀 수 있는 보자기를 사용하는 것이 일반적이다.

(2) 필요 서류

준비서류는 화장증명서, 주민등록등본, 가족관계증명서 각 1부씩이다. 화장증명서는 유골이 고인의 것이며 화장을 한 상태라는 것을 증명하는 것이고, 주민등록등본과 가족관계증명서는 거주지 혜택이나 고인과 상주 간의 관계를 증명하기 위한 서류이기에 꼭 필요하다.
반면 타 봉안시설을 이용 후에 현 봉안시설을 이용할 경우 유골봉안확인서가 필요하다.

(3) 안전 · 유의사항

유골함을 들 때는 가슴으로 품듯이 안아 유골함이 바닥으로 떨어지지 않게 주의한다.

(4) 수행 순서

① 유족은 화장 후 유골을 반환받는다.

② 유골함은 보통 상주가 든다.

③ 필요서류를 준비한다.

- 필요서류에 대해 궁금한 점이나 특이점의 유무를 확인한 후 준비한다. 예를 들면, 가족관계증명서를 왜 지참해야 하는지 등이다.
- 사전에 봉안시설이나 자연장시설을 운영하는 관리사무소에서 필요서류를 확인한다.
- 화장증명서, 주민등록등본, 가족관계증명서 등 봉안시설이나 자연장지를 이용할 때 필요한 서류를 준비한다.

④ 유골과 상주 및 유족 포함 모든 인원은 해당 장사시설인 봉안시설 또는 자연장지로 이동한다.

7. 종교별 의례

1) 종교별 장례의 절차와 방법

우리나라는 현대사회에 들어와 외부적 요인에 의해 유교식 전통 상례의 절차가 많이 변화되었는데, 의례 공간과 기간, 절차가 간소화되는 특징을 보인다. 특히 삼일장으로 장례를 치르고 있는 것이 대부분이며, 장법(葬法)에서도 전통 장례는 매장 중심이었으나, 21세기 들어 화장문화가 확산됨으로써 화장 이후 다양한 2차 장법이 채택되고 있다.

한편 현대사회는 장례 장소로 집 대신 장례식장을 대부분 이용하고 있으며, 관, 수의 등 장례용품도 화장에 적합하게 또는 친환경적인 소재를 이용하는 등의 변화가 거듭되고 있다. 죽음을 맞이하는 임종 장소 또한 집이 아니라 주로 병원을 이용하고 있다. 이러한 변화와 관련하여 다종교 사회인 특성이 반영되어 유교식 전통 상례를 기본으로 종교별 특성을 반영하여 진행되고 있다.

일반인에게 불교식 상장례의 절차는 잘 알려져 있지 않았다. 따라서 재가 불자들의 장례 의례도 유교식 전통 의례 절차에 따라 진행되면서 일부 의례 절차에서 승려들이 참여하는 형식으로 진행되는 것이 일반적이었다. 그러던 중 우리나라 불교의 최대 종단인 대한불교조계종 포교원에서 2011년에 불교 상장례 전반에 대한 연구 활동을 통해 임종에서 49재, 제례에 이르기까지의 절차를 모아 『불교 상제례 안내』를 간행함으로써 재가 불자들이 불교식 장례에 대해 참고하도록 하였다.

『불교 상제례 안내』는 삼일장을 중심으로 임종 의례, 빈소 의례(=시다림), 이운 의례, 장지(또는 화장) 의례까지를 불교 장례 절차로, 그리고 위패 봉안 및 49재까지를 통틀어 '불교 상례'라고 표현하고 있다. 불교 제례의 경우 각 가정에서 지내는 불교식 제사와 사찰에서의 재(齋)로 지내는 방식 두 가지를 제시하고 있다.

한국 천주교회에서는 장례 의식과 관련하여 1864년 목판본으로 발행되어 사용하였던 『천주 성교예규』를 2002년 주교회의 결정에 따라 『상장예식』으로 발행하여 장례 절차에 따라 진행하고 있다. 『상장예식』의 예식은 단계에 따라 임종과 운명, 위령기도, 염습과 입관, 장례, 우제, 면례의 순서로 진행하도록 하고 있다. 일반적으로 각 성당에 조직된 연령회에서 주관하는 것이 특징이며, 신자들은 연령회와 협의하여 의례를 진행하고 있다.

개신교의 장례 의례의 의미와 진행 절차는 각 종파에 따라 다소 차이를 보이고 있으며, 불교, 천주교와 같이 통일된 장례 절차를 제시하고 있지는 않다. 다만, 일반적으로는 임종의식 → 입관 의식 → 발인 의식 → 하관 의식 순서로 진행되고 있다.

2) 문상객 장례 예절 지도

문상(問喪)은 고인에게 예를 표하는 조상(弔喪)과 상주에게 예를 표하는 조문(弔問)의 뜻으로 구분하였으나, 현대 장례에서는 구분하지 않고 사용되고 있으며, 조문(弔問)이라고도 한다.

친척이나 가까운 사람들이 상(喪)을 당했을 경우는 고인에게 예를 표하고 상주와 유족에게 정신적인 위로와 함께 장례에 관한 도움을 주기 위해 문상(問喪)을 한다. 전통 상례에서는 성복 이후에 문상하였으나, 장례 기간의 단축 등으로 1일 차부터 문상하기도 한다. 문상객은 예의에 맞는 옷차림을 하고 경건한 마음으로 정중하게 고인의 죽음을 슬퍼하고 애도를 표시하며, 물건이나 부의금, 상주에게 도움이 될 만한 것 등을 준비하여 전달한다.

8. 장사시설

1) 화장시설 의례

현재 가장 보편적인 장법이라고 할 수 있는 화장은 시신이나 유골을 불에 태워 장사하는 것을 말하는데, 화장하기 위한 시설을 화장시설이라고 한다. 화장은 사망 또는 사산한 때부터 24시간이 지난 후가 아니면 화장하지 못하고, 화장하려는 자는 화장시설을 관할하는 시장 등에게 신고하여 화장할 수 있다.

2) 봉안시설 의례

화장은 화장한 유골에 대한 이차적 처리와 의례를 진행해야 하는 장법이다. 따라서 화장한 유골을 봉안시설에 안치하는 것이 가장 일반적이라고 할 수 있다.

3) 묘지시설 의례

매장은 시신을 땅에 묻어 장사지내는 방법으로, 고대로부터 전하여 오는 가장 일반적인 장법이다. 「장사 등에 관한 법률」에서는 매장은 사망 또는 사산한 때부터 24시간이 지난 후가 아니면 매장하지 못하게 하고 있다. 또한 매장한 자는 매장 후 30일 이내에 매장지를 담당하는 특별자치시장·특별자치도지사·시장·군수·구청장(이하 "시장 등"이라 함)에게 신고해야 한다.

4) 자연장지 의례

자연장이란 화장한 유골의 골분(骨紛)을 수목·화초·잔디 등의 밑이나 주변에 묻어 장사하는 장법을 말한다. 자연장을 하려면 화장한 유골을 묻기에 적합하도록 분골하여야 하고, 유골을 분골하여 묻거나 용기에 담아 묻는 경우 그 용기는 생화학적으로 분해가 가능한 것을 사용하여야 한다. 자연장지의 조성 기준에 따라 공설 자연장지, 사설 자연장지로 나뉘는데, 사설 자연장지는 다시 개인 자연장지, 가족 자연장지, 종중/ 문중 자연장지, 법인 자연장지 등으로 구분된다.

자연장지에서의 자연장 진행 절차는 시설의 운영에 따라 그 절차를 달리 할 수 있으나, 일반적으로 자연장지 도착 → 관리사무소 서류 접수 → 자연장지 이동 → 하관 → 유족 취토 → 성분 → 성분제(평토제) → 유족 이동의 절차로 진행한다.

9. 발인 준비

1) 발인용품

발인용품은 고인을 장례식장에서 장지로 운구하기 위해 필요한 용품들로서, 운구 요원들이 사용할 장갑과 선두 차량에 부착하는 리본 장식 등이 있다. 장법에 따라서 화장에 필요한 유골함 또는 산골함을 준비하여야 하고, 매장의 경우에는 하관 시 필요한 횡대 등을 준비하여야 한다. 세부적인 내용은 다음과 같다.

① 차량 리본 : 장지로 이동할 때 선두 차량에 붙이는 리본 형태의 부착물이다.

② 장갑 : 운구용 장갑을 말한다.

③ 유골함 : 납골용 용기로 유골을 담는 단지이다.

④ **산골함** : 목제로 제작되어 산골을 위해 유골을 운반하는 상자이다.

⑤ **운아삽**(雲亞翣) : 삽은 액을 막고 악귀를 퇴치하는 기능과 상여의 행렬을 장엄하는 역할이 있다. 발인 때 상여의 앞뒤에 세우고 가는 제구로, 운삽(雲翣)과 불삽(黻翣)이 있다.

⑥ **폐백**(幣帛, 예단) : 장사지낼 때 관과 함께 넣는 검은색과 붉은색의 헝겊으로, 현훈(玄纁)이라고도 한다.

⑦ **혼백**(魂帛) : 상례(喪禮)에서 신주(神主)를 만들기 전에 망자의 혼이 임시로 거처하도록 만들어 영좌(靈座)에 봉안하는 신위(神位)이다.

⑧ **횡대** : 관을 묻은 뒤에 구덩이 위에 덮는 널조각으로, 매장할 때 영구 위에 놓아 흙이 직접 닿지 않도록 덮는 나무토막 혹은 널빤지이다.

10. 발인 의례

1) 발인 의례

발인(發靷) 의례는 고인에게 생전에 살았던 집과 가족으로부터 떠나 장지로 이동할 것을 고하는 의례 절차이다. 현대 장례에서는 견전(遣奠)과 발인이 거의 동시에 이루어지며, 이를 통합하여 발인 의례, 발인제 또는 영결식이라고 한다. 발인 의례는 발인제, 장례 미사, 발인 예배 등의 종교별 예식을 일컫는 것으로, 종교에 따라 차이가 있으며, 화장이나 매장의 장법에 따라서 이후의 절차 또한 매우 다르게 진행된다. 대부분 장례식장의 '영결식장'이라는 별도의 장소에서 이별 예식인 발인 의례나 영결식을 행하게 된다.

2) 발인 절차

전통 상례에서의 발인은 장사(葬事) 하루 전에 영구를 모시고 사당에 가서 조상에게 인사하고 청사로 옮기는 천구(遷柩) 절차의 다음 날 진행된다. 천구 후 일포시(日晡時)에 조전(祖奠)을 드리고 발인에 필요한 방상씨, 명정, 영여,

상여, 삽선 등을 순서에 따라 진열해 둔다.

다음 날 영구(靈柩)가 집을 떠나 장지로 가는 발인 절차가 진행되며, 이때 행상(行喪)의 순서는 방상씨 → 명정 → 영여 → 만장 → 공포 → 삽 → 상여 → 상주와 복인 → 존장 → 무복친 → 빈객 순이다. 장지로 이동하는 도중에 친척과 빈객이 길가에 장막을 치고 전을 올리기도 한다.

3) 운구 인원 확인 및 발인식장으로 운구

장례식장의 공간 구성은 고인이 계시는 안치실, 유가족이 있는 빈소, 발인 의례가 진행되는 발인식장(영결식장)으로 구분된다. 영정 봉송과 운구 요원은 복장을 준비하고, 빈소에서 영정을 모시고 유족 대표와 함께 안치실로 이동하여 고인을 모시고 발인식장으로 이동한다.

4) 종교별 발인 의례 지도

종교별 발인 의례는 장례식장이나 종교시설에서 진행하는데, 종교별 의례 절차에 따라 진행된다. 일반적으로 전통 상례의 발인 절차와는 달리 영결식 식순에 따라 진행되는 것이 가장 큰 특징이다.

5) 종교별 수행순서

(1) 불교식 이운(移運) 의례 절차 및 식순

불교에서 고인이 빈소를 떠나 장지까지 이동하는 절차로, 발인과 운구를 포함한 의례를 이운 의례라고 한다. 일반적으로 이운 의례에서의 발인 절차 진행은 스님이 빈소에서 상식을 올리고 운구하는 일련의 절차에 맞추어 진행하여야 하지만, 여건상 빈소에서 스님이 의식을 진행하거나 장의 차량 앞에서 지내기도 한다.

영결식 식순은 다음과 같다.

① 개식사 : 호상이 진행한다.

② 삼귀의례 : 주례 스님이 불보, 법보, 승보의 삼보에 돌아가 의지한다는 불교의식을 행한다.

③ 약력 보고 : 고인과 가까운 사람이 고인을 추모하는 뜻에서 고인의 약력을 간단히 소개한다.

④ 착어 : 주례 스님이 고인을 위해서 부처님의 가르침을 인용해 고인의 영혼을 안정시키는 말씀이다.

⑤ 창혼 : 극락세계에 들어가 고이 잠들라는 것으로, 요령[鐃鈴, 금속으로 만든 풍령(風鈴)과 같은 소종(小鐘)으로, 불교의식(佛敎儀式)에 사용되는 불구(佛具)의 하나]을 치며 스님이 의식을 거행한다.

⑥ 헌화 : 친지와 친척들이 영전에 꽃을 바친다.

⑦ 독경 : 고인의 영혼을 안정시키고, 생시의 모든 인연을 끊고 극락세계에 고이 잠들도록 주례 스님과 모든 참례자가 하는 염불이다.

⑧ 추도사 : 일반 장례에서 하는 조사와 같다.

⑨ 소향 : 일동이 함께 향을 피우며 고인을 추모하고 애도한다.

⑩ 사홍서원 : 주례 스님이 주관한다.

⑪ 폐식 : 호상이 폐식을 선언한다.

(2) 천주교식 출관 및 장례 미사

천주교에서의 장례 의식은 출관과 장례 미사로 구성하며, 고인을 가족과 신자들의 공동체에서 떠나보내는 예식이다.

① 출관 예식

출관 예식은 선종하신 분을 주님께 의탁하는 기도이며, 이러한 모든 기도는 정점인 장례 미사를 충실히 수행하기 위해서이다.

가. 장례식장에 도착하면 바로 고인께 예를 갖춘다.

나. 장례용품(고상, 성수체, 연도책, 연령회조기 등)을 수거한다.

다. 봉사자는 십자고상(十字苦像)을 들고, 유족이 영정 사진을 들고, 그 뒤에 유가족 순으로 하여 출관 장소로 이동한다.

라. 『상장예식』 제1절 출관 기도한다.

마. 관 앞에 영정 사진과 십자고상을 놓고, 관 앞에 돗자리를 펴고 발인제를 설명한 후, 유가족은 신발을 벗고 두 번씩 절하도록 안내한다.

바. 노제가 있는 경우에는 미사에 늦지 않도록 상주에게 설명하여 일찍 출발하도록 한다.

사. 운구 차량에 영구를 모시고 본당으로 운구한다. 일반적으로 본당에 30분 전에 도착하도록 한다.

② 장례 미사

가. 미사 전 고해성사가 필요한 조문객은 고해실로 안내한다.

나. 상주용 초를 준비한다. 준비하는 초의 숫자는 상주의 인원에 맞게 준비한다.

다. 고인을 성당 입구로 운구하여 본당 미사용 관보를 덮는다.

라. 성당 안으로 운구 시 봉사자는 제대 가까이에서 대기하고, 제대 앞에 관이 도착하면 영정 사진을 받아 관 앞에 놓고 유가족을 자리에 안내한다.

마. 미사 순서

㉠ 시작 기도

㉡ 참회 예절

㉢ 독서

㉣ 복음

㉤ 성찬의 전례

㉥ 고별식

㉦ 마침 예배

바. 미사 후 고별식 전 향복사, 십자고상 봉사자는 제 위치에 위치한다.

사. 고별식 전 봉사자는 유가족 숫자만큼 초에 불을 켜고 준비한다.
아. 유가족은 관 주위를 둘러선 후(관, 유가족 간격 조정), 촛불을 들게 한다.
자. 고별식이 끝나면 십자고상 뒤 영정 사진, 관, 유가족 순으로 퇴장한다.
차. 고별식 후 상주를 신부님께 안내하여 감사 인사를 나누게 한다.

(3) 기독교식 발인 예배 안내 및 식순

고인을 장지로 모시기에 앞서 고인에 대한 추모 및 하나님께 대한 위탁의 의미로 드리는 예배를 발인 예배라고 한다. 용어의 사용에서 영결식이라고 하지 않고 발인 예배라고 하는 것은 '영결'이라는 용어가 '영원히 이별하는 의식'이라는 뜻인 데 반해, 기독교의 장례 예배는 부활신앙을 기초로 재회를 보장받고 있기 때문이다.

① 발인 예배 순서

가. 개식사 : 집례자가 발인 예배 선언을 통해 의례가 진행된다.
나. 찬송 : 291장, 293장, 543장 등 주례 목사가 선택한 찬송가를 부른다.
다. 기도 : 고인의 명복을 빌며, 유족들을 위로하는 내용의 기도를 한다.
라. 성경 봉독 : 보통 고린도후서 5장 1절, 디모데전서 6장 1절, 요한복음 11장 25~26절, 고린도전서 15장 42~44절 등을 낭독한다.
마. 시편 낭독 : 시편 90, 시편 121장 1~8절, 디모데후서 4장 7~8절 등을 읽는다.
바. 기도
사. 약력 소개 : 유가족 대표 또는 주례 목사가 진행한다.
아. 설교
자. 주기도문
차. 찬송 : 장례식에 참석한 모든 사람이 같이 부른다.
카. 헌화
타. 출관

APPENDIX

부 록

1. 아름다운 삶(Well-dying) 프로그램 사례

2. 체험관

APPENDIX

부 록

1. 아름다운 삶(Well-dying) 프로그램 사례[1)]

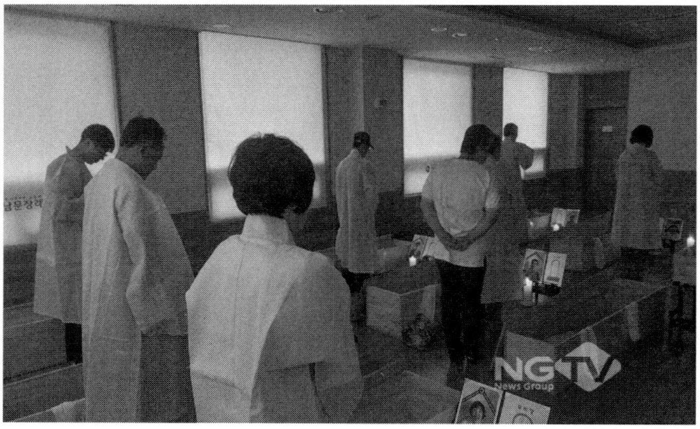

임종체험 프로그램 입관식

출처 : NGTV(2018. 6. 16).

임종체험 프로그램은 죽음준비교육으로 가상죽음을 경험하는 프로그램이다.

1) 광주남문장례식장 임종체험관 제공.

1) 기대효과

(1) 개인

- 자신의 존엄성 회복
- 가치관 회복으로 주변 사람과의 관계 개선
- 외부존재(사람, 생명, 사물 등)와의 관계
- 총명함, 끈기, 사랑, 감사 함양
- 생명존중의 중요성 자각

(2) 가정

- 가족의 소중함 깨달음
- 부모님에 대한 감사의 마음 재인식
- 가족들 간의 커뮤니케이션에 동참
- 가정에 대한 인식 재정립

(3) 사회

- 타인에 대한 존중으로 동료관계 회복
- 긍정적 마인드로 에너지 넘치는 생활
- 공동체의식 강화로 인한 굳건한 팀워크 형성
- 목표의식 재정립과 능동적 업무 처리－주인의식 발현
- 자기주도적인 셀프 리더십 함양 및 새로운 시각 형성

2) 항목별 프로그램 전후 변화

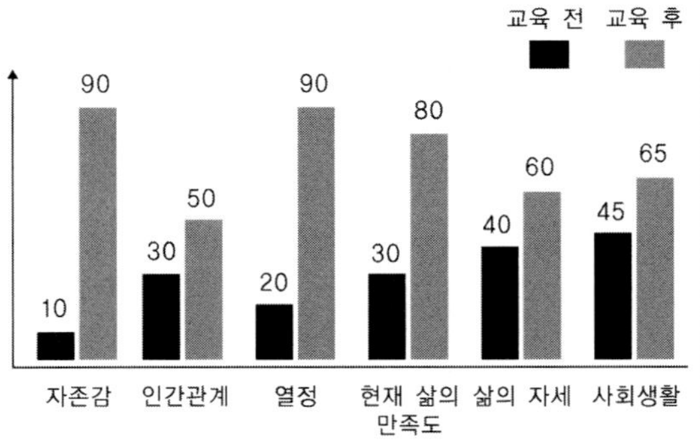

그 외 효과들

의사 결정 20→85

효율적인 인생관리 30→75

삶의 만족도 20→80

직장인의 소통과 단합 15→90

공무원의 직업 만족도 25→90

사회활동의 기본 자세 변화 정도

	능동적	주도적	창의적
교육 전	15%	15%	10%
교육 후	85%	78%	60%

3) 프로그램 일정 및 현장소개

구 분	세부내용	시간	교수기법
1. 자신의 소중한 가치 찾기 (Reminiscence Therapy)	• 세상 속에서의 나! • 나는 누구인가? • 내 안에 잠든 거인 깨우기 • 나는 거룩하고 소중한 존재이다	90분	강의 질의응답
2. 유언장 작성	• 지구점 명상 & 나의 인생 관찰 • 마지막 편지 쓰기-유언장 낭독	30분	강의실습 실습발표
3. 새 생명체험 & 배설하기	• 입관체험-뉘우침과 거듭나기 체험 • 마음의 상처 치유명상 • 서원하기	90분	현장체험 실습
4. 주도적인 삶 찾기	• 새로운 도약과 나의 각오	30분	강의 체험발표

2. 체험관

1) 순창건강장수체험과학관[2)]

(1) 소개

생・로・병・사를 테마로 하여 구성되어 있으며, 생명체험, 장수체험, 건강생활체험, 죽음체험 등을 통해 생명의 신비와 건강의 소중함을 체험하고 학습할 수 있는 순창 건강장수과학특구 내에 위치한 신개념 과학관이다.

(2) 건물 내 위치도

- 1층

2) 순창건강장수체험과학관 제공.

• 2층

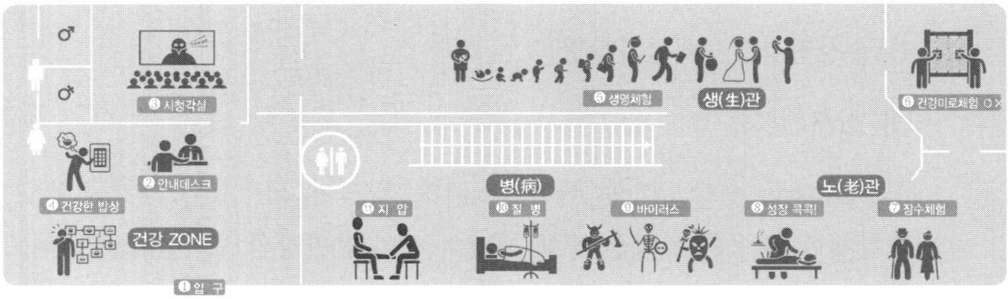

(3) 생(生)관

생명체험

우리는 어떻게 태어났을까?
생명의 탄생과정을 알아보고,
인체 모형(뇌, 척추 등)과
청진기 체험을 통해
신비한 인체구조를 알아보는 공간

(4) 노(老)관

장수체험

노화예방에 탁월한
수퍼푸드 및 흡연과
노화의 관계 및 노화를
예방하는 중요습관으로
장수를 체험하는 공간

(5) 병(病)관

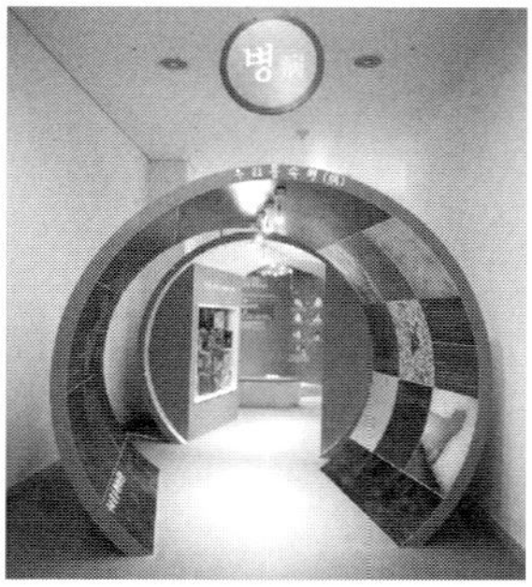

바이러스와 질병 알아보기

터널을 통과하며 인체를 공격하는
다양한 바이러스에 대해 알아보고
퍼즐 맞추기를 통해
계절별 / 신체 부위별 질병에 대해
재미있게 알아볼 수 있는 공간

(6) 사(死)관

인생의 기로, 죽음에서 환생까지!

죽음에 대해 간접적으로 체험하며
삶을 되돌아보는 공간,
살아온 날들을 아름답게 정리하고
평안한 삶의 마무리를
생각할 수 있는 공간

참고문헌

권오균 외(2009). 사회복지개론. 경기 : 공동체.

강진령(2005). 집단상담의 실제. 서울 : 학지사.

고명석 외(2014). 노인복지론. 서울 : 대왕사.

고수현 외(2015). 노인복지론. 경기 : 양서원.

공마리아 외(2004). 미술치료개론. 대구 : 동아문화사.

권석만(2000). 노년기 정신장애 : 품위있는 노년기의 장애물. 서울 : 학지사.

______(2003). 현대 이상심리학. 서울 : 학지사.

______(2016). 이상심리학의 기초 – 이상행동과 정신장애의 이해. 서울 : 학지사.

권용철 · 박종한(1989). 노인용 한국판 Mini–Mental state Examination(MMSE–K)의 표준화 연구–제1편 : MMSE–K의 개발. 신경정신의학, 28, 125–135.

권중돈(1995). 한국 치매가족 연구. 서울 : 홍익재.

______(2016). 노인복지론. 서울 : 학지사.

권중돈 · 손의성(2010). 노인의 자기인식과 차별경험이 노인의 사회참여에 미치는 영향과 자기효능감의 매개효과. 노인복지연구, 49, 81–105.

권중돈 외(2002). 치매와 가족. 서울 : 학지사.

권혁남(2011). 고령화 시대 노인자살에 관한 윤리적 분석. 생명윤리연구, 12(2), 1–20.

기백석(1966). 한국판 노인우울척도 단축형의 표준화 예비연구. 신경정신의학, 35(29), 298–307.

김기란 외(2009). 대중문화 사전 : 300개의 키워드로 읽는 한국 대중문화 20년. 서울 : 현실문화.

김기진(2009). 노인교육 현황 및 개선 방안. 한서대학교 대학원 박사학위논문.

김대동(2005). 실존주의 상담에서의 죽음의 의미와 상담교육적 기능에 관한 연구. 연세대학교 대학원 박사학위논문.

김문영 · 정현희(2004). 인지–행동적 집단상담과 지지적 집단상담이 노인의 우울과 고독감에 미치는 효과 비교. 한국심리학회지, 16(3), 51–71.

김미령(2013). 노인복지상담. 경기 : 공동체.

김미혜 · 이금룡 · 정순둘(2000). 노년기 우울증 원인에 대한 경로분석. 한국노년학, 20(3), 211–226.

김선명(2015). 회상요법을 적용한 집단미술치료가 치매노인의 인지기능, 우울 및 자기표현에 미치는 효과. 한국미술치료학회, 22(2), 603–634.

김선희(2013). 긍정심리기반 집단미술치료가 시설 노인들의 우울에 미치는 영향. 원광대학교 대학원 박사학위논문.

김수경 외(2019). **임상미술치료 이론과 실제**. 경기 : 공동체.

김시덕(2000). 상례 누구를 위한 의례인가. **민속학연구 7**. 국립민속박물관.

______(2012). **한국의 상례문화 : 한국 유교식 상례의 변화와 지속**. 서울 : 민속원.

김애순(2015). **청년기 갈등과 자기이해**. 서울 : 시그마프레스.

김옥희·정상양·이경남·엄기욱·배창진·박차상(2012). **한국노인복지론**. 서울 : 학지사.

김용태(2000). **가족치료이론 : 개념과 방법들**. 서울 : 학지사.

김유숙(2000). **가족상담**. 서울 : 학지사.

김유진(2013). 자살시도 노인의 일상으로의 복귀와 '다시 살아보자'의 경험에 관한 연구. **한국사회복지학**, 65(1), 127-146.

김윤재 외(2017). **노인교육론**. 경기 : 정민사.

김윤정(2011). 생태체계적 관점에서 본 생애주기별 자살생각의 위험요인과 보호 요인. **한국지역사회생활과학회지**, 22(3), 429-444.

김재옥(2015). 아유르베다 만뜨라 명상이 노인의 심리치유에 미치는 영향. 동방대학원대학교 박사학위논문.

김재천(2015). 호스피스 해외사례 : 일본의 호스피스·완화의료 시스템 들여다보기.

김정민(2016). **인지행동치료**. 서울 : 학지사.

김정순(1988). 노인의 사회적 활동과 자아통합감에 관한 연구. 이화여자대학교 대학원 박사학위논문.

김정호(2004). 마음챙김 명상의 유형과 인지 행동 치료적 함의. **인지 행동 치료**, 4(2), 27-44.

김정호·김선주(2002). **스트레스의 이해와 관리**. 서울 : 도서출판 아름다운 세상.

김정희·김 열·박진노(2011). 미국의 호스피스 현황과 최근의 변화-급여 제도를 중심으로-. **한국 호스피스·완화의료학회지**, 14(1), 1-7.

김주원(2004). 농촌노인 경제활동 실태분석을 통한 지방정부 복지정책 개선방안 : 강원도 지역유형별 농촌노인 설문조사를 중심으로. **한국지방자치학회보**, 16(3), 177-193.

김주희 외(1999). 내츄럴리즘(Naturalism)적 표현에 의한 패션 디스플레이 연구. **경성대학교 논문집**, 20(1), 305-320.

김준기(2009). **영화로 만나는 치유의 심리학 : 상처에서 치유까지 트라우마에 관한 24가지 이야기**. 서울 : 시그마북스.

______(2013). 현대도자조형의 인간존재 표현에 관한 연구. 단국대학교 대학원 박사학위논문.

김태현 외(1999). 노년기 삶의 질 향상에 관한 연구. 한국노년학회, 19(1), 61－81.

김현순(2008). 스트레스, 절망, 우울과 자살생각 간의 구조적 관계 : 노인과 청소년의 차이 비교 연구. 단국대학교 대학원 박사학위논문.

김형태(2007). 21세기를 위한 상담의 이론과 실제. 서울 : 동문사.

김혜경 · 백경원 · 신미경(2013). 성공적 노화를 위한 노인건강. 서울 : 신정.

김혜숙(2004). 가족치료의 이론과 기법. 서울 : 학지사.

김희선(2016). 푸드아트심리상담. 서울 : 도서출판 닥터푸드.

나성곤 · 전영숙(2017). 자기격려 집단미술치료가 노인의 자기표현과 대인관계에 미치는 영향. 미술치료연구, 24(1), 249－271.

남 민(1997). 청소년 자살. 대한의사협회, 453, 1282－1287.

남경태(2006). 개념어사전. 경기 : 들녘.

대한교육연합회(1997). 한국교육연감.

대한불교조계종 포교연구실(2011). 불교 상장례 안내. 서울 : 조계종 출판사.

대한신경과학회(2007). 신경학. 서울 : 군자출판사.

대한치매학회(2011). 치매 임상적 접근. 경기 : 아카데미아.

두산동아백과사전연구소 편(2002). 두산세계대백과사전. 서울 : 두산동아.

문영희 · 임미영(2013). 전국지역별 노인의 자살생각 관련요인 －도시와 농촌의 비교－. 한국보건간호학회지, 27(3), 55－563.

문정민(2010). 노인의 신체감 극복을 위한 영성 성숙의 목회 상담학적 방안. 성결대학교 대학원 박사학위논문.

박광희(2011). 웰빙 라이프스타일, 웰빙태도, 삶의 만족도 및 인구통계학적 특성 간의 관계. 대한가정학회지, 49(7), 통권 273호, 39－49.

박귀동(2009). 노인학교를 어떻게 할 것인가. 서울 : 비주얼.

박석돈 · 이경희 · 박순미(2016). 노인복지론. 경기 : 공동체.

박선영(2008). 한국과 서양의 장례 꽃장식 비교분석 및 선호도 조사. 경희대학교 대학원 석사학위논문.

박성희(2004). 공감학 : 어제와 오늘. 서울 : 학지사.

박순영(2018). 노인요양시설 노인의 적응 및 생활 만족도에 미치는 영향 요인의 관계모형 구축. 경희대학교 대학원 박사학위논문.

박영원 · 홍윤정 · 강희영 · 김시은 · 박진세 · 전성만 외(2017). 전문가가 들려주는 99가지 치매이야기. 경남 : 부산울산경남치매학회.

박영의(2003). 집단미술치료가 소년수형자의 자기지각 · 가족 및 대인관계 향상에 미치는 효과. 호서대학교 여성문화복지대학원 석사학위논문.

박원명 · 민경준(2012). **우울증**. 서울 : 시그마프레스.

박은미 · 이미애(2006). 집단미술치료가 시설노인의 대인관계에 미치는 효과. **미술치료연구**, 13(4), 915–936.

박재간 외(2011). **노인상담론**. 경기 : 공동체.

박정남(2013). 노인의 고독감, 생활스트레스, 우울이 자살생각에 미치는 영향. 서울기독교대학원 사회복지학과, p. 5.

박진규(2015). **청소년문화**. 서울 : 학지사.

박태호(2006). **장례의 역사**. 경기 : 서해문집.

백승균(2008). **호스피스 철학**. 대구 : 계명대학교출판부.

보건복지부 국립암센터(2012). 완화의료 팀원을 위한 호스피스완화의료 개론.

보건복지부(1999). 주요업무참고자료.

__________(2008). 2008년 노인복지 시설 현황.

__________(2010). e하늘 장사종합정보 포털 인터넷 화장예약 매뉴얼.

__________(2012). **국가자격 장례지도사 표준교육교재**. 세종 : 보건복지부.

__________(2012). 치매유병률 조사.

__________(2013). **국가자격 장례지도사 표준교육교재**. 세종 : 보건복지부.

__________(2014). 장사 업무 안내.

__________(2016). 2016 보건복지백서.

__________(2016). 2016 장사 등에 관한 법령집.

__________(2016). 말기암환자 호스피스완화의료 가정형 호스피스 업무편람.

서금순(2010). **행복한 마음으로의 여행 푸드아트테라피**. 서울 : 도서출판 갈릴리.

서울한국정신지체아교육연구회(1993). **특수아동의 교육 · 심리진단의 이론과 실제**. 서울 : 도서출판 특수교육.

서창립(2015). 구약의 사후세계관(死後世界觀)과 그에 영향을 끼친 고대 근동의 관념 : 고대 수메르/아카드와 이집트를 중심으로. 장로회신학대학교 신학대학원 석사학위논문.

서혜경 · 최광현 · 정순둘(2006). **노인상담**. 서울 : 집문당.

손보영(2017). 과제지향적 활동이 치매노인의 손기능, 인지기능, 자기표현에 미치는 영향. 광주대학교 대학원 박사학위논문.

손영주 · 강기선 · 김수진(2000). 치매노인을 돌보는 가족원의 부양부담과 가정간호요구도. **지역사회간호학회지**, 11(2), 423–440.

손원정 · 김선희(2015). 시설거주 치매노인과 미술치료적 개입에 관한 고찰. **심리치료**, 15(1), 129–148.

신경림(2004). **현상학적 연구**. 서울 : 현문사.

신성철 외(2015). 청소년문화론. 경기 : 정민사.
신윤임 · 서영희(2016). 푸드아트테라피 활동이 젊은 노인의 우울과 자아존중감에 미치는 효과. 21세기사회복지연구, 13(2), 137-162.
신홍범(1997). 마더 테레사 : 그 사랑의 생애와 영혼의 메시지. 서울 : 두레.
심수명(2016). 인격치료. 서울 : 학지사.
심영섭 · 김준형 · 김은하 공역(2006). 시네마테라피. 서울 : 을유문화사.
심우엽(2001). 교육심리학. 서울 : 교육출판사.
아산사회복지사업재단(1985; 1986; 1987). 노인복지편람.
양옥남 외(2016). 노인복지론. 경기 : 공동체.
엄태완(2007). 노인 자살관련 요인 : 무망감과 우울증이 자살생각에 미치는 영향에 대한 사회적 지지와 자아통제감의 효과를 중심으로. 한국사회복지학, 59(2), 355-379.
오만호 외(2010). 웰빙 라이프스타일이 자연주의 화장품의 지각된 가치와 구매의도에 미치는 영향. 대한피부미용학회지, 8(3), 175-190.
오수연(2004). 색의 유혹 : 색채심리와 컬러마케팅. 서울 : 살림출판사.
오진원(2017). 문화마다 달라요 : 세계의 장례. 서울 : 현암사.
오진탁(2007). 마지막 선물. 서울 : 세종서적.
울산광역시사회복지위원회(2015). 제3기 지역사회복지계획(2015~2018).
원영희 · 모선희 · 김수영 · 최희경(2010). 노년사회학. 서울 : 학지사.
윤성희(2017). 푸드아트테라피와 상담기법. 서울 : 학지사.
윤 진(1996). 성인 · 노인심리학. 서울 : 중앙적성출판사.
이경신(2016). 죽음연습 : 잘 늙고 잘 죽는 것을 넘어 잘 사는 것에 대한 사색. 경기 : 동녘.
이영분 · 김유숙(1994). 가족분석가계도. 서울 : 홍익재.
이옥진 · 김유정 · 김은샘 · 김빈나 · 김보아 · 배종빈 외(2019). 국제 치매 정책 동향. 중앙치매센터 보고서.
이윤희(2004). 한국 치매노인 가족의 삶의 질 향상을 위한 주거환경 연구. 연세대학교 대학원 박사학위논문.
이은석 · 이선장(2009). 농촌지역 노인의 스트레스, 우울 및 자살생각에 있어서 신체적 여가활동의 완충효과. 한국스포츠사회학회지, 22(2), 35-54.
이익섭 · 김동기 · 엄태영(2007). 만성질환을 앓고 있는 의료급여수급자의 자아존중감이 삶의 질에 미치는 영향과 우울의 매개효과 검증. 한국사회복지조사연구, 17, 79-104.
이재정 외(2004). 라이프 스타일과 트렌드. 서울 : 예경.
이정연(2006). 푸드아트테라피. 서울 : 신정.

______(2008). 푸드아트테라피의 이해. 한국푸드아트테라피학회 창립학술대회자료집, 6-25.

이진광(2000). 장례식장 경영론. 경기 : 서울보건대학.

이철영(2008). 상제례의 정석. 서울 : 효사랑.

이필도 외(2003). 장례식장 서비스 이론과 실무. 서울 : 대학서림.

이해영(2015). 노인복지론(제3판). 서울 : 창지사.

이현지・조계화(2006). 노인의 죽음 불안과 우울이 자살생각에 미치는 영향. 한국노년학, 26(4), 26-30.

이형구(2012). 우리나라 노인의 자살생각의 변화양상 및 관련요인에 관한 연구. 한양대학교 대학원 박사학위논문.

이혜경・권주현(2015). 사별한 독거노인의 애도수준이 자살생각에 미치는 영향 연구. 한국노인복지학회, 69, 193-213.

이호선(2010). 노인과 노화. 서울 : 시그마프레스.

______(2012). 노인상담. 서울 : 학지사.

이홍식 외(2012). 자살의 이해와 예방. 서울 : 학지사.

임미영(2010). 노인 자살시도 경험에 관한 연구 : Giorgi의 현상학적 방법론을 통하여. 한서대학교 대학원 박사학위논문.

임택진(2001). 기독교 가정의례 지침. 서울 : 한국문서선교회.

장윤정(2017). 연명의료법 시행에 따른 말기돌봄 환경의 변화. 한국호스피스완화의료학회, 7월 1일 학술대회.

장철수(1997). 한국의 관혼상제. 서울 : 집문당.

장현갑(2011). 마음챙김 명상에 바탕을 둔 스트레스 완화(MBSR)란 무엇이며, 어떻게 수행해야 하는가?. 한국명상치유학회지, 2(1), 71-81.

장현갑・강성군(2003). 스트레스와 정신건강. 서울 : 학지사.

장휘숙(2012). 성인발달 및 노화심리학(제2판). 서울 : 박영사.

전웅남(2008). 상장례의 이해. 서울 : 도서출판 동창.

정명희(2016). 농촌노인의 자살시도경험. 이화여자대학교 대학원 박사학위논문.

정상수 외(2018). 노인복지론. 경기 : 정민사.

정수봉 외(2019). 에듀윌스포츠지도사 : 노인스포츠지도사. 서울 : 에듀윌.

정여주(2003). 미술치료의 이해. 서울 : 학지사.

조계화 외(2006). 더 좋은 삶 : 삶을 강화하는 죽음 이야기. 경기 : 양서원.

조만형(2017). 현대인에게 꼭 필요한 생활속의 법. 서울 : 박영사.

조유자・한성숙・안성희・김춘길(1994). 호스피스와 죽음. 서울 : 현문사.

조유향(2006). 치매노인케어론. 아산재단 연구총서.

조태예(2009). 고령화 사회를 위한 노인 미술치료 프로그램의 활용방안 : 미술치료에서 노인 미술치료 활동으로의 패러다임의 변화. 한서대학교 대학원 박사학위논문.

조태형(2007). 장례 상담의 이론과 실무. 서울 : 에듀컨텐츠.

조현춘・조현재 공역(1996). 심리상담과 치료의 이론과 실제. 서울 : 시그마프레스.

조현춘・조현재・이희백・천성문 공역(1999). 집단심리상담의 이론과 실제. 서울 : 시그마프레스.

중앙치매센터(2019a). 나에게 힘이 되는 치매 가이드북.

__________(2019b). 치매알기 헤아림 3권-치매알짜정보 개정판

철학사전편찬위원회(2009). 철학사전. 서울 : 중원문화.

최성재 외(2003). 노인복지학. 서울 : 서울대학교출판부.

최성재・장인협(2006). 노인복지학. 서울 : 서울대학교출판부.

최영숙(2019). 웰다잉. 충남 : 대한웰다잉협회.

최외선・박혜경(2006). 마음을 나누는 미술치료. 서울 : 학지사.

최준식(2018). 임종학 강의 : 아름다운 삶을 위한 죽음 공부. 서울 : 김영사.

최해연(2013). 대학생의 스트레스 대처 패턴과 심리적응적 특징. 한국심리학회지 : 일반, 32(1), 1-21.

통계청(2019). 2018년 사망원인통계. 통계청 보도자료.

한국가톨릭주교회의(2003). 상장예식. 서울 : 가톨릭출판사.

한국노인문제연구소(1984). 노인여가시설 및 그 Program에 관한 조사연구보고서.

한국방송공사 생로병사의 비밀 제작팀(2014). 오늘이 내 인생의 마지막 날이라면 : 함께 준비하는 이별, 웰다잉. 서울 : 애플북스.

한국보건사회연구원(1998). 전국노인생활실태 및 복지욕구조사.

한국산업인력공단(2016). 장례식장 운영지원. 서울 : 한국산업인력공단.

한국상장례문화학회(2015). 장사시설 종사자 교육 워크샵.

한국장례문화학회(2000). 장례학개론. 서울 : 대학서림.

한국종교민속연구회(2006). 종교와 일상의례. 서울 : 민속원.

한국호스피스간호사회(2006). 호스피스 완화돌봄 학습가이드. 경기 : 수문사.

한국호스피스협회(2013). 호스피스 총론. 대구 : 한국호스피스협회출판부.

한성열 편역(1999). 노년기의 의미와 즐거움. 서울 : 학지사.

한수연・이정연(2012). 푸드아트테라피 프로그램이 노인의 우울과 자기효능에 미치는 효과. 한국푸드아트테라피학회, 1(1), 53-64.

한정란 외(2008). 노인교육 체계화 및 활성화 방안. 보건복지가족부.

한정란(2005). 노인교육의 이해. 서울 : 학지사.

허정무(2011). 노인교육학개론. 경기 : 양서원.

현혜영 · 이현옥(2014). 노년기 우울증 예방과 친화력 향상을 위한 FAT프로그램개발과 활용방안 연구. 한국푸드아트테라피학회, 13(1), 55－64.

황규성 외(2012). 장례지도사 국가자격 표준교육교재. 보건복지부.

EBS 데스 제작팀(2014). 좋은 죽음 나쁜 죽음. 서울 : 책담.

橋田壽賀子(2018). 김정환 역. 나답게 살다 나답게 죽고 싶다 : 품위 있는 죽음을 위한 종활일기. 경기 : 21세기북스.

Aldwin, C. M.(1994). *Stress, Coping and Development.* New York : Guilford Press.

Andrasik, F.(2003). Behavioral treatment approaches to chronic headache. *Neurological Science, 24,* S80-S85.

Ausubel, D. P.(1968). *Educational psychology : A cognitive view.* New York : Holt, Rinehart and Winston.

Baddeley, A. D.(1976). *The psychology of memory.* New York : Basic Books, Inc.

Billings, A. G., & Moos, R. M.(1981). The role of coping responses and social resources in attenuating the stress of life events. *Journal of Behavioral medicine, 4,* 139－157.

Bowlby, J.(1969). Process of mourning. *IJP, 42,* 317－340.

Brannon, L., & Feist, J.(2007). *Health Psychology : An Introduction to Behavior and Health*(6th ed.). Cengage Learning. 한덕웅 외 공역(2008). 건강심리학(제6판). 서울 : 시그마프레스.

Bransford, J. D.(1979). *Human cognition : Learning, understanding and remembering.*

Brenner, C.(1976). *Psychoanalytic Technique and Psychic Conflict.* New York : Int. Univ. Press.

Brophy, J. E., & Good, T. L.(1986). Teacher behavior and student achievement. In M. C. Wittrock(Ed.), *Handbook of research on teaching*(3rd ed.). New York : Macmillan Publishing Com, pp. 328－375.

Bruer, J. T.(1999). *The myth of the first three years : A new understanding of early brain development and lifelong learning.* New York : The Free Press.

Carver, C., & Scheier, M.(1989). Assessing coping strategies : A theoretically based approach. *Journal of Personality and Social Psychology, 56*(2), 267－283.

Cavanaugh, J. C., Fields, F. B.(2012). 성인발달과 노화(제6판). 송길연 외 공역. Cengage Learning.

Clark, C. S.(1992, August 14). Work family and stress. *CQ Researcher,* 15−26.

Costa, P. T., & McCrae, R. R.(1989). Personality continutiy and the changes of adult life. In M. Storandt & G. R. VandenBos(Eds.), *The adult years : Continuity and change.* Washington, DC : American Psychological Association.

Csikszentmihalyi, M.(1990). *Flow : The psychology of optimal experience.* New York : Harper & Row Publishers, Inc.

D'Arcy, Y.(2005). Conquering pain : Have you tried these new techniques?. *Nursing, 35*(3), 36-42.

Deutsch, H.(1937). Absence of grief. *PQ, 6,* 12−22.

Dillard, J., & L. A. Hirchman(2002). *The chronic pain solution.* New York : Bantam.

Ehrlich, G. E.(2003). Low back pain. *Bulletin of the World Health Organization, 81,* 671-676.

Elkind, D.(2001). *The hurried child : Growing up too fast too soon*(3rd ed.). Cambridge : Da Capo Press.

Ellis, A.(1962). *Reason and emotion in psychotherapy.* New York : Stuart.

Erikson, E.(1988). *Der vollständige LebenszRlus.* Frankfurt am Main, Suhrkamp.

Evertson, C. M., Emmer, E. T., & Worsham, M. E.(2000). *Classroom management for elementary teachers*(5th ed.). Boston : Allyn & Bacon.

Folkman, S.(1984). Personal control and stress and coping processes : A theoretical analysis. *Journal of Personality and Social Psychology, 46*(4), 839−852.

Folkman, S., & Lazarus, R. S.(1980). An analysis of copiong in a middle−aged community sample. *Journal of Health and Social Behavior, 21,* 219−239.

Folkman, S., & Moskowit, J. T.(2004). Coping: pitfalls and promise. *Annual Review of Psychology, 55,* 765−774.

Forsythe, C. J., & Compas, B. E.(1987). Interaction of cognitive appraisals of stressful events and coping : Testing the goodness of fit hypothesis. *Cognitive Therapy and Research, 11,* 473−479.

Freud, S.(1917). Mourning and melancholia. *SE, 14,* 243−258.

________(1926). Inhibitions, symptoms, and anxiety. *SE, 20,* 75−174.

________(1933). New introductory lectures on psychoanalysis. *SE, 22,* 1−182.

Furman, E.(1974). *A Child's Parent Dies.* New Haven : Yale Univ. Press.

Good, T. L., & Brophy, J. E.(1990). *Educational psychology : A realistic approach*(4th ed.). New York : Longman, pp. 251－254.

Grossman, P., Niemann, L., Schmidt, S., & Walach, H.(2004). Mindfulness－based stress reduction and health benefits : A meta－analysis. *Journal of Psychosomatic Research, 57,* 35－43.

Huang, J.－Q., Sridhar, S., & Hunt, R. H.(2002). Role of Helicobacter pylori infection and non－steroidal anti－inflammatory drugs in peptic－ulcer disease : A meta－analysis. *Lancet, 359,* 14-21.

Joanne Lynn, Joan Harrold(2007). 주형규·오상은 공역. **죽음을 대비하라.** 서울 : 군자출판사.

Jolliffe, C. D., & Nicholas, M. K.(2004). Verbally reinforcing pain reports : An experimental test of the operant model of chronic pain. *Pain, 107,* 167-175.

Jones, C. J. & Meredigh(2000). Developmental paths of psychological health from early adolescence to later adulthood. *Psychology and Aging.*

Judith A. Rubin(2006). 김진숙 역. **미술치료학 개론.** 서울 : 학지사.

Julien, R. M.(2005). *A primer of drug action*(10th ed.). New York : Freeman.

Kabat－Zinn, J.(1990). *Full catastrophe Living : Using the wisdom of your body and mind to face stress, pain, and illness.* New York : Delta.

Kübler－Ross, E.(1969). *On death and dying.* New York : Macmillan.

Lakatta, E. G.(1990). Changes in cardiovascular function with aging. *European Heart Journal, 11c,* 22－29.

Lazarus, R. S., & Folkman, S.(1984). *Stress, Appraisal, and Coping.* New York : Springer. 김정희 역(2001). **스트레스와 평가 그리고 대처.** 서울 : 대광문화사.

Lee, G. R., DeMaris, A., Bavin, S., & Sullivan, R.(2001). Gender differences in the depressive effect of widowhood in later life. *The Journals of Gerontology : Social Science, 56B,* S56－S61.

Lieberman, D. A.(2000). *Learning : Behavior and cognition*(3rd ed.). Belmont, CA : Wadsworth.

McGoldrick, M., Gerson, M., & Shellenberger, S.(1999). *Genograms : Assessment and intervention*(2nd ed.). NY : W.W. Norton & Comapny.

Mees－Christeller, E.(1996). *Heilende Kunst und Kunstlerischbes Heilen.* Dornach, Die Pforte.

Meichenbaum, D., & Turk, D. C.(1976). The cognitive−behavioral management of anxiety, anger and pain. In P. O. Davidson(Ed.), *The behavioral management of anxiety, depression, and pain.* New York : Brunner/Mazel.

Meissner, W. W., Mack, J. E., & Semrad, E. V.(1975). Classical psychoanalysis. In A. M. Freedman, H. I. Kaplan & B. J. Sadock(Eds.), *Comprehensive Textbook of Psychiatry.* Baltimore : Williams & Wilkins, pp. 482−565.

Milsum, J. H.(1984). *Healtb, stress, and illness : A systems approach.* New York : Praeger.

Ormrod, J. E.(2000). *Educational psychology : Developing learners*(3rd ed.). Merrill : Upper Saddle River, New Jersey.

Pavlin, D. J., Sullivan, M. J. L., Freund, P. R., & Roesen, K.(2005). Catastrophizing : A risk factor for postsurgical pain. *Clinical Journal of Pain, 21,* 83-90.

Pollack, G. H.(1961). Mourning and adaptation. *IJP, 42,* 341−361.

Reeves, J. L., II, Graff−Radford, S. B., & Shipman, D.(2004). The effects of transcutaneous electrical nerve stimulation on experimental pain and sympathetic nervous system response. *Pain Medicine, 5,* 150-161.

Roland Schulz(2019). 노선정 역. 죽음의 에티켓 : 나 자신과 사랑하는 이의 죽음에 대한 모든 것. 경기 : Snowfox.

Rosenthal, R., & Jacobson, L.(1992). *Pygmalion in the classroom : Teacher expectation and pupils' intellectual development*(newly expanded ed.). New York : Irvington Publishers.

Rosow(1967). *Social Integration of the Aged.* New York : Free press

Roth, S., & Cohen, L. J.(1986). Approach, avoidance and coping with stress. *American Psychology, 41,* 813−819.

Sallie Tisdale(2019). 박미경 역. 인생의 마지막 순간에서 : 죽음과 죽어감에 관한 실질적 조언. 서울 : Being.

Salovey, P., & Mayer. J. D.(1990). Emotional intelligence. *Imagination, Cognition, and Personality, 9*(3), 185−211.

Schaie, C. D.(1990). Intellectual development in adulthood. In J. E. Birren & K. W. Schaie(Eds.), *Handbook of the psychology of againg*(3rd ed.), New York : Academic Press.

Shaffer, D. R., & Kipp, K.(2009). *Developmental psychology : Childhood and adolescence*(8th ed.). New York : Wadsworth Publishing.

Sri Vengadesh, G., Sistla, S. C., & Smile, S. R.(2005). Postoperative pain relief following abdominal operations : A prospective randomised study of comparison of patient controlled analgesia with conventional parental opioids. *Indian Journal of Surgery, 67,* 34-37.

Sternberg, R. J.(1985). *Beyond IQ : A triarchic theory of human intelligence.* New York : Cambridge University Press.

Storebe, M. S., Abakoumkin, G., Storobe, W., & Schut, H.(2012). Continuing bonds in adjustment to bereavement : Impact of abrupt versus gradual separation. *Personal Relationships, 19,* 255−266.

Strehler, B. L.(1977). *Time, Cells and Aging*(2nd ed.). New York : Academic Press.

Stroebe, M. S., & Schut, H.(1999). The dual process model of coping with bereavement : Rationale and description. *Death Studies, 23,* 197−224.

Suls, J., & Fletcher, B.(1985). The relative efficacy of avoidant and non−avoidant coping strategies : A meta−analysis. *Health Psychology, 4,* 249−288.

Thomas, R. M.(2000). *Comparing theories of child development*(5th ed.). Belmont, CA : Wadsworth.

Turk, D. C.(2001). Physiological and psychological bases of pain. In A. Baum, T. A. Revenson, & J. E. Singer(Eds.), *Handbook of health psychology*(pp. 117-131). Mahwah, NJ : Erlbaum.

Turk, D. C., & McCarberg, B.(2005). Non−pharmacological treatments for chronic pain : A disease management context. *Disease Management and Health Outcomes, 13,* 19-30.

Turner, J. A., Mancl, L., & Aaron, L. A.(2004). Pain−related catastrophizing : A daily process study. *Pain, 110,* 103-111.

Volkan, V.(1981). *Linking Objects and Linking Phenomena.* New York : Int. Univ. Press.

Wichelhaus, B.(1996). *Kunst, Therapie und Zerebrale Storung.* In Therapie & Kunst(11−19), 2/1996.

Wolfenstein, M.(1966). How is mourning possible. *PSOC, 21,* 93−123.

World Palliative Care Alliance(2014). Global Atlas of Palliative Care at the End of Life.

Yonan, C. A., & Wegener, S. T.(2003). Assessment and management of pain in the older adult. *Rehabilitation Psychology, 48,* 4-13.

<신문기사>

국민일보(2016. 5. 17). 웰다잉, 삶의 끝을 아름답게 3부.

국민일보(2016. 5. 24). 웰다잉, 삶의 끝을 아름답게 : 英 '죽음의 질' 1위 비결은 공동체에 녹아든 호스피스.

서울신문(2016. 4. 2). '맞이하는 죽음'으로의 변화 영국 호스피스 성공의 시작.

연합뉴스(2017. 5. 8.) 은퇴 못 하는 노년층…75세 이상 고용률 OECD 5년째 1위.

한겨레신문(2015. 3. 28). 우리는 왜 죽음을 두려워할 필요없는가, '죽음학 전도사' 정현채.

한겨레신문(2017. 11. 22). 일본 대기업 사장의 생전 장례식…고령화 사회의 '종활' 바람.

YTN(2019. 6. 21) 12주 이내 낙태는 '기소 유예'... 검찰, 기준 마련.

이태형(2009. 12. 23). BIF보루네오 '내츄럴리즘+휴머니즘' 공간 연출. 헤럴드생생뉴스.

조선일보(2018. 3. 26).5년 뒤엔… 국내 대학 신입생 5만명 모자라고, 17년 뒤엔… 셋중 한명 65세 넘는 '할머니 대국'.

조선일보(2018. 3. 26). 일본 대기업 사장의 생전 장례식…고령화 사회의 '종활' 바람.

<웹사이트>

국가건강정보 포털. https://100.daum.net/encyclopedia/view/145XXXXXX2440

국립암센터 중앙호스피스센터. hospice.go.kr

다음백과(2019). https://100.daum.net

법제처(2020). 모자보건법. http://www.law.go.kr

중앙자살예방센터(2019). https://m.post.naver.com

http://www.konkang21.or.kr/bbs/board.php?bo_table=health_news&wr_id=1097&sfl

https://daegu.nid.or.kr/info365/listen_expert/view.aspx?no=1035&page=9#

https://movie.daum.net/moviedb/main?movieId=1548

https://movie.daum.net/moviedb/main?movieId=185

https://movie.daum.net/moviedb/main?movieId=3197

https://movie.daum.net/moviedb/main?movieId=40546

https://movie.daum.net/moviedb/main?movieId=40908

https://movie.daum.net/moviedb/main?movieId=44626

https://movie.daum.net/moviedb/main?movieId=70331

https://movie.daum.net/moviedb/main?movieId=71136

https://movie.daum.net/moviedb/main?movieId=120146

저/자/약/력

■ 이미나
이학박사
상담심리학박사
광신대학교 복지상담융합학부 교수
대학원 휴먼서비스교육학과 교수

■ 김희영
간호학박사
동신대학교 간호학과 교수

■ 김동일
평생교육학박사
광신대학교 복지상담융합학부 외래교수
대학원 휴먼서비스교육학과 외래교수

■ 김재옥
이학박사
상담심리학박사
송원대학교 상담심리학과 겸임교수
발달심리지원센터 대표

■ 김병남
디딤 상담교육연구소 소장
광신대학교 휴먼서비스교육학과 박사과정

웰빙과 웰다잉을 위한

노인돌봄과 노인상담

|공저자| 이미나 · 김희영 · 김동일 · 김재옥 · 김병남

|1판 1쇄| 발행 2020년 8월 20일
|1판 2쇄| 발행 2022년 3월 15일
|1판 3쇄| 발행 2024년 9월 10일

|발행인| 김 동 훈
|발행처| 공 동 체

|주소| 경기도 고양시 일산동구 호수로 358-39, 동문타워 I 905호(백석동)
|전화| 031) 814-3000(대표)
|팩스| 031) 814-3100
|홈페이지| http://www.compub.co.kr
|전자우편| compub@naver.com
|출판등록| 2005년 10월 6일
|등록번호| 제396-2005-36호

|ISBN| 979-11-6105-750-7
정가 17,000원